KB075435

텝스의 정석

초판 1쇄 발행 2020년 5월 28일
초판 13쇄 발행 2024년 10월 2일

지은이 컨설텝스, 이재일
펴낸이 류태연

편집 컨설텝스 | **디자인** 컨설텝스 | **마케팅** 이재영

펴낸곳 렛츠북

주소 서울시 영등포구 문래북로 116, 1005호
등록 2015년 05월 15일 제2018-000065호
전화 070-4786-4823 | **팩스** 070-7610-2823
이메일 letsbook2@naver.com | **홈페이지** http://www.letsbook21.co.kr

ISBN 979-11-6054-367-4 13740

이 도서의 국립중앙도서관 출판예정도서목록(CIP)은
서지정보유통지원시스템 홈페이지(http://seoji.nl.go.kr)와
국가자료종합목록 구축시스템(http://kolis-net.nl.go.kr)에서 이용하실 수 있습니다.
(CIP제어번호 : CIP2020020558)

* 잘못된 책은 구입하신 서점에서 바꾸어 드립니다.

텝스의 정석

텝스 전 영역 기본서 + 실전모의고사를 1권으로

교재의 구성과 특징

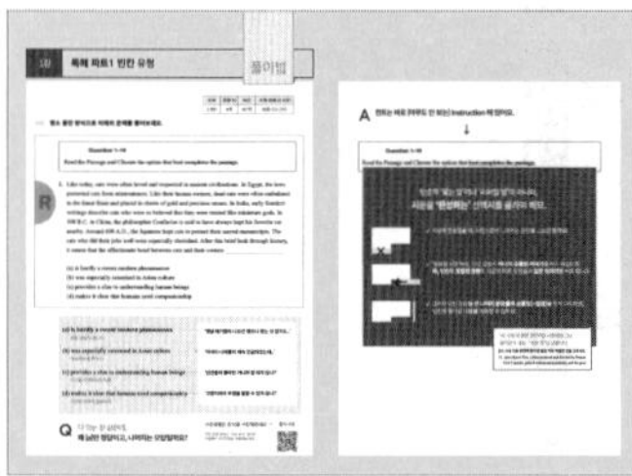

01.

뉴텝스 모든 유형 풀이법 총정리

컨설텝스 <텝스식 풀이법>을 '텝스의 정석'에 압축적으로 담았습니다.
압축적이지만, 독학러들도 충분히 학습할 수 있습니다.

1) 대표 문제에 적용하며 보여주는 유형별 풀이법
2) 각 문장의 포인트, 단어 유추 방법, 선택지의 정/ 오답 이유
3) 바로 학습에 적용할 수 있는 간단한 STEP
4) 풀이법을 적용해볼 다량의 연습문제
5) 텝스식 풀이법 강의 1강 무료 공개

'텝스의 정석'으로 뉴텝스 모든 유형의 풀이법을 따라 학습해보세요!

TEPS

02.

텝스 출제 기관 출처의 문제 활용

'텝스의 정석'의 '교재 문제, 진단테스트, 실전 모의고사 3회분'은
텝스 출제 기관인 서울대 언어교육원에서 제작된 문제들로
구성되었습니다. (청해 파트5, 독해 파트4의 경우 자체 제작)

03.

실제 텝스시험 성우 MP3 무료 제공

실제 텝스시험 성우가 녹음한 MP3로 실전과의 유사성을 높였습니다.

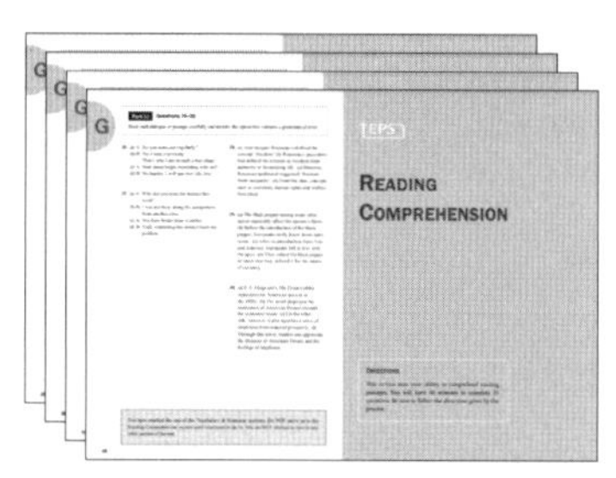

04.

최신기출유형 실전모의고사 4회분 제공

총 4회분(온라인 1회 + 교재 3회)의 실전모의고사를 제공해서
'텝스의 정석'으로 실전 준비까지 가능할 수 있도록 했습니다.
기출과 가장 유사한 퀄리티의 문제들로 나의 실력을 진단하고,
실전에 대비해보세요!

05.

수험생 취약점 분석 및 무료 컨설팅

본격적인 학습을 시작하기 전에 온라인으로 진행되는 진단테스트에
응시하고, 텝스 전문 컨설턴트에게 영역별로 상세한 분석을 받아보세요.

학습자료 무료 제공 (PC · 모바일)

스크립트, 해석, 모범풀이, 빈출 단어, 단어시험까지 모두 온라인으로 무료로 제공됩니다.

연습문제

대표 문제로 유형별 풀이법을 배운 뒤,
연습문제에 바로 적용해서 학습해 보세요.

모범풀이

문제에 대한 모든 모범풀이(해설)를
온라인으로 제공합니다.

이번에는 각 STEP별로 문제를 풀어보세요

STEP 01 포인트 도출

Rock music includes elements of several black and white American music styles: black guitar associated with blues; black rhythm and blues, famous for saxophone solos; black and white gospel music; white country and western music; and the songs of white popular crooners and harmony groups.

1 포인트

문장 의미

[blues, famous for saxophone] solos; **black and white** gospel music; white country and western music; and the songs of white popular crooners and harmony groups.

록음악은 그 기원에 있어 잡종의 성질을 지닌 대중 음악의 한 장르이다. 록음악에는 흑인과 백인 미국인들의 음악 양식의 여러 요소들이 포함돼 있다. 블루스와 관련이 있는 블랙 기타와 색소폰 독주곡들로 유명한 흑인들의 리듬앤블루스 (R&B), 흑인과 백인들의 복음 성가, 백인들의 컨트리 음악과 서부 음악, 백인 대중 발라드 가수들과 중창단들의 노래가 그것이다.

1 포인트: black and white

Emerging in the mid-1950s, rock music was **originally** referred to as **"rock and roll."**

1950년대 중반에 나타난 록음악은 원래는 '록앤롤'이라고 일컬어졌다.

2 포인트: originally 혹은 rock & roll

STEP 02 접점 도출

1 2 3 4 5

접점: 이유:

STEP 02 접점 도출

1 2 3 4 5

접점: 다양한 원천(source) 이유

STEP 03 빈칸 역할

Rock music is ________________.

빈칸 역할

문장 의미

STEP 03 빈칸 역할

Rock music is ________________.

빈칸 역할: 정의 (누중심생각 자체)

|해설| 록음악은 _ 이다.

STEP 04 돌려 말하는 선택지

(a) far-reaching and has had a significant impact worldwide

이유

문장 의미

(b) a genre of popular music that has the nature of hybrid in its origin.

그 기원에 있어 잡종의 성질을 지닌 대중 음악의 한 장르이다

정답 이유

근본부터 '혼합' 이라는 특징을 가졌다는 점이
지문의 접점과 이어짐

청해 mp3

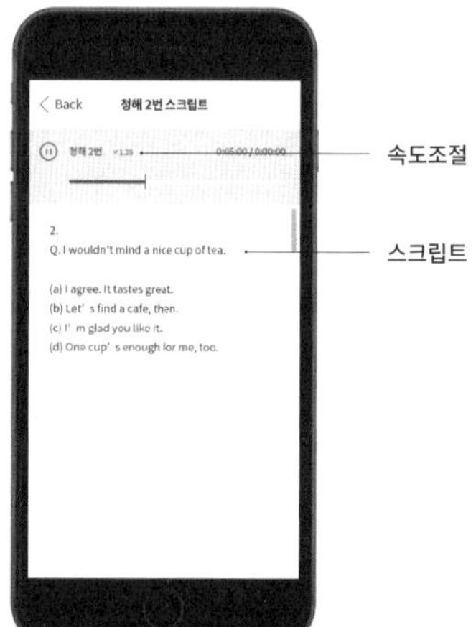

단어

단어 시험

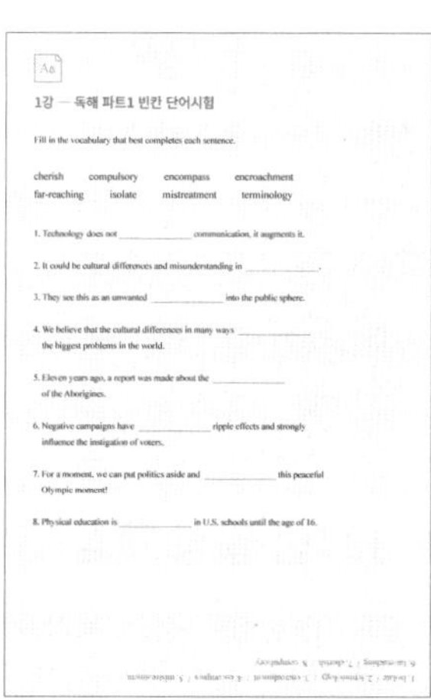

1강 — 독해 파트1 빈칸 단어시험

Fill in the vocabulary that best completes each sentence.

cherish compulsory encompass encroachment
far-reaching isolate mistreatment terminology

1. Technology does not ________ communication, it augments it.
2. It could be cultural differences and misunderstanding in ________.
3. They see this as an unwanted ________ into the public sphere.
4. We believe that the cultural differences in many ways ________ the biggest problems in the world.
5. Eleven years ago, a report was made about the ________ of the Aborigines.
6. Negative campaigns have ________ ripple effects and strongly influence the instigation of voters.
7. For a moment, we can put politics aside and ________ this peaceful Olympic moment!
8. Physical education is ________ in U.S. schools until the age of 16.

교재 QR코드 이용 가이드

학습 과정 중 추가 자료가 필요한 순간마다 QR코드가 있습니다.
아래 QR코드 연결 방법을 확인하고,
연결된 링크를 따라 학습을 진행해 주세요.

1. 기본 카메라 앱 or QR코드 인식앱을 열고
2. QR코드에 초점을 맞추면 알림이 표시됩니다.
3. 알림에 표시된 링크에 접속합니다.

*** PC와 모바일 모두 홈페이지에 직접 접속하여 이용하실 수도 있습니다.**

1. 홈페이지 접속: www.consulteps.com

2. 나의강의실 > 커리큘럼 페이지 접속

점수대별 맞춤형 커리큘럼

327점 맞춤형 커리큘럼

327점 공부법 무료 강의 →

327점 커리큘럼 자세히 →

한눈 요약정리	단어	문법	청해	문제풀이	모의고사
해야할 것	**빈출단어만 암기** 상위 8% 500개 문맥 응용 훈련	**해석을 위한 문법** 주어-동사 찾기 동사 변형 동사 A B 수동태 전치사 2절 이상 생략	**파트1-2** 빈출숙어 상위4% 100개 **파트 3** 노트테이킹 + 느리게 듣기	**327점 필수 유형** **청해** 파트1-3 **독해** 파트1-2 파트3 메인	실전 모의고사 3회 이상 실전처럼 이어서 오답 원인 교정
시간 낭비	1천개 이상 암기 한글 뜻만 암기	시제 4형식 5형식 가정법 도치 ···	**파트 4-5** 쉐도잉 딕테이션	**327점 비필수 유형** **청해** 파트4-5 **독해** 파트3 인퍼 파트4 긴지문	조금씩 나눠서 풀이 타이머 속독 연습 해설보고 리뷰 끝

▶ 327점 달성 핵심 포인트: 버릴건 확실히 버리자!

필요없는 유형은 확실히 버려야합니다.
청해 파트4-5는 열심히 공부를 해봤자 맞힐 수 있는 실력에(수험기간 내) 도달하기는 어려울 가능성이 높습니다. 파트4-5 없이도, 파트1-3 정답률을 높임으로써 충분히 327점에 도달할 수 있습니다.
또한 독해도 버릴 문제를 전략적으로 잘 선정한다면, 시간 부족 문제를 극복할 수 있습니다.
자주 안 나오는 단어는 외울 필요 없습니다.
전체 단어 5-6천개 중에 가장 자주 출제되는 500개만 외우면, 지문의 절반 이상이 커버됩니다.
이것만으로 327점 필수 쉬운 문제는 충분히 맞힐 수 있습니다.

387점 맞춤형 커리큘럼

387점 공부법 무료 강의 →

387점 커리큘럼 자세히 →

한눈 요약정리	단어	문법	청해	문제풀이	모의고사
해야할 것	**빈출단어만 암기** 상위 15% 900개 문맥 응용 훈련 동의어	**해석을 위한 문법** 주어-동사 찾기 동사 변형 동사 A B 수동태 전치사 2절 이상 생략 심볼 평행 부호	**파트1-2** 빈출숙어 상위 8% 200개 **파트 4-5** 빈출연음 + 끊어듣기 노트테이킹	**모든 유형** 유형별 풀이법 **고난도 유형** 오답 낚시 패턴 소거 훈련	실전 모의고사 4회 이상 실전처럼 이어서 오답 원인 교정
시간 낭비	1천개 이상 암기 한글 뜻만 암기	**한국식 문법** 시제 가정법 도치 관계사 수일치 ···	쉐도잉 딕테이션	무작정 문제풀고, 해설 복습	조금씩 나눠서 풀이 독해 속독 연습 해설보고 리뷰 끝

▶ 387점 달성 핵심 포인트: 문법을 넘어 해석까지!

단순히 문법을 아는 것을 넘어, 문장을 이해할 수 있어야합니다.
387점을 목표하는 수험생들은 학창시절 영어를 공부해본 경험이 많습니다.
특히 '한국식 문법' 규칙들에 익숙한데요. 문제는 이러한 지식이 텝스 문장을 해석할때는 무용지물인 경우가 많습니다.
같은 문법도 실제 문장에서는 중의적으로 해석될 수 있기 때문입니다. 이미 알고 배워본 문법이라도 문장 해석에 적용되지 않는다면, 철저히 해석을 하기 위한 목적으로 처음부터 다시 학습할 필요가 있습니다.
어렴풋이 아는 것들을 모른다고 인정하는 순간, 차근차근 '텝스식'으로 공부할 수 있게 됩니다.

450점 맞춤형 커리큘럼

450점 공부법 무료 강의 →

450점 커리큘럼 자세히 →

한눈 요약정리	독해	청해	어휘	문법	문제풀이	모의고사
해야할 것	**고난도 구조 파악** 주어-동사 찾기 동사 변형 전치사 2절 이상 심볼 평행 부호	**파트1-2** 고난도 선별 빈출숙어 **파트4-5** 빈출연음 + 노트테이킹 **선택적 딕테이션**	**고난도 선별 빈출단어** 700개 암기 문맥 응용 훈련 동의어	**한정된 출제범위** 시제 조동사 동사 변형 관계사 수일치 접속사 수동태 전치사 생략 어순	**모든 유형** 유형별 풀이법 **고난도 유형** 오답 낚시 패턴 소거 훈련	실전 모의고사 15회 이상 실전처럼 이어서 오답 원인 교정
시간 낭비	구조 파악 없이 한글 해석만 보기	쉐도잉 전체 딕테이션	출제확률 10% 미만 생소한 단어 암기 한글 뜻만 암기	4-5형식, 비교급 등 출제범위 밖 문법	무작정 문제풀고, 해설 복습 요령식 풀이	양치기 문제풀이 해설보고 리뷰 끝

▶ 450점 달성 핵심 포인트: 문제풀이는 양 보다 질!

1문제를 풀더라도 오답의 원인을 제거하고 넘어가야 합니다.
450점 목표 수험생들은 문제가 얼추 풀리다보니 문제풀이 위주로 공부합니다.
허나 단순히 많은 문제를 푸는걸 목표로 공부하다보면 점수는 그대로인 경우가 많은데요. 내가 틀린 문제의 원인을 반드시 교정하고 다음 문제로 넘어가야지만 점수가 오를 수 있습니다. 문장 해석에 취약한 경우, 평행한 구조, 심볼 등 고난도 문장 구조를 파악하는 훈련을 해야합니다. 단어가 부족한 경우, 450점 수준으로 선별된 고난도 빈출단어 700개를 암기해야 합니다.
기존에 틀리던걸 더 이상 안 틀리게 되었을때, 비로소 새로운 문제를 푸는 의미가 있습니다.

550점 맞춤형 커리큘럼

550점 공부법 무료 강의 →

550점 커리큘럼 자세히 →

한눈 요약정리	어휘	고난도 해석	청해	문법	문제풀이	모의고사
해야할 것	**고난도 선별 빈출단어** 1천개 암기 문맥 응용 훈련 동의어	**평행한 문장 구조** 여러 문장을 연결하는 심볼 지문 전체 주제 찾기 **포인트-접점 도출**	**평행한 문장 구조** 여러 문장을 연결하는 심볼 지문 전체 주제 찾기 포인트-접점 도출	**한정된 출제범위** 시제 조동사 동사 변형 관계사 수일치 접속사 수동태 전치사 생략 어순	**오답률 최상 문제** **선별 학습** 구텝스 문제집 유형별 활용 오답 원인 교정	실전 모의고사 20회 이상 실전처럼 이어서 오답 원인 교정
시간 낭비	출제확률 10% 미만 생소한 단어 암기 한글 뜻만 암기	구조 파악 없이 한글 해석만 보기	쉐도잉 전체 딕테이션	4-5형식, 비교급 등 출제범위 밖 문법	무작정 문제풀고, 해설 복습 요령식 풀이	양치기 문제풀이 해설보고 리뷰 끝

▶ 550점 달성 핵심 포인트: 초고난도 선별 → 실전 대비 완벽히!

시중 모든 뉴텝스 모의고사는 마지막 실전 훈련용으로 아껴둬야합니다.
550점 초고득점은 영역별로 딱 1문제씩만 틀릴 수 있기 때문에, 시험 직전 실전 훈련이 생명입니다. 헌데 시중에 나와있는 뉴텝스 모의고사 자체가 희박하기 때문에, 모든 모의고사는 아껴두고 다른 문제집으로 먼저 공부를 시작해야합니다.
구텝스 문제집에서 초고난도 문항만 개별적으로 선별해서 학습합니다.
구텝스도 유형은 동일하기 때문에, 고난도 문항을 개별적으로 선별하기에 적합합니다. 초고난도 문항 학습 시 반드시 오답 원인을 교정하고 다음 문제로 넘어갑니다.

수강하면서 모르겠는 건,
텝스 전문 컨설턴트와 무제한 1:1 컨설팅

내 담임으로 지정된 텝스 전문 컨설턴트가 어떤 질문이든 해결될 때까지 컨설팅 해드립니다. 담임으로서, 나의 구체적인 점수, 목표, 상황까지 잘 알고 있는 컨설턴트에게 맥락 있는 상담을 받을 수 있습니다. 또한, 나의 반복적인 실수를 짚어내어 지속적이고 일관된 컨설팅을 제공합니다.

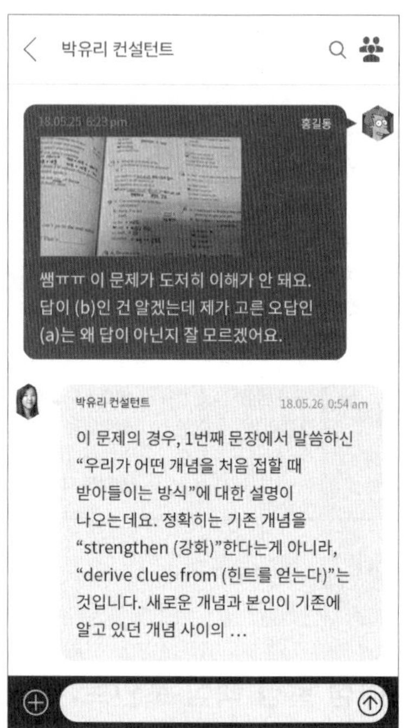

커리큘럼 소개 바로 가기 →

모든 점수대 목표달성자 배출 1위*

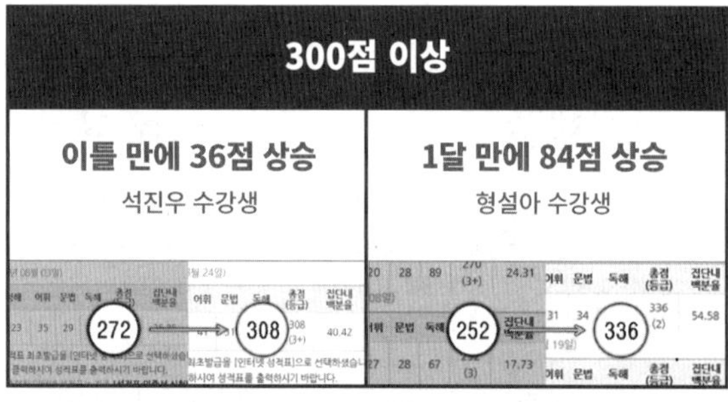

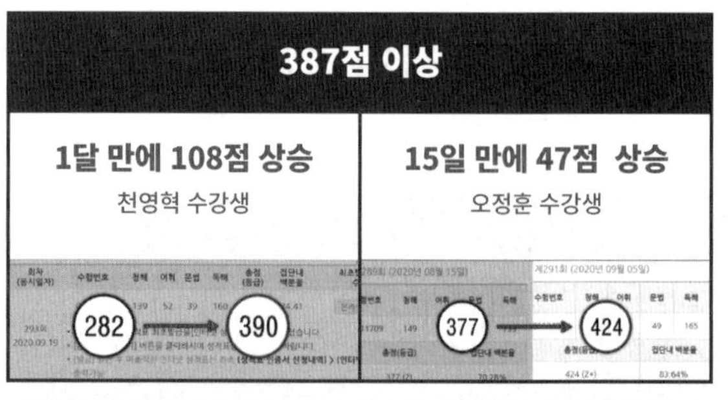

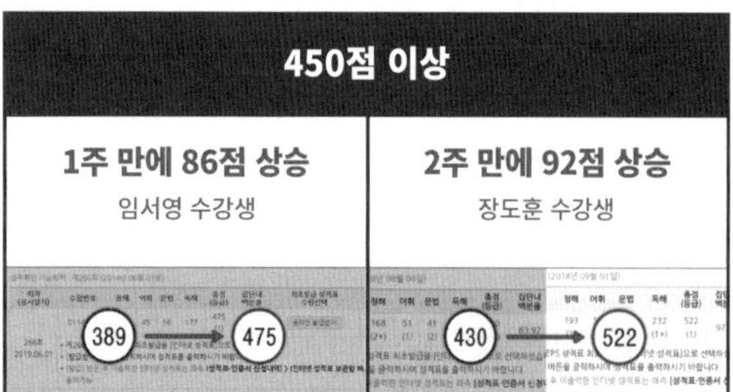

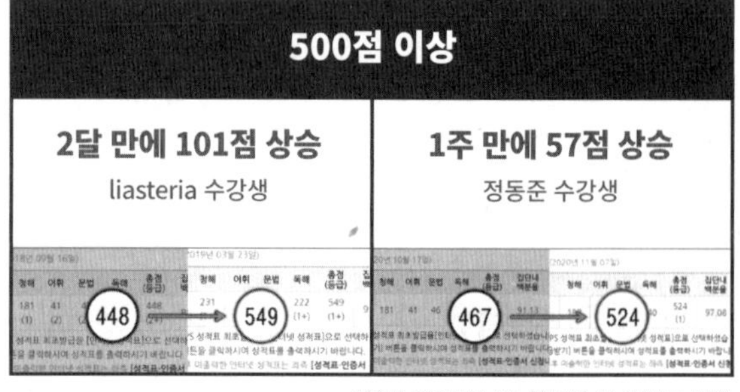

*실제 확인가능한 목표달성 성적표 기준

점수대 별로 수많은 후기
더 보러가기 →

목차 **Contents**

독해와 청해 비슷한 유형끼리 묶어서 학습합니다.

TEPS 유형 총정리

문제의 생김새가 같다고 하더라도
푸는 방법이 다르면 다른 유형입니다.
텝스의 실제 유형을 자세히 살펴볼까요?

텝스 유형 총정리
무료 강의 →

영역	대외적으로 알려진 유형	실제 유형			문항	제한 시간	총점 (비중)
청해	Part 1. 한 문장에 이어질 말	Part 1,2	질문: 질문에 대한 적절한 반응	8개	10개	40분	240점 (40%)
	Part 2. 짧은 대화에 이어질 말		안물: 평서문에 대한 적절한 반응		10개		
	Part 3. 긴 대화 - 질문에 대한 답	Part 3. 메인: 메인이 되는 내용			3개		
		Part 3. 코렉트: 맞는 말이 아니라 통하는 말			5개		
		Part 3. 인퍼: 추론할 수 있는 내용			2개		
	Part 4. 담화 - 질문에 대한 답 (1지문 1문항) Part 5. 담화 - 질문에 대한 답 (1지문 2문항)	Part 4.5 메인: 메인이 되는 내용			3개		
		Part 4.5 코렉트: 맞는 말이 아니라 통하는 말			5개		
		Part 4.5 인퍼: 추론할 수 있는 내용			2개		
어휘	Part 1. 대화문의 빈칸에 맞는 어휘	Part 1,2. 맞는 유형	어휘: 대화 또는 단문을 완성하는 단어의 쓰임새	2개	30개	25분	60점 (10%)
	Part 2. 단문의 빈칸에 맞는 어휘				25개		
문법	Part 1. 대화문의 빈칸에 적절한 답		문법: 대화 또는 단문을 완성하는 단어의 형태				60점 (10%)
	Part 2. 단문의 빈칸에 적절한 답						
	Part 3. 대화 및 문단에서 틀린 문법	Part 3. 틀린 유형: 문장 속에 숨겨진 오류			5개		
독해	Part 1. 빈칸에 적절한 답	Part 1. 빈칸: 지문을 완성하는 선택지		6개	8개	40분	240점 (40%)
		Part 1. 연결어: 지문을 완성하는 연결어			2개		
	Part 2. 문맥상 어색한 내용	Part 2. 딴소리: 전체 지문에 포함되지 않는 문장			2개		
	Part3. 질문에 대한 답 (1지문 1문항) Part 4. 질문에 대한 답 (1지문 2문항)	Part 3,4 메인: 메인이 되는 내용			7개		
		Part 3,4 코렉트: 맞는 말이 아니라 통하는 말			11개		
		Part 3,4 인퍼: 추론할 수 있는 내용			5개		
전체	14개	총 16개			135개	105분	600점 (100%)

유형별 배점 분포
배점 원리 해설 무료 강의 →

나의 목표

학습을 시작하기에 앞서, 나의 목표 성적표를 작성해보세요!

회차 (응시일자)	수험번호	청해	문법	어휘	독해	총점 (등급)	집단내 백분율	최초발급 성적표 수령선택
___회 20__.__.__		____ (__)	____ (__)	____ (__)	____ (__)	____ (__)		온라인 발급받기 성적표/인증서 재발급 신청

- 제 __회 TEPS성적표 최초발급을 [인터넷 성적표]으로 선택하셨습니다.
- [발급받기] 버튼을 클릭하시어 성적표를 출력하시기 바랍니다.

· 목표하는 최종 시험과 목표점수를 적어주세요!
· 문법, 어휘 영역은 목표점수의 10%를 권장합니다.
  Ex) 목표점수가 400점이라면,문법, 어휘는 각각 40점 정도면 충분합니다.
· 모든 수험생의 목표 달성을 진심으로 응원합니다.

진단테스트

목표를 정했다면, 이제 나의 현재 지점을 객관적으로 파악해야 합니다.
나의 취약점을 가장 잘 아는 방법은 현재 나의 점수를 확인하는 것 입니다.

진단테스트에 응시하고, 텝스 전문 컨설턴트에게 무료로 영역별
상세한 분석과 학습 플랜에 대한 조언을 받아보세요.

무료 진단테스트 다운로드

진단테스트는 온라인으로 제공됩니다.

	청해	문법	어휘	독해	총점
점수 결과					
나의 취약점과 해결방안					

독해 Part I

빈칸 풀이법

1강

독해 파트1 빈칸 유형

풀이법

번호	문항 수	배점	독해 영역 내 비중
1-8번	8개	4-10점	50점 (20.8%)

평소 풀던 방식으로 아래의 문제를 풀어보세요.

Part I Question 1~10

Read the Passage and Choose the option that best completes the passage.

R

2. Like today, cats were often loved and respected in ancient civilizations. In Egypt, the laws protected cats from mistreatment. Like their human owners, dead cats were often embalmed in the finest linen and placed in chests of gold and precious stones. In India, early Sanskrit writings describe cats who were so beloved that they were treated like miniature gods. In 500 B.C. in China, the philosopher Confucius is said to have always kept his favorite cat nearby. Around 600 A.D., the Japanese kept cats to protect their sacred manuscripts. The cats who did their jobs well were especially cherished. After this brief look through history, it seems that the affectionate bond between cats and their owners ___________________.

(a) is hardly a recent modern phenomenon
(b) was especially esteemed in Asian culture
(c) provides a clue to understanding human beings
(d) makes it clear that humans need companionship

(a) is hardly a recent modern phenomenon ········ '옛날 얘기들이 나오긴 했으니 맞는 것 같기도..'
최신 현상이 아니다

(b) was especially esteemed in Asian culture ········ '아시아 나라들이 계속 언급되었는데..'
아시아에서 특히 더

(c) provides a clue to understanding human beings ········ '인간들이 좋아한 거니까 말 되지 않나?'
인간을 이해하는데 도움

(d) makes it clear that humans need companionship ········ '고양이와의 우정을 말할 수 있지 않나?'
인간은 우정이 필요하다

Q 다 맞는 것 같은데,
왜 (a)만 정답이고, 나머지는 오답일까요?

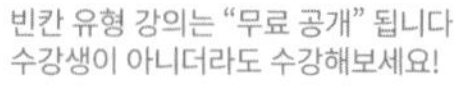

강의 수강

빈칸 유형 강의는 "무료 공개" 됩니다.
수강생이 아니더라도 수강해보세요!

A 힌트는 바로 (아무도 안 보는) Instruction 에 있어요.

Part I **Question 1~10**

Read the Passage and Choose the option that best completes the passage.

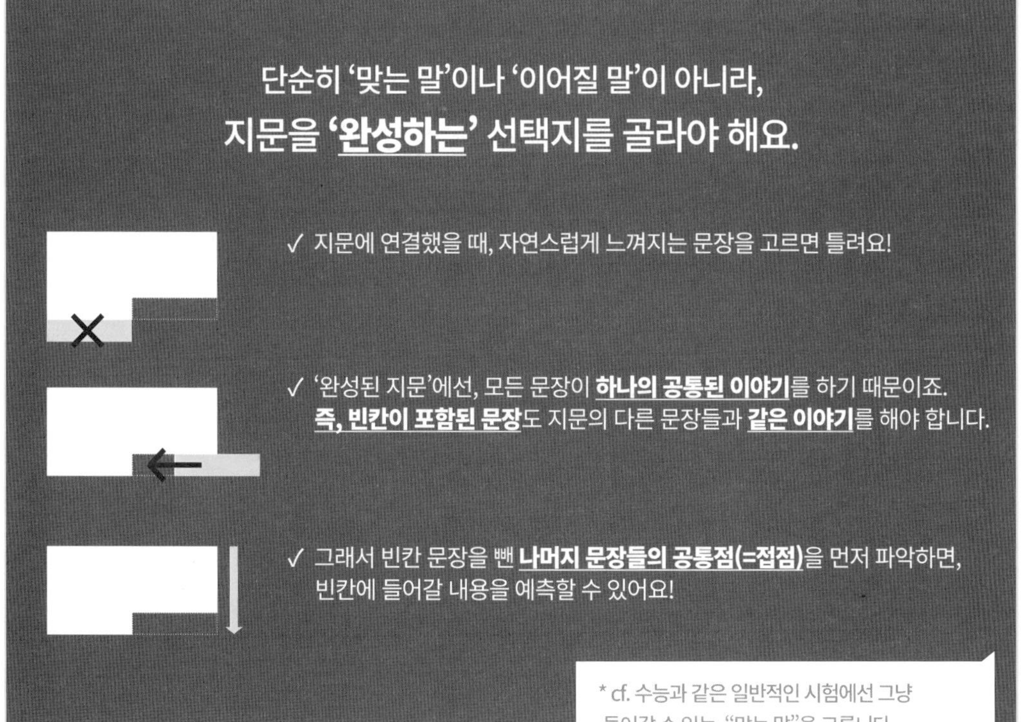

* cf. 수능과 같은 일반적인 시험에선 그냥 들어갈 수 있는 "맞는 말"을 고릅니다.

[31~34] 다음 빈칸에 들어갈 말로 가장 적절한 것을 고르시오.

31. *Apocalypse Now,* a film prodeced and directed by Francis Ford Coppola, gained widespread popularity, and for good

각 STEP을 따라 빈칸 유형 풀이법을 이해해 보세요.

STEP 01 포인트 도출

각 문장의 **핵심(포인트)**을 파악하세요. 그러면 문장들의 공통점을 찾기가 수월해져요!

[포인트]

Like today, cats were often loved and respected in ancient civilizations.

고양이는 오늘날과 마찬가지로 고대 문명에서도 종종 사랑과 존경을 받았다. → 1 고대에도 사랑

In Egypt, the laws protected cats from mistreatment.

이집트에서는 고양이를 mistreatment 하는 것을 법으로 금지했다. → 2 법으로 보호

ㄴ 단어유추 이것을 법으로 금지한다는 것이므로, '안 좋은' 뉘앙스 정도는 유추 가능

Like their human owners, dead cats were often embalmed in the finest linen and placed in chests of gold and precious stones.

죽은 고양이들은 인간들처럼 가장 부드러운 아마포에 embalmed 돼서 방부 처리된 미라로 만들어진 후 금과 보석으로 장식된 상자 속에 담겨졌다. → 3 죽어서까지

ㄴ 단어유추 죽은 고양이의 장례를 극진히 치른다는 것이므로, '장례 방식 중 하나' 정도는 유추 가능

In India, early Sanskrit writings describe cats who were so beloved that they were treated like miniature gods.

인도의 초기 산스크리트 문학은 고양이가 많이 beloved 되어서 miniature 신처럼 다루어졌음을 보여준다. → 4 신처럼 대접

ㄴ 단어유추 beloved 'love'가 포함된 동사의 수동 형태이므로, '사랑을 받았다'는 뉘앙스 정도는 유추 가능

ㄴ 단어유추 miniature 많이 알고 있는 '작은 장난감' 이란 뜻을 응용하여 '작은 신' 정도로 유추 가능.

In 500 B.C. in China, the philosopher Confucius is said to have always kept his favorite cat nearby.

기원전 5세기 중국에서는 Confucius 가 총애하는 고양이를 항상 곁에 두었다고 전해진다. → 5 항상 곁에

ㄴ 단어유추 대문자로 시작한 고유명사이므로, '그냥 C 라는 사람이구나' 정도만 알고 넘어가도 됨.

Around 600 A.D., the Japanese kept cats to protect their sacred manuscripts.

서기 6세기경 일본인들은 그들의 sacred manuscripts 를 보호하기 위해 고양이를 길렀다. → 6 중요한 걸 보호

ㄴ 단어유추 고양이를 기르는 목적이 될 정도로 '보호해야 할 귀중한 것' 정도로 유추 가능

The cats who did their jobs well were especially cherished.

그들은 그 역할을 잘해낸 고양이들을 특히 소중하게 여겼다. → 7 예쁨 받음

STEP 02 접점 도출

모든 포인트들의 '**접점(=공통점)**'을 도출합니다.

[접점]

1 2 3 4 5 6 7

계속 사랑 받아왔다

STEP 03 빈칸 역할

빈칸 문장을 읽고, 빈칸이 지문에서 어떤 역할을 하는지 정확히 파악합니다.

After this brief look through history, it seems that the affectionate bond between cats and their owners ________.

이렇게 역사를 간단하게 살펴보면 고양이와 주인들 간의 affectionate bond 는 ________ 보인다.

ㄴ 단어유추 많이 알고 있는 '본드'의 뜻에서 확장하여 '고양이와 주인 사이의 끈끈함' 정도로 유추 가능

이 문장의 역할: 지문을 정리하는 결론(= 중심생각 = 접점을 문장으로 표현한 것)

STEP 04 돌려 말하는 선택지

텝스는 같은 말을 '돌려서 표현'해요. 이 문제의 빈칸은 접점과 같은 말이니, **접점을 다른 단어로 돌려 말한 선택지**를 고르면 됩니다.

✓ **(a) is hardly a recent modern phenomenon**
최근의 현대적인 현상이 아닌 것으로

최신 현상이 아니다 = 예전에도 있던 현상이다 = 즉, '계속 사랑 받아왔다'는 것이므로 접점을 돌려 말한 정답이다.

(b) was especially esteemed in Asian culture

오답자 40% 선택

특히 아시아 문화에서 존중 받은 것으로

특정 지역보다는, 그냥 '예전부터 쭉' 사랑 받아왔다는 것이므로 오답이다.

(c) provides a clue to understanding human beings
인간을 이해하는 데 단서를 제공하는 것으로

인간에 대한 이해 보다는 '고양이'가 계속 사랑 받아왔다는 것이 접점이므로 오답이다.

(d) makes it clear that humans need companionship
인간은 동지애가 필요함을 확실히 하는 것으로

동지애를 **사람이 필요로 한다**는 게 아니므로 오답이다.

핵심은 어떻게 도출할 수 있을까요?

풀이법을 더 잘 이해하기 위해 강의를 들어보세요 (1강 무료공개) →

빈칸 유형 풀이법 STEP 1~4를 따라서, 새로운 문제를 풀어보세요.

5. There is an almost universal correlation between poverty and social exclusion. In most societies, poor people are often marginalized as the upper and middle classes, whether intentional or not, maintain their distance. In fact, poverty is the most direct link between social exclusion and class: because most poor people are working class and because most socially excluded people are poor. Though some individuals and groups who are not necessarily poor may also suffer from other forms of discrimination and exclusion — for example, black and ethnic minority communities, women, and people with disabilities — the separation between classes is especially prominent and encompasses a great percentage of society. In essence, it is ______________.

(a) the rich who are to blame for this segregation
(b) generally true that the poor should receive financial assistance
(c) safe to say that social exclusion does great harm to society
(d) the lack of material goods that generally determines social ostracism

아래 모범풀이와 비교하여, 각 step 별로 내 실수를 교정해보세요.

STEP 01 포인트 도출

There is an almost universal correlation between poverty and social exclusion.
가난과 사회적인 소외는 거의 보편적으로 상호 관련되어 있다. → 1 관련있음

In most societies, poor people are often marginalized as the upper and middle classes, whether intentional or not, maintain their distance.
대부분의 사회에서 가난한 사람들은 의도적이건 그렇지 않건 중상층이 그들과의 거리를 유지하기 때문에 종종 marginalized 된다. → 2 소외됨
ㄴ 단어유추 **상류층과 중류층이 거리를 유지한 결과이므로 그들에게로부터 '소외된다' 정도는 유추 가능**

In fact, poverty is the most direct link between social exclusion and class: because most poor people are working class and because most socially excluded people are poor.
사실 가난은 사회적인 소외와 계층을 가장 직접적으로 연결시킨다. 가난한 사람 대부분은 노동자 계층이고 또 사회적으로 소외된 사람 대부분은 가난하기 때문이다. → 3 가난, 소외, 계층 전부 연결

Though some individuals and groups who are not necessarily poor may also suffer from other forms of discrimination and exclusion — for example, black and ethnic minority communities, women, and people with disabilities — the separation between classes is especially prominent and encompasses a great percentage of society.
꼭 가난하지만은 않은 개인이나 집단들, 예를 들어 흑인이나 소수민족, 여성, 장애인도 다른 형태의 차별이나 소외를 겪지만 특히 계층간의 격차는 두드러지게 나타나며 사회의 많은 부분을 차지한다. → 4 다른 소외도 있지만 / '계층' 제일 심함

[포인트]
1 관련있음
2 소외됨
3 가난, 소외, 계층 전부 연결
4 다른 소외도 있지만 '계층' 제일 심함

STEP 02 접점 도출

[접점]
1 2 3 4
가난과 소외 관련있다

STEP 03 빈칸 역할

In essence, it is ________________.
본질적으로, ________________.

이 문장의 역할: 지문을 정리하는 결론 (= 중심생각 = 접점을 문장으로 표현한 것)

STEP 04 돌려 말하는 선택지

(a) the rich who are to blame for this segregation

오답자 **48%** 선택

부유한 자들이 이러한 차별에 대해 탓할 대상이다.

누구의 탓인지보단, '가난과 소외의 관계를 분석'한 것이므로 오답이다.

(b) generally true that the poor should receive financial assistance

가난한 자들이 재정적인 도움을 받아야 하는 것은 일반적으로 사실이다

재정적 **도움을 줘야 한다**기 보단, 그냥 '가난과 소외가 관련이 있다'는 것이므로 오답이다.

(c) safe to say that social exclusion does great harm to society

사회적 배척은 사회에 해를 끼친다고 말해도 과언이 아니다

소외가 **사회에 해를 끼친다**기보단, '가난과 관련이 있다'는 것이므로 오답이다.

✓ **(d) the lack of material goods that generally determines social ostracism**

사회로부터의 배척을 결정하는 것은 일반적으로 물질적인 결핍이다

물질의 부족이 사회적 소외를 결정한다는 것이므로, '가난과 소외가 관련이 있다'는 접점을 돌려 말한 정답이다.

풀이법 요약

STEP 01 포인트 도출

STEP 02 접점 도출

STEP 03 빈칸 역할

STEP 04 돌려 말하는 선택지

이제 이 풀이법을 연습문제에 적용해보세요!

연습문제	소요시간
총 6문제	약 2~4시간

1강 독해 파트1 빈칸 | 연습문제 1번

앞서 배운 STEP대로, 문제를 <u>한번에 이어서</u> 풀어주세요.

Rock music is ____________________. Rock music includes elements of several black and white American music styles: black guitar associated with blues; black rhythm and blues, famous for saxophone solos; black and white gospel music; white country and western music; and the songs of white popular crooners and harmony groups. Emerging in the mid-1950s, rock music was originally referred to as "rock and roll." After 1964, it was commonly labeled "rock music." The conversion in terminology shows simultaneously the continuity from the earlier period and a break from it. The Beatles are a representative rock group in this second phase of rock music, and their music shows the influence of soul music, rhythm and blues, and surf music.

(a) far-reaching and has had a significant impact worldwide
(b) a genre of popular music that has the nature of hybrid in its origin
(c) from the United States which became popular during the late 1940s and early 1950s
(d) the greatest commercial success for male and white performers

이번에는 각 STEP별로 문제를 풀어보세요

STEP 01 포인트 도출

Rock music includes elements of several black and white American music styles: black guitar associated with blues; black rhythm and blues, famous for saxophone solos; black and white gospel music; white country and western music; and the songs of white popular crooners and harmony groups.

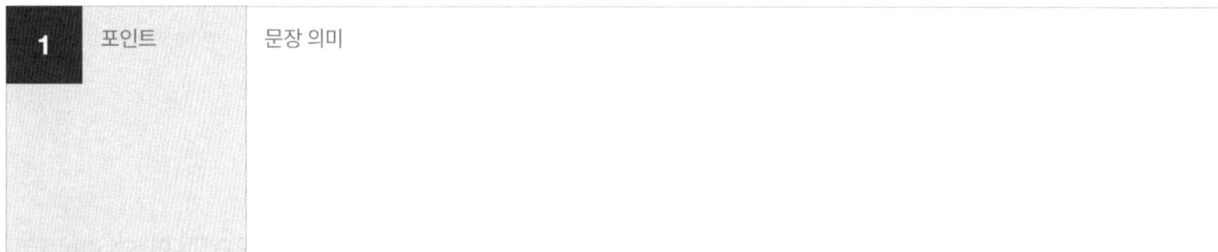

Emerging in the mid-1950s, rock music was originally referred to as "rock and roll."

After 1964, it was commonly labeled "rock music."

The conversion in terminology shows simultaneously the continuity from the earlier period and a break from it.

The Beatles are a representative rock group in this second phase of rock music, and their music shows the influence of soul music, rhythm and blues, and surf music.

STEP 02 접점 도출

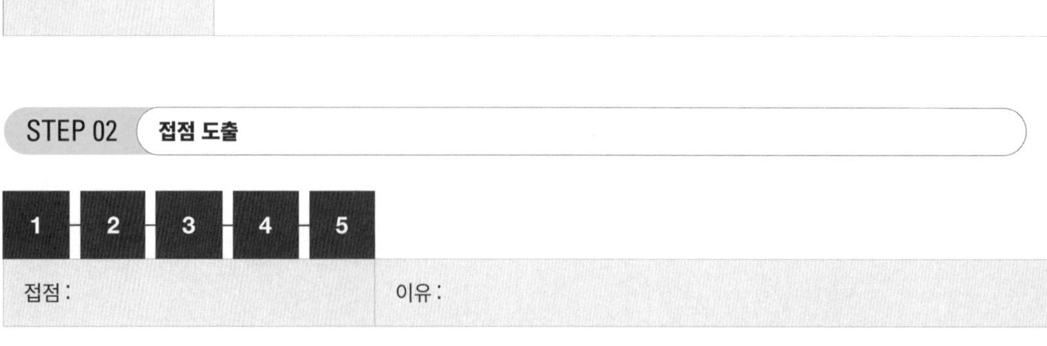

STEP 03 빈칸 역할

Rock music is ____________________.

빈칸 역할
문장 의미

STEP 04 돌려 말하는 선택지

(a) far-reaching and has had a significant impact worldwide

이유
문장 의미

(b) a genre of popular music that has the nature of hybrid in its origin

이유
문장 의미

(c) from the United States which became popular during the late 1940s and early 1950s

이유
문장 의미

(d) the greatest commercial success for male and white performers

이유
문장 의미

정답 (b)

내가 틀린 이유를 추정해본다면?

모범풀이와 비교하여, 이전 단계에서 틀린 점을 모두 수정해보세요.

모범풀이 바로 가기

독해 파트1 빈칸 | 연습문제 2번

앞서 배운 STEP대로, 문제를 한번에 이어서 풀어주세요.

There are flaws in the old-fashioned approach to nutrition science, which was to isolate a precise health-promoting vitamin or chemical in a food and process it into dietary supplements or put it into other, more common foods. We would like to propose that it is not a single chemical or food that is protecting your health, but many factors working in concert to protect your health. The benefits from a certain diet are synergistic and additive. Therefore, we argue that ________________.

(a) the isolation of certain ingredients is harmful for your health
(b) you should focus on consuming fruits and vegetables
(c) whole patterns of healthy eating should be pursued
(d) conventional patterns of eating may actually cause poor health

이번에는 각 STEP별로 문제를 풀어보세요

STEP 01 포인트 도출

There are flaws in the old-fashioned approach to nutrition science, which was to isolate a precise health-promoting vitamin or chemical in a food and process it into dietary supplements or put it into other, more common foods.

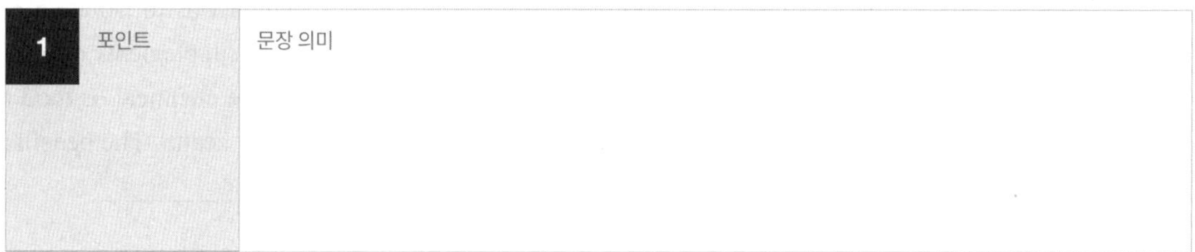

1 포인트	문장 의미

We would like to propose that it is not a single chemical or food that is protecting your health, but many factors working in concert to protect your health.

2 포인트	문장 의미

The benefits from a certain diet are synergistic and additive.

3 포인트	문장 의미

STEP 02 접점 도출

1 – 2 – 3

접점 :	이유 :

STEP 03 빈칸 역할

Therefore, we argue that ________________.

빈칸 역할
문장 의미

STEP 04 돌려 말하는 선택지

(a) the isolation of certain ingredients is harmful for your health

이유
문장 의미

(b) you should focus on consuming fruits and vegetables

이유
문장 의미

(c) whole patterns of healthy eating should be pursued

이유
문장 의미

(d) conventional patterns of eating may actually cause poor health

이유
문장 의미

정답 (c)

내가 틀린 이유를 추정해본다면?

모범풀이와 비교하여, 이전 단계에서 틀린 점을 모두 수정해보세요.

모범풀이 바로 가기

독해 파트1 빈칸 | 연습문제 3번

앞서 배운 STEP대로, 문제를 한번에 이어서 풀어주세요.

During the Qajar dynasty, Iranians first encountered Europeans in the context of the rise of the West, with far-reaching effects. European sea-lanes bypassed the legendary Silk Road, which had always been a pillar of Iran's economy. New industrial processes of production made traditional ways of living impossible for Iranians. Like other nations such as Turkey and Japan, Iranians realized the importance of modernizing as quickly as possible to fight off the Western encroachment. It was at this point that modern educational institutions in the Western tradition were first opened in Iran. After these developments, Iran ______________________.

(a) enjoyed the revival of the Silk Road
(b) grew increasingly similar to Turkey
(c) soon overthrew the Qajar dynasty
(d) would never be the same

이번에는 각 STEP별로 문제를 풀어보세요

STEP 01 포인트 도출

During the Qajar dynasty, Iranians first encountered Europeans in the context of the rise of the West, with far-reaching effects.

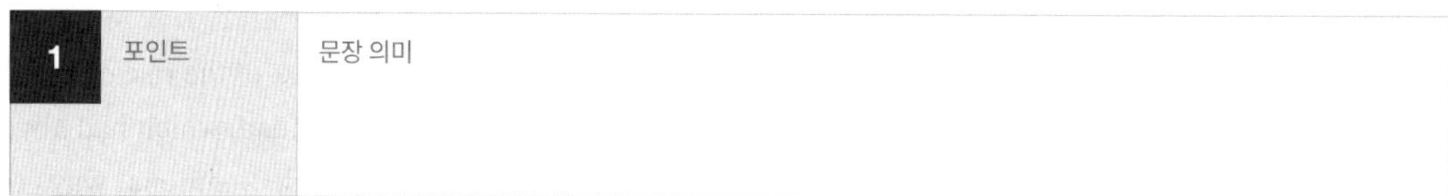

European sea-lanes bypassed the legendary Silk Road, which had always been a pillar of Iran's economy.

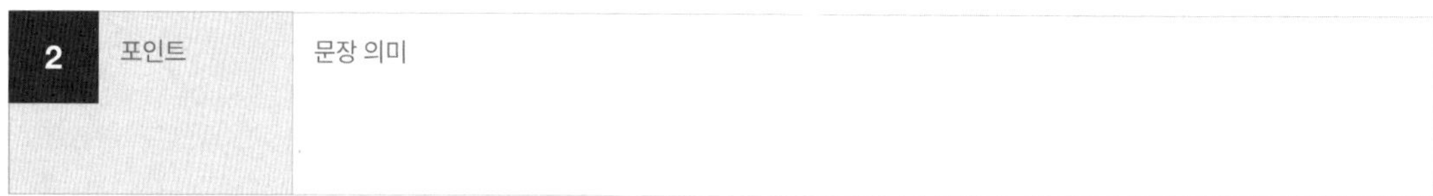

New industrial processes of production made traditional ways of living impossible for Iranians.

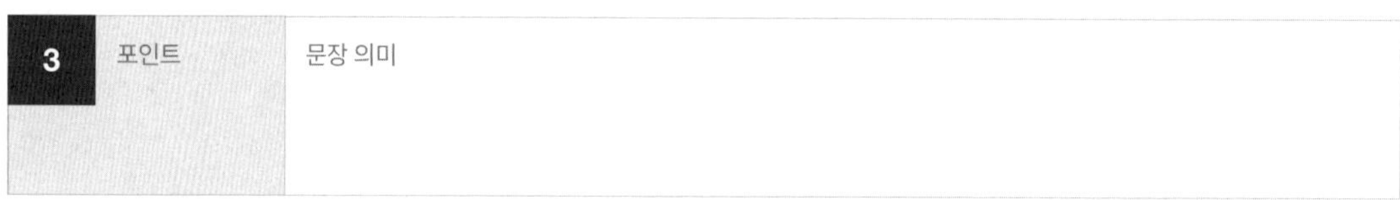

Like other nations such as Turkey and Japan, Iranians realized the importance of modernizing as quickly as possible to fight off the Western encroachment.

It was at this point that modern educational institutions in the Western tradition were first opened in Iran.

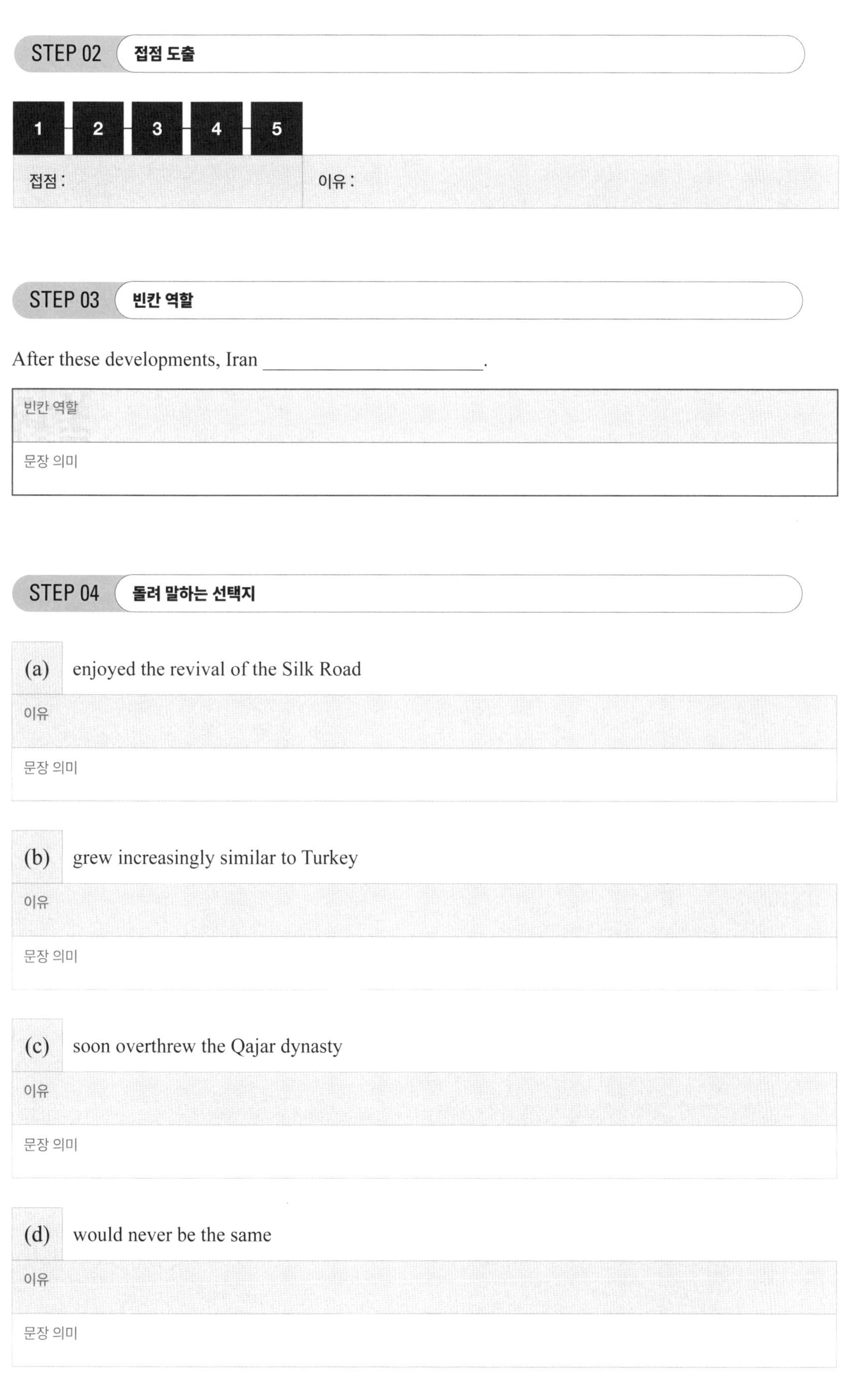

STEP 02 접점 도출

1	2	3	4	5

접점 :

이유 :

STEP 03 빈칸 역할

After these developments, Iran ______________________.

빈칸 역할

문장 의미

STEP 04 돌려 말하는 선택지

(a) enjoyed the revival of the Silk Road

이유

문장 의미

(b) grew increasingly similar to Turkey

이유

문장 의미

(c) soon overthrew the Qajar dynasty

이유

문장 의미

(d) would never be the same

이유

문장 의미

정답 (d)

내가 틀린 이유를 추정해본다면?

모범풀이와 비교하여, 이전 단계에서 틀린 점을 모두 수정해보세요.

모범풀이 바로 가기

1강 **독해 파트1 빈칸 | 연습문제 4번**

앞서 배운 STEP대로, 문제를 한번에 이어서 풀어주세요.

One can hardly turn on the television, open a newspaper or magazine, or visit a website without hearing or seeing the term "globalization." Surprisingly, although it is now incorporated as a part of the world's vocabulary, there is no precise definition for this word. Most experts agree that it refers to the increasing integration of economies around the world, especially through international trade and the flow of money across borders. Additionally, they say, it refers to the movement of people, both tourists and immigrants, and to the international flow of knowledge and information. Although there is no exact definition on the term today, the term "globalization"________________.

(a) will become extinct in the future
(b) will find a secure place in people's vocabulary
(c) will increase integration of economies around the world
(d) will become even more international

이번에는 각 STEP별로 문제를 풀어보세요

STEP 01 포인트 도출

One can hardly turn on the television, open a newspaper or magazine, or visit a website without hearing or seeing the term "globalization."

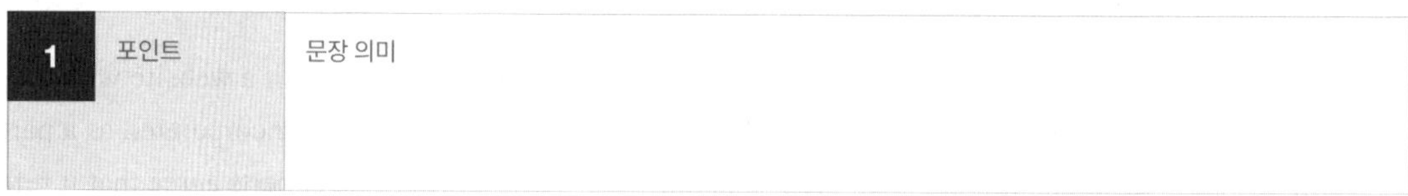

1 포인트	문장 의미

Surprisingly, although it is now incorporated as a part of the world's vocabulary, there is no precise definition for this word.

2 포인트	문장 의미

Most experts agree that it refers to the increasing integration of economies around the world, especially through international trade and the flow of money across borders.

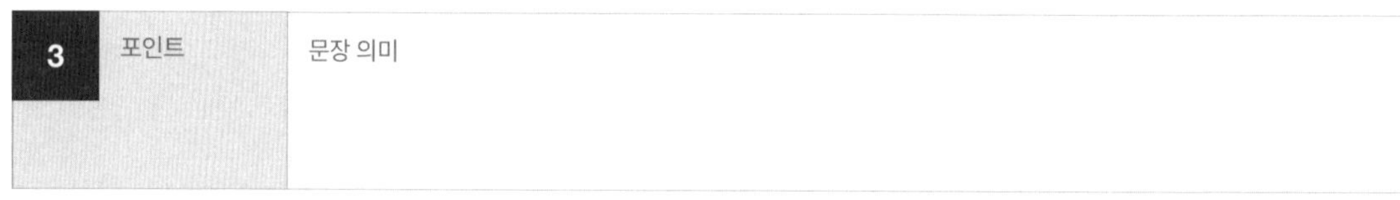

3 포인트	문장 의미

Additionally, they say, it refers to the movement of people, both tourists and immigrants, and to the international flow of knowledge and information.

4 포인트	문장 의미

STEP 02 접점 도출

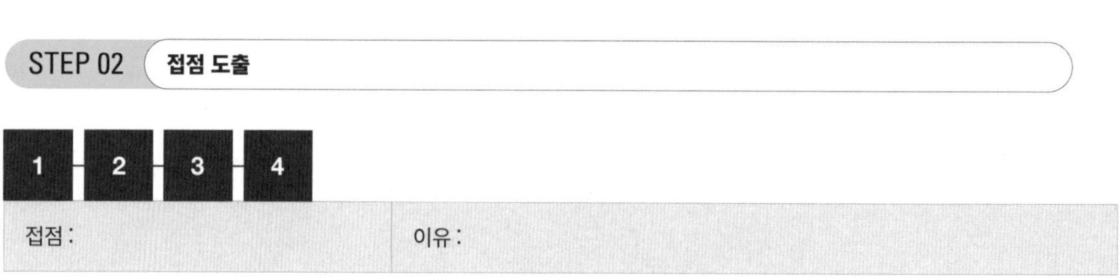

1 – 2 – 3 – 4

접점 :	이유 :

STEP 03 빈칸 역할

Although there is no exact definition on the term today, the term "globalization"____________.

빈칸 역할
문장 의미

STEP 04 돌려 말하는 선택지

(a) will become extinct in the future

이유
문장 의미

(b) will find a secure place in people's vocabulary

이유
문장 의미

(c) will increase integration of economies around the world

이유
문장 의미

(d) will become even more international

이유
문장 의미

정답 (b)

내가 틀린 이유를 추정해본다면?

모범풀이와 비교하여, 이전 단계에서 틀린 점을 모두 수정해보세요.

모범풀이 바로 가기

독해 파트1 빈칸 | 연습문제 5번

앞서 배운 STEP대로, 문제를 <u>한번에 이어서</u> 풀어주세요.

My memory of my first day of kindergarten is ____________________. My mom remembers clearly how profusely I protested when led down the school halls, which I must have viewed as something like the corridors of a dungeon. But I have no recollection of this. At five years old I was but a young child taken from the freedom of the playground and thrust into a brick-and-mortar facility of compulsory education, so perhaps it is best for my sanity that the memory eludes me today.

(a) still vivid to this day
(b) practically non-existent
(c) one I'd like to forget
(d) the earliest I can recall

이번에는 각 STEP별로 문제를 풀어보세요

STEP 01 포인트 도출

My mom remembers clearly how profusely I protested when led down the school halls, which I must have viewed as something like the corridors of a dungeon.

But I have no recollection of this.

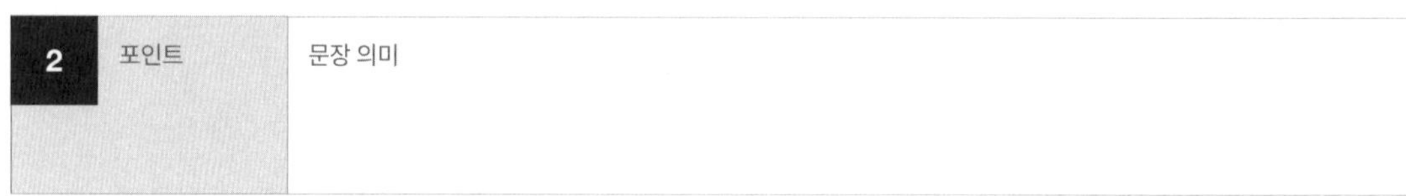

At five years old I was but a young child taken from the freedom of the playground and thrust into a brick-and-mortar facility of compulsory education, so perhaps it is best for my sanity that the memory eludes me today.

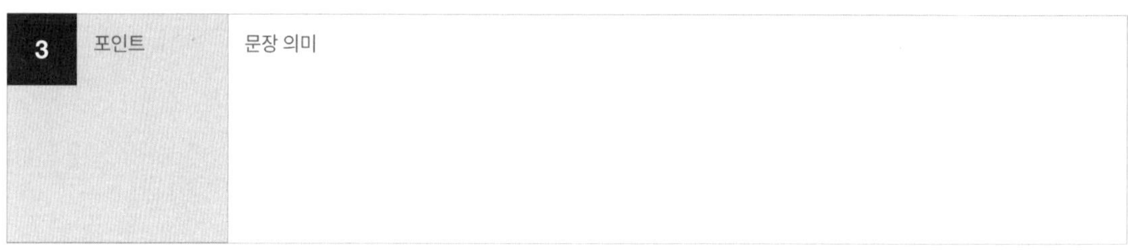

STEP 02 접점 도출

1 – 2 – 3

접점 :	이유 :

STEP 03 빈칸 역할

My memory of my first day of kindergarten is__________________.

빈칸 역할
문장 의미

STEP 04 돌려 말하는 선택지

(a) still vivid to this day

이유
문장 의미

(b) practically non-existent

이유
문장 의미

(c) one I'd like to forget

이유
문장 의미

(d) the earliest I can recall

이유
문장 의미

정답 (b)

내가 틀린 이유를 추정해본다면?

모범풀이와 비교하여, 이전 단계에서 틀린 점을 모두 수정해보세요.

모범풀이 바로 가기

독해 파트1 빈칸 | 연습문제 6번

앞서 배운 STEP대로, 문제를 한번에 이어서 풀어주세요.

A recent study investigated ______________. Participants were asked to hold one of two poses: slumped sitting or sitting up straight. While holding the posture, they completed a simulated job application, listing their own strong points and shortcomings relevant for the job. Afterwards, they rated themselves as a candidate for the job, an interviewee for the position, and a future employee. The result showed that posture had a significant effect on these ratings. Sitting slumped over was associated with lower work-related self-confidence than sitting up straight.

(a) what is the most important factor in getting a job
(b) how posture influences job interviews
(c) which posture produces the most health benefits
(d) how posture influences self-confidence

이번에는 각 STEP별로 문제를 풀어보세요

STEP 01 포인트 도출

Participants were asked to hold one of two poses: slumped sitting or sitting up straight.

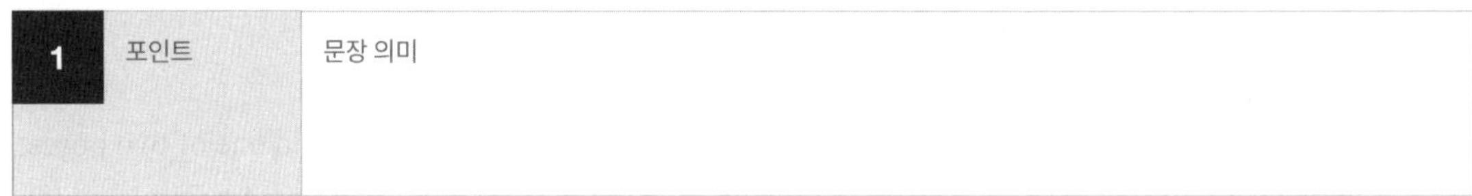

While holding the posture, they completed a simulated job application, listing their own strong points and shortcomings relevant for the job.

Afterwards, they rated themselves as a candidate for the job, an interviewee for the position, and a future employee.

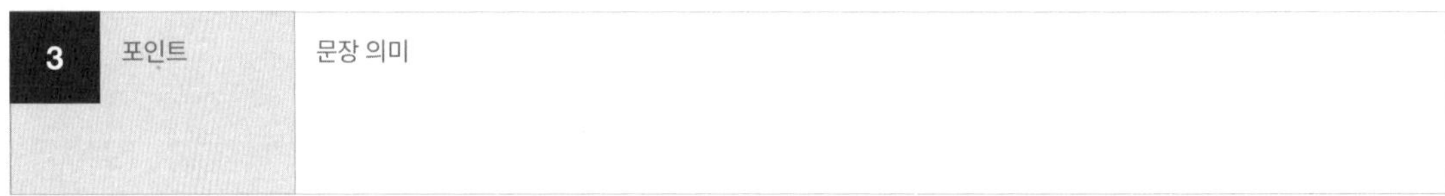

The result showed that posture had a significant effect on these ratings.

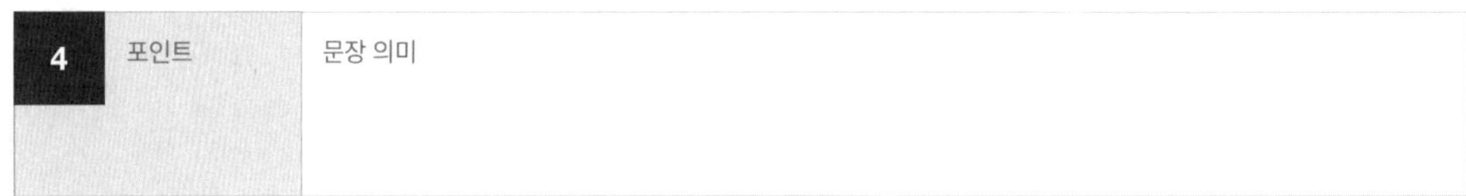

Sitting slumped over was associated with lower work-related self-confidence than sitting up straight.

STEP 02 접점 도출

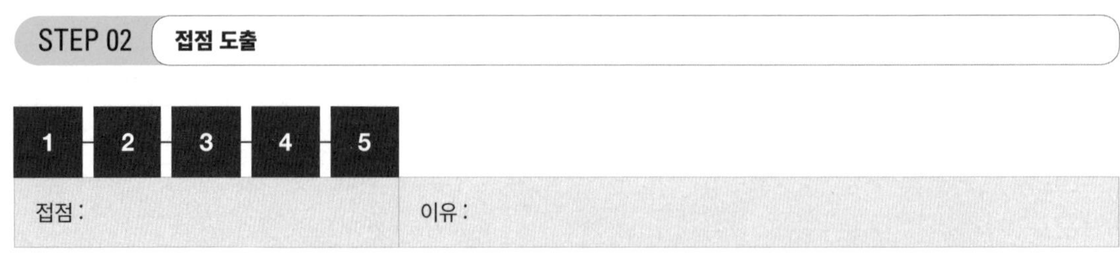

STEP 03 빈칸 역할

A recent study investigated ______________.

빈칸 역할
문장 의미

STEP 04 돌려 말하는 선택지

(a) what is the most important factor in getting a job

이유
문장 의미

(b) how posture influences job interviews

이유
문장 의미

(c) which posture produces the most health benefits

이유
문장 의미

(d) how posture influences self-confidence

이유
문장 의미

정답 (d)

내가 틀린 이유를 추정해본다면?

모범풀이와 비교하여, 이전 단계에서 틀린 점을 모두 수정해보세요.

모범풀이 바로 가기

빈출 단어 리스트

1강 독해 파트1 빈칸 문제에 출제되었던 빈출단어를 학습하세요!

1강 — 독해 파트1 빈칸 단어시험

Fill in the vocabulary that best completes each sentence.

cherish	compulsory	encompass	encroachment
far-reaching	isolate	mistreatment	terminology

1. Technology does not ________________ communication, it augments it.

2. It could be cultural differences and misunderstanding in ________________.

3. They see this as an unwanted ________________ into the public sphere.

4. We believe that the cultural differences in many ways ________________ the biggest problems in the world.

5. Eleven years ago, a report was made about the ________________ of the Aborigines.

6. Negative campaigns have ________________ ripple effects and strongly influence the instigation of voters.

7. For a moment, we can put politics aside and ________________ this peaceful Olympic moment!

8. Physical education is ________________ in U.S. schools until the age of 16.

빈출단어 온라인 단어장
무료 공개

1. isolate / 2. terminology / 3. encroahment / 4. encompass / 5. mistreatment /
6. far-reaching / 7. cherish / 8. compulsory

독해 Part I

연결어 풀이법

2강

2강 독해 파트1 연결어 유형 풀이법

번호	문항 수	배점	독해 영역 내 비중
9-10번	2개	4-6점	12점 (5%)

평소 풀던 방식으로 아래의 문제를 풀어보세요.

Part I Question 1~10

Read the Passage and Choose the option that best completes the passage.

R

9. A new study has shown that small companies find it harder to attract good talent even when they offer higher salaries. The study found that potential employees think these companies are more sensitive to poor economic conditions than larger companies. Therefore, they don't want to risk their careers on an uncertain choice. ____________, smaller companies have less name-brand value, which also discourages people from applying.

(a) However
(b) As a result
(c) Moreover
(d) In this regard

Therefore, they don't want to risk their careers on an uncertain choice.
불확실한 것에 커리어를 걸고 싶지 않음.

____________, smaller companies have less name-brand value, which also discourages people from applying.
네임 밸류가 낮아서 지원을 안 함.

(b) As a result
결과적으로
작은 회사에 위험부담 안 함 → 그래서 네임 벨류가 더 떨어진다.
원인 → 결과 맞는 것 같은데..?

(c) Moreover
게다가
음.. 단순히 더해지는 내용은 아닌 것 같은데;

Q
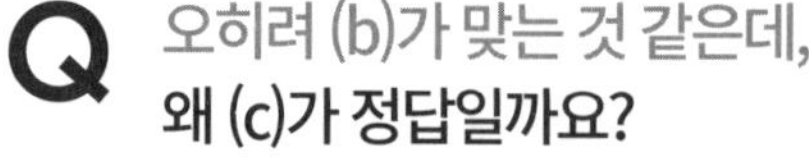

수강생들은 강의를 수강해주세요 → 강의 수강

힌트는 이번에도 Instruction 에 있어요.

Part I **Question 1~10**

Read the Passage and Choose the option that best completes the passage.

단순히 '앞뒤 문장을 이어주는' 연결어가 아니라,

'지문을 완성하는' 연결어를 골라야 해요!

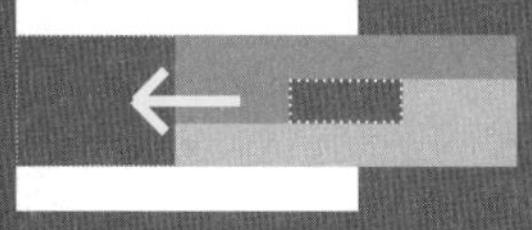

✓ 빈칸의 앞 뒤 문장만 고려해서 연결어를 고르면 틀려요! [앞문장+연결어+뒷문장]이 나머지 문장들과 합쳐져서 지문 전체가 **하나의 공통된 이야기**를 해야 하기 때문이죠.

앞 문장 역할

뒷 문장 역할

✓ 그래서 빈칸 유형과 마찬가지로 지문의 접점을 파악하고, 접점 하에서 **앞 뒤 문장이 담당하는 역할**이 무엇인지 규정해야 해요.

✓ 그리고 **두 역할이 어떤 관계인지 파악하면** 어떤 연결어가 필요한지 예측할 수 있어요!

각 STEP을 따라 연결어 유형 풀이법을 이해해 보세요.

STEP 01 포인트 도출

지문의 접점을 파악하려면, 우선 포인트부터 도출해야 해요.

[포인트]

A new study has shown that small companies find it harder to attract good talent even when they offer higher salaries.

새로운 연구에 따르면 작은 회사들은 더 많은 월급을 제시할지라도 good talent 를 끌어들이기가 보다 어려운 것으로 나타났다. → 1 인재채용 **어렵**

ㄴ 단어유추 **회사에서 찾는 좋은 재능이므로, '좋은 인재' 정도로 유추 가능**

The study found that potential employees think these companies are more sensitive to poor economic conditions than larger companies.

연구에서 구직자들은 작은 회사들이 큰 회사들보다 좋지 않은 경제적 상황에 더 sensitive 할 것이라고 생각한다는 것이 밝혀졌다. → 2 불황에 더 **취약**

ㄴ 단어유추 **경제 상황에 더 민감하다는 것은 더 민감하게 영향을 받는다는 뜻이므로, '더 취약함' 정도로 유추 가능**

Therefore, they don't want to risk their careers on an uncertain choice.

그래서 그들은 자신들의 직업적 삶을 불확실한 선택으로 위태롭게 하길 원치 않는다. → 3 **위험꺼림**

____________, smaller companies have less name-brand value, which also discourages people from applying.

_______, 작은 회사일수록 브랜드 가치가 적은데, 이 또한 사람들의 지원을 방해하는 요인이다. → 4 **네임벨류 낮음**

STEP 02 접점 도출

연결어 앞 뒤 문장의 역할을 파악하기 위해 접점을 도출합니다.

[접점]

1 - 2 - 3 - 4

(작은 회사가) 채용 어려운 이유

STEP 03 앞 뒤 문장 역할

빈칸(=연결어)의 앞 뒤 문장을 읽고, 각 문장이 접점 하에서 어떤 역할을 하는지 파악합니다.

Therefore, they don't want to risk their careers on an uncertain choice. → 3 **위험꺼림**

앞 문장의 역할: 작은 회사가 채용이 어려운 **1번째 이유**

____________, smaller companies have less name-brand value, which also discourages people from applying. → 4 **네임벨류 낮음**

뒷 문장의 역할: 작은 회사가 채용이 어려운 **2번째 이유**

STEP 04 앞 뒤 문장의 관계

앞 뒤 문장의 역할이 어떤 관계인지 나타내는 연결어를 고르세요.

(a) However

그러나

앞 문장과 뒷 문장이 '**대비**'되는 관계가 아니므로

(b) As a result

오답자 **81%** 선택

결과적으로

두 문장 역할 간의 **관계가 동등**하므로, 앞 뒤 문장만 읽을 때와 다르게 인과 관계가 아니다.

✓ **(c) Moreover**

더욱이

채용이 어려운 '첫 번째 이유(risk)'에 이어 '두 번째 이유(name-brand↓)'를 **더해주는 관계**이므로 정답

(d) In this regard

이것과 관련하여

앞 문장과 관련하여, 뒷 문장이 '**부연 설명**'을 하는 것이 아니므로 오답

연결어 유형 풀이법 STEP 1~4를 따라서, 새로운 문제를 풀어보세요.

10. In addition to our world-famous inflight service, you now have another reason to try SWA. We offer daily non-stop flights between Singapore and New York, saving up to four hours for the busy traveler. Enjoy more comfort and space on our luxurious Raffles Class and our new Executive Economy Class, all specially designed with the executive traveler in mind. _______________, enjoy the inflight service even other airlines talk about.

(a) On the other hand
(b) In consequence
(c) And of course
(d) Since then

아래 모범풀이와 비교하여, 각 step 별로 내 실수를 교정해보세요.

STEP 01 포인트 도출

[포인트]

In addition to our world-famous inflight service, you now have another reason to try SWA.

세계적으로 유명한 저희 기내 서비스 외에도 SWA를 선택할 또 다른 이유가 있습니다. → 1 또 다른 이유

We offer daily non-stop flights between Singapore and New York, saving up to four hours for the busy traveler.

저희는 싱가포르와 뉴욕 간에 매일 직항 편을 제공함으로써 바쁜 승객들은 최대 4시간을 절약할 수 있습니다. → 2 매일 직항

Enjoy more comfort and space on our luxurious Raffles Class and our new Executive Economy Class, all specially designed with the |executive| traveler in mind.

|executive| 승객들을 염두에 두고 특별히 디자인된 호화로운 래플스석과 새로 단장한 중역 이코노미석에서 더욱 편안하고 널찍한 좌석을 즐겨보세요. → 3 특별한 좌석

ㄴ 단어유추 **이 승객들을 위해 특별히 좌석을 디자인했으므로,**
이 항공사에서 '중요하게 생각하는 고객층' 정도로 유추 가능

_______________, enjoy the inflight service even other airlines talk about.

_____________, 다른 항공사들도 거론하는 저희 기내 서비스를 즐겨보세요. → 4 기내 서비스

STEP 02 접점 도출

[접점]

1 2 3 4

(이 항공사의) 장점

STEP 03 앞 뒤 문장 역할

Enjoy more comfort and space on our luxurious Raffles Class and our new Executive Economy Class, all specially designed with the executive traveler in mind. → 3 특별한 좌석

앞 문장의 역할: 이 항공사의 **2번째 장점**

_______________, enjoy the inflight service even other airlines talk about. → 4 기내 서비스

뒷 문장의 역할: 이 항공사의 **3번째 장점**

STEP 04 앞 뒤 문장의 관계

(a) On the other hand
반면에

앞 문장과 뒷 문장이 **대비**되는 관계가 아니므로

(b) In consequence
그 결과로서

오답자 **57.8%** 선택

뒷 문장이 앞 문장의 '**결과**'는 아니므로 오답

✓ **(c) And of course**
그리고 물론

이 항공사의 '**장점(좌석)**'에 **이어서** 또 다른 '**장점(기내 서비스)**'이 나오기 때문에 정답이다.

(d) Since then
그때부터

뒷 문장이 '앞 문장의 시점에서 시작해서 **계속되는 사건**'이 아니므로 오답

빈출 연결어

'연결어를 몰라서' 연결어 유형을 틀리는 경우는 오히려 드물어요.
아래 연결어만 확실히 알면, 더더욱 연결어를 몰라서 틀리는 일은 없을 거예요!

앞 문장(A)과 뒷 문장(B)의 관계	연결어 / 예문
A와 **유사한** B	**Likewise / similarly / in the same way** 주말에 강남은 너무 붐빈다. ____________, 잠실도 그렇다.
A에 **추가되는** B	**In addition / besides / moreover / furthermore** 그 회사는 최근에 정기 세일을 시작했다. ____________, 10만원 이상 구매하면 사은품도 준다.
A와 **대조되는** B	**Otherwise** 시키는 대로 해. ____________, 당신은 더 이상 이곳에 필요하지 않아. **In contrast / by contrast / conversely** 그의 형은 백만장자다. ____________, 그는 정말 가난하다. **On the other hand / on the contrary** 그는 사람을 만날 때 돈 계산을 아주 철저하게 한다. ____________, 그는 얻어 먹는 것을 좋아한다. **However / nevertheless / nonetheless** 그들은 몹시 가난하다. ____________, 서로가 있어서 행복하다.
A(이유) **때문에** B	**For this reason / for these reasons** 방송 촬영은 많은 사람들의 협업으로 이루어진다. ____________, 녹화 시간이 상당히 오래 걸린다.
A(원인) 로 **인해** B(결과)	**As a result / in consequence** 주말 내내 축구 경기를 봤다. ____________, 계획한 텝스 공부가 밀려버렸다.
A(원인) 끝에 **결국** B(결과)	**Eventually / in the end / after all** 그녀는 텝스 공부를 열심히 했다. ____________, 목표 점수를 달성했다. A 라서 결국 B(결론)
A **라서 결국** B(결론)	**Thus / hence / therefore / accordingly** 축구협회의 많은 문제점이 드러났다. ____________, 축구협회를 쇄신해야 한다.
A를 **요약**하면 B	**In summary / in short / in brief** 그 영화는 배경이 이상했다. 배경음악이 너무 촌스러웠다. 주인공이 발 연기를 했다. ____________, 그 영화는 총체적 난국이었다.
A를 **다시 말하면** B	**In other words / put another way** 그는 다음주에 너무 바쁘다. ____________, 그는 소개팅 할 시간이 없다.
A에 대한 **예시** B	**For example / for instance** 동전의 종류는 다양하다. ____________, 인도에서는 사각형이다.
1. A**인데, 사실은** B (반전) 2. A, **사실** B(심화)	**In fact / actually** 나는 그 일이 무척 어려울 거라고 생각했어. ____________, 무척 쉬워. 나는 어렸을 때 프랑스에 살았어요. ____________, 당신이 여행 가려고 하는 곳이에요.
A하면서 **동시에** B	**Simultaneously / at the same time** 그는 청소를 하는 중이다. ____________, 그는 요리를 하고 있다.
A **도중에 발생한** B	**Meanwhile** 마녀가 물을 끓이고 있었다. ____________, 그 남매는 달아났다.
A의 **첫 단계인** B	**To begin with / First of all** 케이크를 만들어보겠습니다. ____________, 볼에 밀가루 150g을 부어주세요. 다음으로 버터를 녹여주세요. 그 다음 계란 한 개를 풀어줍니다.

풀이법 요약

STEP 01 포인트 도출

STEP 02 접점 도출

STEP 03 앞 뒤 문장 역할

STEP 04 앞 뒤 문장의 관계

이제 이 풀이법을 연습문제에 적용해보세요!

연습문제	소요시간
총 2문제	약 1~2시간

2강 독해 파트1 연결어 | 연습문제 1번

앞서 배운 STEP대로, 문제를 한번에 이어서 풀어주세요.

Mark Twain's Adventures of Huckleberry Finn is not only great entertainment; it is a masterful critique of Southern society and its prejudices at the time. Its portrayal of a young boy's experiences along the Mississippi River easily captures readers' imaginations, and could be viewed as simply good storytelling. ___________, Huck's adventures with the runaway slave Jim also expose the racial injustice and other shortcomings extant in the antebellum South which Twain thought had yet to be resolved.

(a) In particular
(b) As a result
(c) However
(d) Finally

이번에는 각 STEP별로 문제를 풀어보세요

STEP 01 포인트 도출

Mark Twain's Adventures of Huckleberry Finn is not only great entertainment; it is a masterful critique of Southern society and its prejudices at the time.

Its portrayal of a young boy's experiences along the Mississippi River easily captures readers' imaginations, and could be viewed as simply good storytelling.

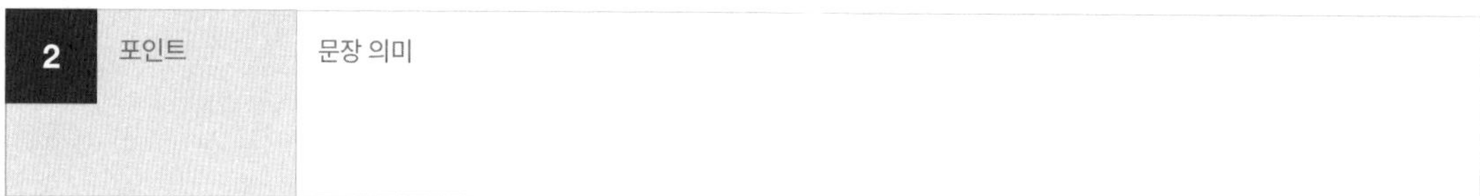

___________, Huck's adventures with the runaway slave Jim also expose the racial injustice and other shortcomings extant in the antebellum South which Twain thought had yet to be resolved.

STEP 02 접점 도출

접점 :	이유 :

STEP 03 앞 뒤 문장 역할

Its portrayal of a young boy's experiences along the Mississippi River easily captures readers' imaginations, and could be viewed as simply good storytelling.

앞문장 역할	이유

___________, Huck's adventures with the runaway slave Jim also expose the racial injustice and other shortcomings extant in the antebellum South which Twain thought had yet to be resolved.

뒷문장 역할	이유

STEP 04 앞 뒤 문장의 관계

(a) In particular

이유

연결어 의미

(b) As a result

이유

연결어 의미

(c) However

이유

연결어 의미

(d) Finally

이유

연결어 의미

정답 (c)

내가 틀린 이유를 추정해본다면?

모범풀이와 비교하여, 이전 단계에서 틀린 점을 모두 수정해보세요.

모범풀이 바로 가기

독해 파트1 연결어 | 연습문제 2번

앞서 배운 STEP대로, 문제를 한번에 이어서 풀어주세요.

For the first time since the 1940s, over 20 percent of American high schoolers are currently enrolled at a religious school. Compared to other developed countries, the United States has traditionally had high rates of alternative education, and the trend appears to be still on the rise. In addition to parochial schools, secular private high schools currently account for approximately 10 percent of high school enrollment, and home-schooled students for another 4 percent. ____________, one out of three high school-age students is forgoing public education.

(a) In contrast
(b) However
(c) Moreover
(d) In short

이번에는 각 STEP별로 문제를 풀어보세요

STEP 01 **포인트 도출**

For the first time since the 1940s, over 20 percent of American high schoolers are currently enrolled at a religious school.

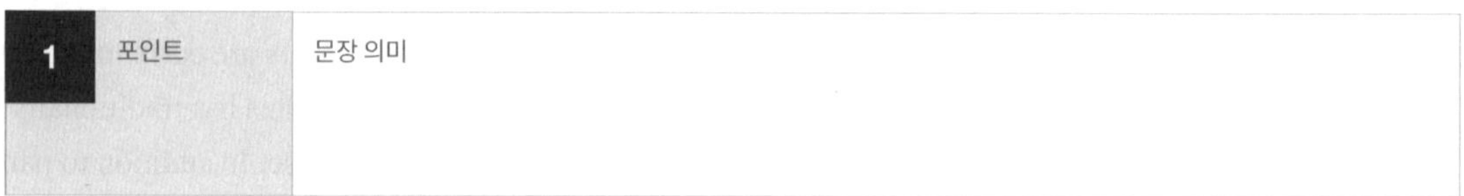

Compared to other developed countries, the United States has traditionally had high rates of alternative education, and the trend appears to be still on the rise.

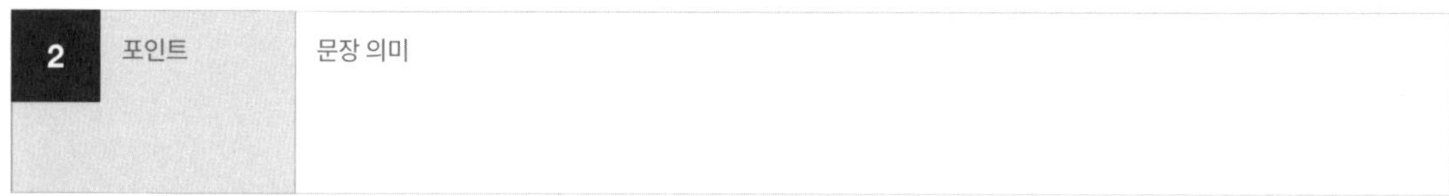

In addition to parochial schools, secular private high schools currently account for approximately 10 percent of high school enrollment, and home-schooled students for another 4 percent.

______________, one out of three high school-age students is forgoing public education.

STEP 02 **접점 도출**

STEP 03 앞 뒤 문장 역할

In addition to parochial schools, secular private high schools currently account for approximately 10 percent of high school enrollment, and home-schooled students for another 4 percent.

앞문장 역할	이유

_____________, one out of three high school-age students is forgoing public education.

뒷문장 역할	이유

STEP 04 앞 뒤 문장의 관계

(a) In contrast

이유

연결어 의미

(b) However

이유

연결어 의미

(c) Moreover

이유

연결어 의미

(d) In short

이유

연결어 의미

정답 (d)

내가 틀린 이유를 추정해본다면?

모범풀이와 비교하여, 이전 단계에서 틀린 점을 모두 수정해보세요.

모범풀이 바로 가기

빈출 단어 리스트

2강 독해 파트1 연결어 문제에 출제되었던 빈출단어를 학습하세요!

2강 — 독해 파트1 연결어 단어시험

Fill in the vocabulary that best completes each sentence.

account for　　forgo　　parochial
prejudice　　sensitive　　portrayal

1. She decides to ________________ the superhero life and returns home with her mother.

2. I think I have to cast away my ________________ about step-parents.

3. In America, Christmas cards ________________ more than 60 percent for all card sales.

4. He studied in a ________________ school in Bigaa, Bulacan during his elementary years.

5. In fact, clarinet is an extremely ________________ instrument that is hard to control.

6. In particular, the show has been discussed for its ________________ of school violence.

1. forgo / 2. prejudice / 3. account for / 4. parochial / 5. sensitive / 6. portrayal

독해 Part II

딴소리 풀이법

3강

독해 파트2 딴소리 유형

풀이법

번호	문항 수	배점	독해 영역 내 비중
11-12번	2개	4-6점	10점 (4.2%)

평소 풀던 방식으로 아래의 문제를 풀어보세요.

Part II Question 11~12

Read the Passage and identify the option that does NOT belong.

R

11. The Venus de Milo is an ancient Greek statue and one of the most famous works of ancient Greek sculpture. (a) It was created some time between 130 and 100 BC, and it is believed to depict Aphrodite, the Greek goddess of love and beauty. (b) Because it is a Greek statue, there should be a campaign to promote the proper name, Aphrodite de Milo. (c) It is a marble sculpture, slightly larger-than-life size at 203 centimeters high. (d) It was earlier mistakenly attributed to the master sculptor Praxiteles, but now scholars credit the work to be of Alexandros of Antioch.

(a) It was created some time between 130 and 100 BC, and it is believed to depict Aphrodite, the Greek goddess of love and beauty.

기원전 130년에서 100년 사이에 제작 & 아프로디테 묘사 ········ 작품이 만들어진 시기 & 묘사하는 것

(b) Because it is a Greek statue, there should be a campaign to promote the proper name, Aphrodite de Milo.

그리스 조각 → 적절한 이름으로 불려야 함 ········ 작품의 이름 관련

(c) It is a marble sculpture, slightly larger-than-life size at 203 centimeters high.

203 센티미터의 큰 대리석 조각상 ········ 작품의 크기

(d) It was earlier mistakenly attributed to the master sculptor Praxiteles, but now scholars credit the work to be of Alexandros of Antioch.

초기에 실수로 작가가 잘못 알려짐. ········ 갑자기 작가 언급?

Q (d)가 오히려 딴소리 같은데, 왜 (b)가 정답일까요?

수강생들은 강의를 수강해주세요 → 강의 수강

이유는 Instruction 에서 찾을 수 있어요.

Part II **Question 11~12**

Read the Passage and identify the option that does NOT belong.

단순히 '앞 뒤 연결이 어색한' 문장이 아니라,

전체 지문에 '포함되지 않는 문장'을 고르라는 거에요.

✓ 딴소리 문장이라도 일부러 앞 뒤 문장과는 자연스럽게 이어지도록 출제하기 때문에, 그냥 앞 뒤 연결이 어색한 문장을 고르면 틀려요!

✓ 전체 지문을 완성시키지 않는 문장, 즉 나머지 문장의 **접점과 무관한 문장**이 답이기 때문이죠.

✓ 그래서 빈칸, 연결어 유형처럼 **접점을 찾으면**, 접점에 포함되지 않고 튀는 한 문장을 발견할 수 있어요!

각 STEP을 따라 딴소리 유형 풀이 방법을 이해해 보세요.

STEP 01 포인트 도출

접점에 포함되지 않는 문장을 고르려면, 접점을 알아야겠죠?
그러기 위해 먼저 각 문장의 포인트를 도출하세요.

[포인트]

The Venus de Milo is an ancient Greek statue and one of the most famous works of ancient Greek sculpture.

Venus de Milo 는 고대 Greek 의 조각상이며 고대 Greek 조각의 가장 유명한 작품 중 하나이다. → 1 유명한 작품

ㄴ 단어유추 '대문자로 시작한 고유명사이므로, '그냥 고대 어떤 나라의 V라는 조각상이구나' 정도만 알고 넘어가도 됨.

ㄴ 단어유추 '그냥 어떤 나라구나' 정도만 알고 넘어가도 됨.

(a) It was created some time between 130 and 100 BC, and it is believed to depict Aphrodite, the Greek goddess of love and beauty.

(a) 이것은 기원전 130년에서 100년 사이에 제작되었으며, 사랑과 미를 상징하는 그리스 여신 아프로디테를 묘사한 것으로 알려져 있다. → 2 시기 & 묘사 대상

(b) Because it is a Greek statue, there should be a campaign to promote the proper name, Aphrodite de Milo .

(b) 이것은 그리스의 조각상이기 때문에, Aphrodite de Milo 라는 적절한 이름을 홍보하는 campaign 이 있어야 한다. → 3 이름 바꾸자!

ㄴ 단어유추 대문자로 시작한 고유명사이므로, '적절한 이름으로 주장되는 A' 정도로 알고 넘어가도 됨.

ㄴ 단어유추 많이 알고 있는 캠페인의 뜻에서 확장하여, '적절한 이름으로 불려야 한다는 움직임' 정도로 유추 가능

(c) It is a marble sculpture, slightly larger-than-life size at 203 centimeters high.

(c) 이것은 대리석 조각상이고, 높이는 203센티미터로 실물보다 약간 큰 크기이다. → 4 크기

(d) It was earlier mistakenly attributed to the master sculptor Praxiteles, but now scholars credit the work to be of Alexandros of Antioch.

(d) 이것은 초기에 실수로 거장조각가 프락시텔레스의 작품으로 여겨졌으나, 현재 학자들은 이 작품을 안티오크의 알렉산드로스의 것으로 여기고 있다. → 5 누가 만들었는지

STEP 02 접점 도출

첫 문장은 접점에 꼭 포함될 수밖에 없어요. 첫 문장을 포함한 접점을 찾으면,
공통점 없는 문장을 알아내기 쉬워요!

[접점]

1 2 3 4 5

작품 설명

STEP 03 안 포함되는 하나

포인트가 지문의 접점에 포함되지 않는 선택지를 고르세요.

✓ **(b) Because it is a Greek statue, there should be a campaign to promote the proper name, Aphrodite de Milo.**

적절한 이름으로! ⊄ 작품 설명

캠페인이 있어야 한다고 **주장**하는 문장이므로, 그냥 작품을 '설명'하는 지문의 접점에 포함되지 않는다. 그러므로 정답.

딴소리 유형 풀이법 STEP 1~3를 따라서, 새로운 문제를 풀어보세요.

12. The main goal of a regional economic organization is to expand regional economies through business attraction, retention, and expansion, while maintaining a sense of place. (a) Economic globalization is bringing both benefits and serious uncertainty risks to every country. (b) In this era, regional economic organizations are becoming an important strategic choice for many countries. (c) The World Trade Organization has expressed some concerns about possibly unfair trade practices resulting from regional organizations. (d) For one thing, organizations can effectively reduce uncertainty by establishing preferential arrangements among member countries.

뒷 장아래 모범풀이와 비교하여, 각 step 별로 내 실수를 교정해보세요.

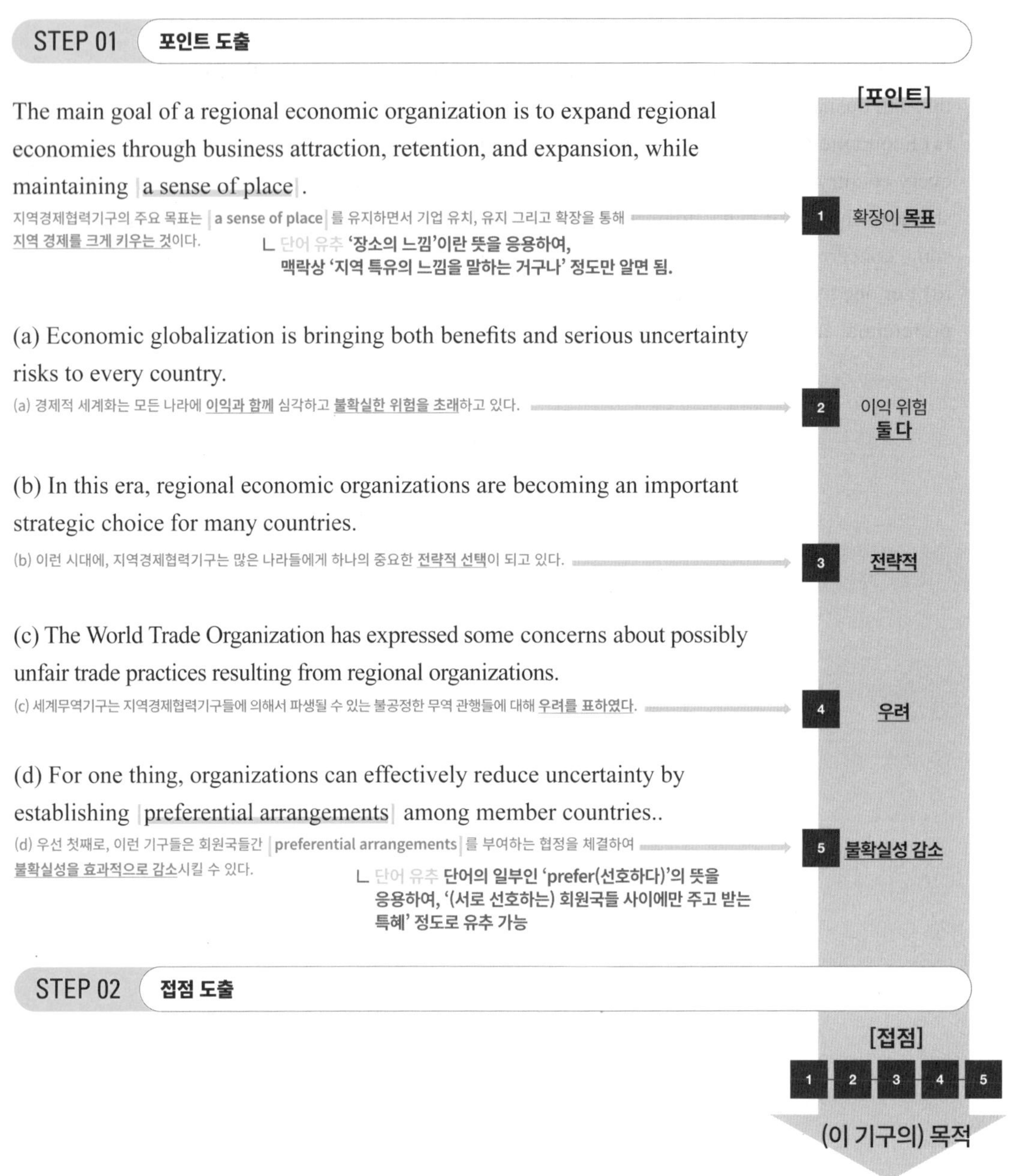

STEP 01 포인트 도출

[포인트]

The main goal of a regional economic organization is to expand regional economies through business attraction, retention, and expansion, while maintaining a sense of place.

지역경제협력기구의 주요 목표는 a sense of place를 유지하면서 기업 유치, 유지 그리고 확장을 통해 지역 경제를 크게 키우는 것이다. → 1 확장이 목표

ㄴ 단어 유추 '장소의 느낌'이란 뜻을 응용하여, 맥락상 '지역 특유의 느낌을 말하는 거구나' 정도만 알면 됨.

(a) Economic globalization is bringing both benefits and serious uncertainty risks to every country.

(a) 경제적 세계화는 모든 나라에 이익과 함께 심각하고 불확실한 위험을 초래하고 있다. → 2 이익 위험 둘 다

(b) In this era, regional economic organizations are becoming an important strategic choice for many countries.

(b) 이런 시대에, 지역경제협력기구는 많은 나라들에게 하나의 중요한 전략적 선택이 되고 있다. → 3 전략적

(c) The World Trade Organization has expressed some concerns about possibly unfair trade practices resulting from regional organizations.

(c) 세계무역기구는 지역경제협력기구들에 의해서 파생될 수 있는 불공정한 무역 관행들에 대해 우려를 표하였다. → 4 우려

(d) For one thing, organizations can effectively reduce uncertainty by establishing preferential arrangements among member countries..

(d) 우선 첫째로, 이런 기구들은 회원국들간 preferential arrangements를 부여하는 협정을 체결하여 불확실성을 효과적으로 감소시킬 수 있다. → 5 불확실성 감소

ㄴ 단어 유추 단어의 일부인 'prefer(선호하다)'의 뜻을 응용하여, '(서로 선호하는) 회원국들 사이에만 주고 받는 특혜' 정도로 유추 가능

STEP 02 접점 도출

[접점]

1 2 3 4 5

(이 기구의) 목적

STEP 03 안 포함되는 하나

✓ **(c) The World Trade Organization has expressed some concerns about possibly unfair trade practices resulting from regional organizations.**

우려 ⊄ 이 기구의 목적

이 기구(regional economic organization)로 인해 발생 가능한 악영향에 대한 '**우려**'이므로, 이 기구의 '목적'을 나타낸 지문의 접점에 포함되지 않는다. 그러므로 정답.

풀이법 요약

STEP 01 포인트 도출

STEP 02 접점 도출

STEP 03 안 포함되는 하나

이제 이 풀이법을 연습문제에 적용해보세요!

연습문제	소요시간
총 3문제	약 1~2시간

3강 독해 파트2 딴소리 | 연습문제 1번

앞서 배운 STEP대로, 문제를 한번에 이어서 풀어주세요.

The WorldAir alliance gives its members access to over 350 airport lounges throughout the world. (a) All the lounges will be available to any five-star members of our alliance airlines frequent flyer programs. (b) Please be aware that during high seasons, use of some lounges may be restricted. (c) However, discounts on flights with all our airlines can be found during low seasons. (d) Access to lounges is available when your connecting flight is with one of the WorldAir member airlines.

이번에는 각 STEP별로 문제를 풀어보세요

STEP 01 포인트 도출

The WorldAir alliance gives its members access to over 350 airport lounges throughout the world.

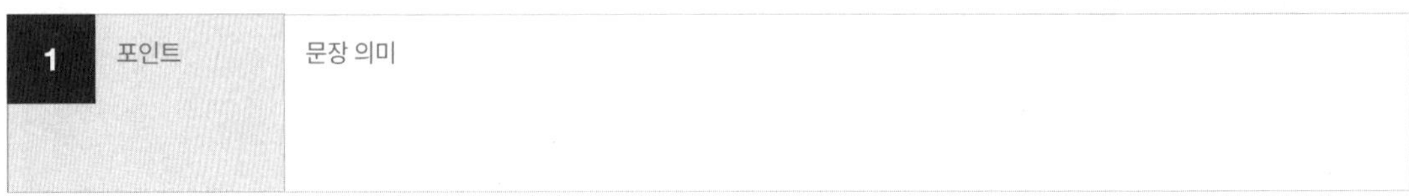

(a) All the lounges will be available to any five-star members of our alliance airlines frequent flyer programs.

(b) Please be aware that during high seasons, use of some lounges may be restricted.

3 포인트 문장 의미

(c) However, discounts on flights with all our airlines can be found during low seasons.

(d) Access to lounges is available when your connecting flight is with one of the WorldAir member airlines.

STEP 02 접점 도출

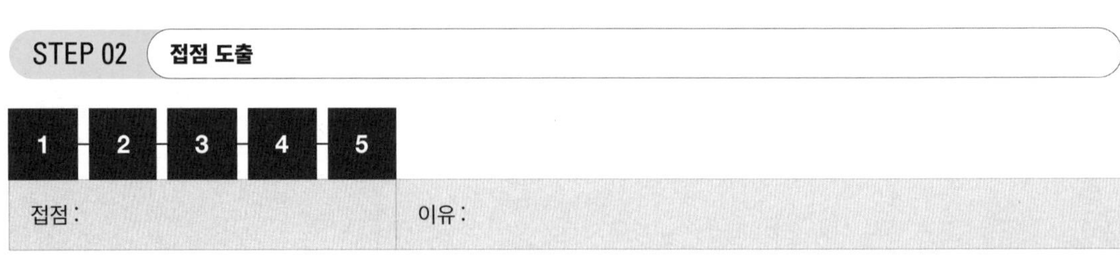

STEP 03 안 포함되는 하나

안 포함되는 하나는?
이유

정답 (c)

내가 틀린 이유를 추정해본다면?

모범풀이와 비교하여, 이전 단계에서 틀린 점을 모두 수정해보세요.

모범풀이 바로 가기

3강 독해 파트2 딴소리 | 연습문제 2번

앞서 배운 STEP대로, 문제를 한번에 이어서 풀어주세요.

Rohinton Mistry has produced what is widely considered to be some of the finest writing about Indian heritage in the English language. (a) While his first three books were critically acclaimed, Mistry did not rise to fame and global recognition until the publication of his fourth, titled Family Matters. (b) The novel tells the story of a family living under difficult circumstances in modern-day Bombay. (c) Mistry belongs to the Parsi Zoroastrian religious minority and immigrated to Canada in 1975 after graduating from Bombay University. (d) Known for his combination of touching, bleak and humorous elements, the Indian-born Canadian writer has in fact used Bombay as the setting for all of his fiction.

이번에는 각 STEP별로 문제를 풀어보세요

STEP 01 포인트 도출

Rohinton Mistry has produced what is widely considered to be some of the finest writing about Indian heritage in the English language.

1 포인트	문장 의미

(a) While his first three books were critically acclaimed, Mistry did not rise to fame and global recognition until the publication of his fourth, titled Family Matters.

(b) The novel tells the story of a family living under difficult circumstances in modern-day Bombay.

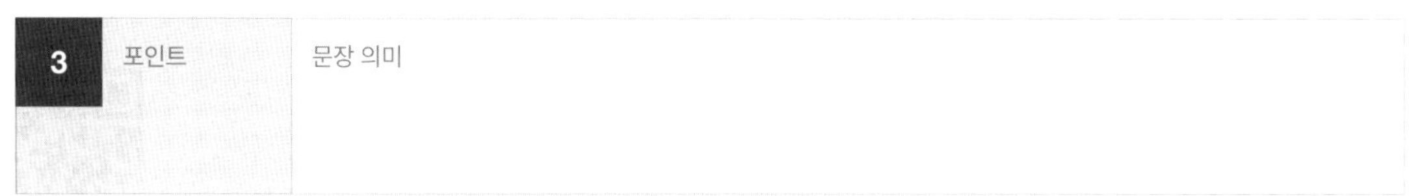

(c) Mistry belongs to the Parsi Zoroastrian religious minority and immigrated to Canada in 1975 after graduating from Bombay University.

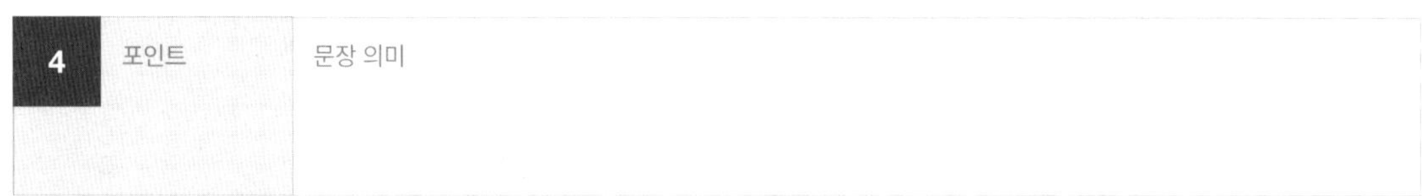

(d) Known for his combination of touching, bleak and humorous elements, the Indian-born Canadian writer has in fact used Bombay as the setting for all of his fiction.

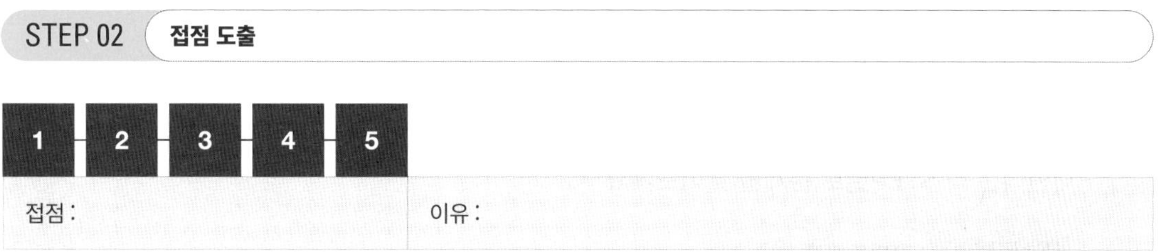

STEP 03 안 포함되는 하나

안 포함되는 하나는?

이유

정답 (c)

내가 틀린 이유를 추정해본다면?

모범풀이와 비교하여, 이전 단계에서 틀린 점을 모두 수정해보세요.

모범풀이 바로 가기

3강 독해 파트2 딴소리 | 연습문제 3번

앞서 배운 STEP대로, 문제를 한번에 이어서 풀어주세요.

In the United States, the 1920s saw the popularization of automobile use, which contributed to the concept known as "urban sprawl." (a) Thanks to the assembly-line manufacturing process, vehicles could be bought at reasonable prices. (b) Families that owned cars could now commute to work and began to move away from the city center, spreading into new suburbs. (c) The families who could not afford vehicles remained in the inner city, which led to the creation of ghettos. (d) Such urban sprawl continues to this day, as public transportation and private vehicle use continues to increase.

이번에는 각 STEP별로 문제를 풀어보세요

STEP 01 포인트 도출

In the United States, the 1920s saw the popularization of automobile use, which contributed to the concept known as "urban sprawl."

1 포인트	문장 의미

(a) Thanks to the assembly-line manufacturing process, vehicles could be bought at reasonable prices.

2 포인트	문장 의미

(b) Families that owned cars could now commute to work and began to move away from the city center, spreading into new suburbs.

3 포인트	문장 의미

(c) The families who could not afford vehicles remained in the inner city, which led to the creation of ghettos.

4 포인트	문장 의미

(d) Such urban sprawl continues to this day, as public transportation and private vehicle use continues to increase.

5 포인트	문장 의미

STEP 02 **접점 도출**

1 – 2 – 3 – 4 – 5

접점 :	이유 :

STEP 03 **안 포함되는 하나**

안 포함되는 하나는?
이유

정답 (c)

내가 틀린 이유를 추정해본다면?

모범풀이와 비교하여, 이전 단계에서 틀린 점을 모두 수정해보세요.

모범풀이 바로 가기

빈출 단어 리스트

3강 독해 파트2 딴소리 문제에 출제되었던 빈출단어를 학습하세요!

3강 — 독해 파트2 딴소리 단어시험

Fill in the vocabulary that best completes each sentence.

acclaim　　credit　　depict　　expand
preferential　　regional

1. This year, they will __________ the number of the programs up to 570.

2. It has received __________ not only for its social role, but for its artistic achievements.

3. The latest case of __________ treatment for celebrities in the military angered the nation.

4. Besides hamburger steaks, Hamburg is famous for other __________ foods.

5. To be honest, I'm scared of zombies because of the way American dramas __________ them on television.

6. Many food historians __________ the ancient Chinese for the first ice cream.

1. expand / 2. acclaim / 3. preferential / 4. regional / 5. depict / 6. credit

청해 Part I - II

질문 풀이법

4강

풀이법

	번호	문항 수	배점	청해 영역 내 비중
파트1	1-10번	10개	2-9점	43점 (18%)
파트2	11-20번	10개	2-8점	40점 (16.7%)

평소 풀던 방식으로 아래의 문제를 풀어보세요.

Part I Question 1~10

You will now hear ten individual spoken questions or statements, each followed by four spoken response. Choose the most appropriate response for each item.

L

mp3 바로가기

(a)	(b)	(c)	(d)

M: Erica, do you know if Mike was invited to the wedding?
마이크 결혼 초대 됐어?

W: **(d) No, I'm not sure who's on the invitation list.**
초대 명단 잘 모르겠음.

그래서 초대 됐다는 걸까? 안 됐다는 걸까?

Q 초대 여부를 명확하게 알려주지 않고, **왜 이렇게 돌려 말하는 걸까요?**

수강생들은 강의를 수강해주세요 → 강의 수강

 그 이유도 Instruction에 있어요.

Part I **Question 1~10**

you will now hear ten individual spoken questions or statements, each followed by four spoken response. Choose the most appropriate response for each item.

'명확한 대답'이 아니라 '**가장 적절한 반응**'을 고르는 거에요.

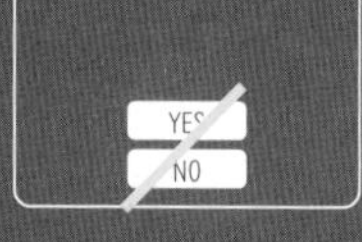

✓ 질문이니까 단순하게 'yes or no'식의 대답만 고르면 틀려요!

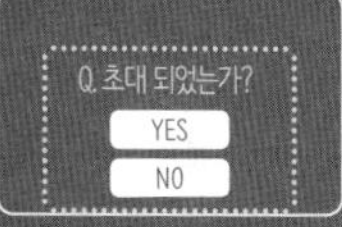

✓ yes나 no 중 선택하는 것이 아니라, **주관식 답**처럼 다양한 반응이 정답이 될 수 있으니까요. 이 때, 질문은 가능한 정답의 **범위를 좁혀 줍니다**.

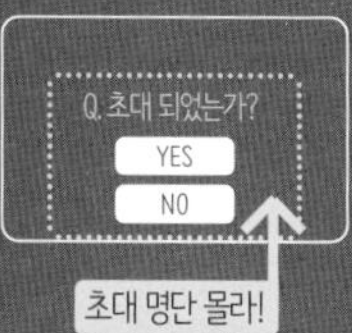

✓ 이 때, 선택지가 **좁혀진 범위에 속한다면**, 아무리 **돌려 말해도 정답**이 될 수 있어요.

각 STEP을 따라 질문 유형 풀이법을 이해해 보세요.

발음 주의

STEP 01 상황 파악

지문의 상황은 정, 오답 판단의 근거가 되기 때문에 정확히 파악해야 해요.
정말 빠르게 지나가니까, 최대한 집중하세요.

M: Erica, do you know if Mike was invited to the wedding?
마이크 결혼 초대 됐는지 알아?

누군가 결혼하는 상황

STEP 02 질문 범위 노트테이킹

선택지가 나오기 전, 핵심 단어(주로 동사)의 알파벳 하나만 적어두세요.
선택지를 들을 때, 질문의 범위를 떠올리게 하는 장치에요.

이 문제의 경우, '**초대**되었는지(동사)'가 핵심,
i (invited) 노트테이킹!

누군가 결혼하는 상황

Q. 초대 되었는가?

'초대되었는지'만 체크!

STEP 03 범위에 해당되는지 체크

선택지를 들을 땐, 각 선택지가 범위에 해당되는지 만 체크하면 됩니다.

(a)	(b)	(c)	(d)
X	△	X	O

W:

X (a) I want a small wedding when I get married.
나는 스몰 웨딩 하고 싶어.

내가 원하는 결혼식은 누군가 결혼하는 상황에 나올 수도 있는 반응이지만, 초대 되었는지에 해당되지 않으므로 오답

△ (b) No, that wouldn't be possible at this time.
이번엔 불가능해.

오답자 83% 선택

어떤 질문에도 어느 정도 답처럼 들리지만, 특정 질문에 대한 반응으로 한정할 수 없는 애매한 선택지.
* 이런 일반적인 내용은 세모치고 한 번 더 체크하기!

X (c) Yeah, I heard that he'd decided to marry.
걔도 결혼한다더라.

그도 결혼한다는 소식은 (a)와 마찬가지로 지문의 상황엔 해당되지만, 초대 되었는지 여부에 해당되지 않으므로 오답

O **(d) No, I'm not sure who's on the invitation list.**
초대 명단 잘 모르겠어.

명확한 대답은 아니지만, 마이크의 초대 여부를 묻는 질문의 정답 범위에 해당되므로 정답

질문 유형 풀이법 STEP 1~3를 따라서, 새로운 문제를 풀어보세요.

Part I **Question 1~10**

You will now hear ten individual spoken questions or statements, each followed by four spoken response. Choose the most appropriate response for each item.

mp3 바로가기

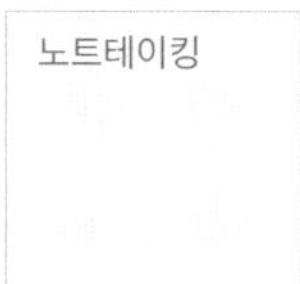

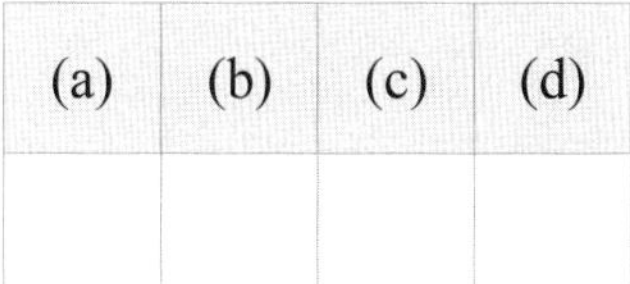

(a)	(b)	(c)	(d)

아래 모범풀이와 비교하여, 각 step 별로 내 실수를 교정해보세요.

STEP 01 상황 파악

이번엔 의문사로 시작하는 질문이에요.

여자가 이사한 상황이구나!

M: So, how's the new apartment so far?
새 아파트 어때?

STEP 02 질문 범위 노트테이킹

핵심단어가 좁혀 놓은 질문의 범위를 의문사가 한번 더 좁혀줘요.
그러니 의문사가 나올 경우엔 의문사 + 핵심 단어를 (알파벳 하나로) 적어두세요.

노트테이킹

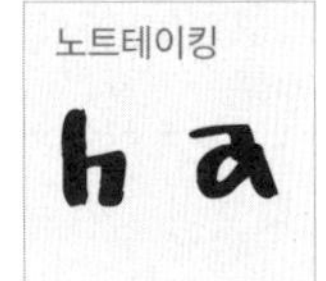

'의문사 how'와 '새 아파트(명사)'가 핵심
h (how), a (apartment) 노트테이킹!

여자가 이사한 상황

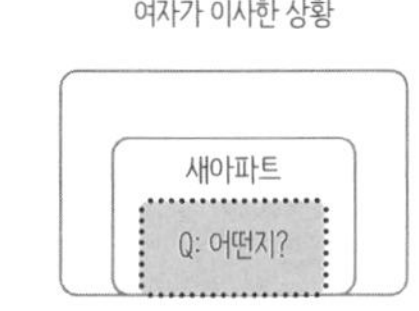

'아파트가 어떤지'만 체크!

STEP 03 범위에 해당되는지 체크

(a)	(b)	(c)	(d)
X	O	△	X

W:

X (a) There aren't many units available.
입주 가능 세대가 많진 않아.

> **입주 정보**는 여자가 이사한 상황에 나올 수도 있는 반응이지만, 이사한 아파트가 어떤지에는 포함되지 않으므로 오답

O **(b) A little cramped but quite cozy.**
좁긴 해도, 꽤 아늑해.

> 아파트에 대한 긍정적인 반응이므로 **'이사한 아파트가 어떤지'**의 범위에 포함되는 적절한 반응

△ (c) Not as far away as it seems.

오답자 68% 선택

보이는 것만큼 멀진 않아.

> **위치 정보**는 '새 아파트' 범위까진 해당되지만, 어떤지에 포함되지 않으므로 오답

X (d) It's across the street from our place.
우리 집 건너편이야.

> 우리 집 건너편이라는 것은 (c)와 마찬가지로 '새 아파트' 범위까진 해당되지만, **어떤지**에 포함되지 않으므로 오답

질문 유형 풀이법 STEP 1~3를 따라서, 새로운 문제를 풀어보세요.

Part I **Question 1~10**

You will now hear ten individual spoken questions or statements, each followed by four spoken response. Choose the most appropriate response for each item.

mp3 바로가기

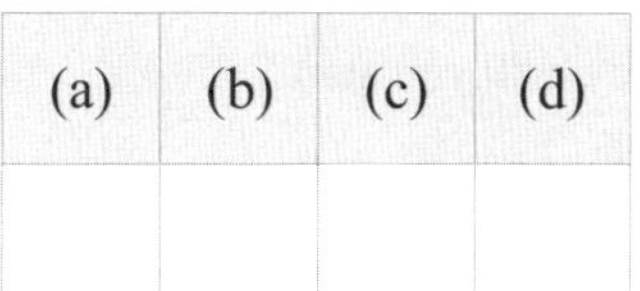

(a)	(b)	(c)	(d)

➡ 아래 모범풀이와 비교하여, 각 step 별로 내 실수를 교정해보세요.

STEP 01 상황 파악

이번엔 질문 앞에 한 문장이 더 나옵니다.
앞 문장을 통해 지문의 상황을 좀 더 구체적으로 파악할 수 있습니다.

M: Let's get a quick summary of each person's marketing proposal. ⟶ 마케팅 회의 중이구나!
각자 마케팅 제안을 빠르게 말해봅시다.

Tracy, will you start?
트레이시, 시작할래요?

STEP 02 질문 범위 노트테이킹

노트테이킹

이 문제의 경우, '시작할지(동사)'가 핵심
s (start) 노트테이킹!

마케팅 회의 중이구나!

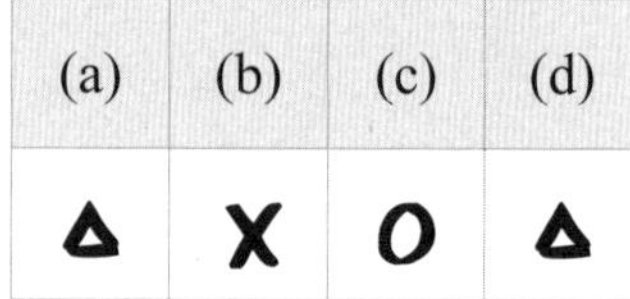

마케팅 제안을 '시작할지'만 체크!

STEP 03 범위에 해당되는지 체크

(a)	(b)	(c)	(d)
△	X	O	△

W:

△ (a) Let me begin by outlining what we'll cover at this meeting.
오늘 회의에서 뭐할지 개요를 알려줄게요.

> **회의할 내용**을 알려주는 것은 지문의 상황엔 포함될 수 있지만, 제안을 시작할지에 포함되지 않으므로 오답

X (b) I want to second that suggestion. Let's hit the Internet hard.
동의해요. 인터넷을 공략합시다.

> 인터넷 공략은 마케팅 제안 범위에 포함되지만, 타인의 **의견에 동의**하는 것은 시작할지에 포함되지 않으므로 오답

O **(c) Basically, I think we should try to increase market share through advertising.**
광고로 점유율을 늘려야 해요.

> 광고 마케팅 제안을 하고 있으므로 **'마케팅 제안을 시작할지'**에 포함되는 적절한 반응

△ (d) I'm afraid that the relevant information has yet to be circulated.
관련 정보가 아직 배포되지 않은 것 같아요.

> (a)와 마찬가지로 지문의 **상황엔 해당**될 수 있지만, 마케팅 제안을 시작할지에 포함되지 않으므로 오답

질문 유형 풀이법 STEP 1~3를 따라서, 새로운 문제를 풀어보세요.

Part II **Question 11~20**

You will now hear ten individual spoken questions or statements, each followed by four spoken response. Choose the most appropriate response for each item.

mp3 바로가기

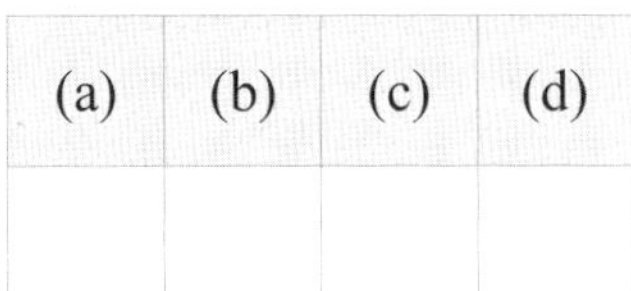

➡ 아래 모범풀이와 비교하여, 각 step 별로 내 실수를 교정해보세요.

발음 주의

STEP 01 상황 파악

이번엔 질문 전에 두 문장의 대화가 나오는 파트2 질문 유형입니다.
앞의 대화를 통해 지문의 상황에 대한 더 많은 정보를 파악할 수 있습니다.

마이클이 없어서 통화를 못 했군

M: May I speak to Micheal Jones?
마이클과 통화 할 수 있나요?

W: He's getting a cup of coffee.
커피 가지러 갔어요.

M: May I leave a message, then?
메세지 남겨도 될까요?

STEP 02 질문 범위 노트테이킹

노트테이킹

이 문제의 경우, '남겨도 될지(동사)'가 핵심
l (leave) 노트테이킹!

마이클이 없어서 통화를 못 했군

Q: 메세지 남겨도 되는지?

'메세지를 남길 수 있을지'만 체크!

STEP 03 범위에 해당되는지 체크

(a)	(b)	(c)	(d)
X	X	O	△

W:

X (a) Don't hang up the phone.
끊지마세요.

끊지 말라는 것은 메시지 남겨도 되는지에 포함되지 않으므로 오답

X (b) The line is busy now.
지금은 통화중입니다.

(a)와 마찬가지로 **지금 통화 중**이라는 것은 질문의 범위에 포함되지 않으므로 오답

O **(c) Wait, Mr. Jones has just come back to his desk.**
잠깐만요, 그가 방금 돌아왔어요.

그가 돌아왔다는 것은 **메시지를 남기지 않아도 된다는 것**이기 때문에 질문의 범위에 포함됨

△ (d) Sure, who is the message for?

오답자 66% 선택

물론이죠, 누구에게 남기실 건가요?

누구에게 남길지는 마이클과 통화를 못한 지문의 상황에도 포함되지 않으므로 오답
*앞의 두 문장의 상황을 놓쳐도 오답을 고를 수 있음

풀이법 요약

STEP 01 상황 파악

STEP 02 질문 범위 노트테이킹

STEP 03 범위에 해당되는지 체크

이제 이 풀이법을 연습문제에 적용해보세요!

연습문제	소요시간
총 6문제	약 1~2시간

4강 청해 파트1-2 질문 | 연습문제 1번

앞서 배운 STEP대로, 노트테이킹 + 소거법으로 문제를 풀어주세요.

mp3 바로가기

노트테이킹

(a)	(b)	(c)	(d)

이번에는 각 STEP별로 문제를 풀어보세요. 우선 스크립트를 보지 않고 학습해보세요!

STEP 01 **상황 파악**

STEP 02 **질문 범위 노트테이킹**

들릴 때까지 반복해서 다시 들어보세요.

질문 범위	이유	문장 의미	안 들리는 부분 한글 발음

* 계속 안 들릴 경우, 속도를 조절해보세요.

STEP 03 **범위에 해당되는지 체크**

선택지도 다시 소거해보세요. (처음과 달라졌다면, 그 이유도 함께 써주세요.)

소거법	이유	문장 의미	안 들리는 부분 한글 발음
(a)			
(b)			
(c)			
(d)			

정답과 스크립트는 다음페이지에 있습니다.

정답 (b)

내가 틀린 이유를 추정해본다면?

스크립트와 비교하여, 이전 단계에서 틀린 점을 모두 수정해보세요!

M: Which of these DVDs do you think Michael would enjoy the most?
W:
(a) He's a real movie buff.
(b) I'd rather let him decide.
(c) I'd like to see this one.
(d) Michael bought me a DVD, too.

모범풀이와 비교하여, 이전 단계에서 틀린 점을 모두 수정해보세요.

모범풀이 바로 가기

4강 청해 파트1-2 질문 | 연습문제 2번

앞서 배운 STEP대로, 노트테이킹 + 소거법으로 문제를 풀어주세요.

mp3 바로가기

노트테이킹

(a)	(b)	(c)	(d)

이번에는 각 STEP별로 문제를 풀어보세요. 우선 스크립트를 보지 않고 학습해보세요!

STEP 01 **상황 파악**

STEP 02 **질문 범위 노트테이킹**

들릴 때까지 반복해서 다시 들어보세요.

질문 범위	이유	문장 의미	안 들리는 부분 한글 발음

* 계속 안 들릴 경우, 속도를 조절해보세요.

STEP 03 **범위에 해당되는지 체크**

선택지도 다시 소거해보세요. (처음과 달라졌다면, 그 이유도 함께 써주세요.)

소거법	이유	문장 의미	안 들리는 부분 한글 발음
(a)			
(b)			
(c)			
(d)			

정답과 스크립트는 다음페이지에 있습니다.

정답 (d)

내가 틀린 이유를 추정해본다면?

스크립트와 비교하여, 이전 단계에서 틀린 점을 모두 수정해보세요!

W: Would it be wise for me to accept the job offer?
M:
(a) I've already accepted it.
(b) It's the best offer I've received.
(c) I'd like to thank you wholeheartedly.
(d) I'd strongly advise against it.

모범풀이와 비교하여, 이전 단계에서 틀린 점을 모두 수정해보세요.

모범풀이 바로 가기

4강 청해 파트1-2 질문 | 연습문제 3번

앞서 배운 STEP대로, 노트테이킹 + 소거법으로 문제를 풀어주세요.

mp3 바로가기

(a)	(b)	(c)	(d)

이번에는 각 STEP별로 문제를 풀어보세요. 우선 스크립트를 보지 않고 학습해보세요!

STEP 01 상황 파악

STEP 02 질문 범위 노트테이킹

들릴 때까지 반복해서 다시 들어보세요.

질문 범위	이유	문장 의미	안 들리는 부분 한글 발음

* 계속 안 들릴 경우, 속도를 조절해보세요.

STEP 03 범위에 해당되는지 체크

선택지도 다시 소거해보세요. (처음과 달라졌다면, 그 이유도 함께 써주세요.)

소거법	이유	문장 의미	안 들리는 부분 한글 발음
(a)			
(b)			
(c)			
(d)			

정답과 스크립트는 다음페이지에 있습니다.

정답 (b)

내가 틀린 이유를 추정해본다면?

스크립트와 비교하여, 이전 단계에서 틀린 점을 모두 수정해보세요!

M: Can you show me how to change the film in this camera?
W:
(a) Honestly, I didn't know how to use it.
(b) Why don't you ask Bill? He'll tell you what to do.
(c) It was really great. I want to see that film again.
(d) Sure. Could you fill this form out, please?

모범풀이와 비교하여, 이전 단계에서 틀린 점을 모두 수정해보세요.

모범풀이 바로 가기

4강 청해 파트1-2 질문 | 연습문제 4번

앞서 배운 STEP대로, 노트테이킹 + 소거법으로 문제를 풀어주세요.

mp3 바로가기

(a)	(b)	(c)	(d)

이번에는 각 STEP별로 문제를 풀어보세요. 우선 스크립트를 보지 않고 학습해보세요!

STEP 01 **상황 파악**

STEP 02 **질문 범위 노트테이킹**

들릴 때까지 반복해서 다시 들어보세요.

질문 범위	이유	문장 의미	안 들리는 부분 한글 발음

* 계속 안 들릴 경우, 속도를 조절해보세요.

STEP 03 **범위에 해당되는지 체크**

선택지도 다시 소거해보세요. (처음과 달라졌다면, 그 이유도 함께 써주세요.)

소거법	이유	문장 의미	안 들리는 부분 한글 발음
(a)			
(b)			
(c)			
(d)			

정답과 스크립트는 다음페이지에 있습니다.

정답 (c)

내가 틀린 이유를 추정해본다면?

스크립트와 비교하여, 이전 단계에서 틀린 점을 모두 수정해보세요!

M: These directions to the lake are unintelligible to me. Can you make them out?
W:
(a) Don't focus so much on things you can't control.
(b) Sorry, I'm busy all afternoon tomorrow.
(c) Hold on, I'll just get out the road atlas instead.
(d) Sure, I'll let you know when I'm off work.

모범풀이와 비교하여, 이전 단계에서 틀린 점을 모두 수정해보세요.

모범풀이 바로 가기

4강 청해 파트1-2 질문 | 연습문제 5번

앞서 배운 STEP대로, 노트테이킹 + 소거법으로 문제를 풀어주세요.

mp3 바로가기

(a)	(b)	(c)	(d)

이번에는 각 STEP별로 문제를 풀어보세요. 우선 스크립트를 보지 않고 학습해보세요!

STEP 01 상황 파악

들릴 때까지 반복해서 다시 들어보세요.

문장 의미	안 들리는 부분 한글 발음

STEP 02 질문 범위 노트테이킹

질문 범위	이유	문장 의미	안 들리는 부분 한글 발음

* 계속 안 들릴 경우, 속도를 조절해보세요.

STEP 03 범위에 해당되는지 체크

선택지도 다시 소거해보세요. (처음과 달라졌다면, 그 이유도 함께 써주세요.)

소거법	이유	문장 의미	안 들리는 부분 한글 발음
(a)			
(b)			
(c)			
(d)			

정답과 스크립트는 다음페이지에 있습니다.

정답 (d)

내가 틀린 이유를 추정해본다면?

스크립트와 비교하여, 이전 단계에서 틀린 점을 모두 수정해보세요!

W: Are you still between jobs?
M: Yeah. I'm actually thinking of applying to graduate school.
W: I thought you didn't want to go back to school.
What made you change your mind?
M:
(a) Cross your fingers for me.
(b) I'm so lucky to have a job during this slump.
(c) My new job requires a master's degree.
(d) I think a higher degree will help my prospects.

모범풀이와 비교하여, 이전 단계에서 틀린 점을 모두 수정해보세요.

모범풀이 바로 가기

4강 청해 파트1-2 질문 | 연습문제 6번

앞서 배운 STEP대로, 노트테이킹 + 소거법으로 문제를 풀어주세요.

mp3 바로가기

노트테이킹

(a)	(b)	(c)	(d)

이번에는 각 STEP별로 문제를 풀어보세요. 우선 스크립트를 보지 않고 학습해보세요!

STEP 01 상황 파악

들릴 때까지 반복해서 다시 들어보세요.

문장 의미	안 들리는 부분 한글 발음

STEP 02 질문 범위 노트테이킹

질문 범위	이유	문장 의미	안 들리는 부분 한글 발음

* 계속 안 들릴 경우, 속도를 조절해보세요.

STEP 03 범위에 해당되는지 체크

선택지도 다시 소거해보세요. (처음과 달라졌다면, 그 이유도 함께 써주세요.)

소거법	이유	문장 의미	안 들리는 부분 한글 발음
(a)			
(b)			
(c)			
(d)			

정답과 스크립트는 다음페이지에 있습니다.

정답 (b)

내가 틀린 이유를 추정해본다면?

스크립트와 비교하여, 이전 단계에서 틀린 점을 모두 수정해보세요!

M: I prefer Hawaii to Paris for our honeymoon.
W: But didn't you say you wanted to go to Europe last time, honey?
M: I did, but I want to try surfing. Will that be okay with you?
W:
(a) Fine. Let's go to Paris, then.
(b) Sure. That was my first choice, anyway.
(c) I'm glad we went to Hawaii.
(d) Yeah. Most people prefer Paris.

모범풀이와 비교하여, 이전 단계에서 틀린 점을 모두 수정해보세요.

모범풀이 바로 가기

빈출 단어 리스트

4강 — 청해 파트1-2 질문 단어시험

Fill in the vocabulary that best completes each sentence.

cramped　　accept　　hang up
proposals　　wholeheartedly

1. The public should ________________ a little inconvenience to better ensure our safety.

2. "I don't recall telling the reporter that I tracked the rumors, and even if I did, I made a slip of tongue while trying to quickly ___________________ the phone."

3. ___________________ should be put to a vote and reviewed by professional experts.

4. They should thank us ___________________ for our help, but they made absurd remarks instead.

5. However, ferrets can go around turns and easily lay cables in tight, ___________________ areas.

1. accept / 2. hang up / 3. proposals / 4. wholeheartedly / 5. cramped

청해 Part I - II

안물 풀이법

5강

	번호	문항 수	배점	청해 영역 내 비중
파트1	1-10번	10개	2-9점	43점 (18%)
파트2	11-20번	10개	2-8점	40점 (16.7%)

평소 풀던 방식으로 아래의 문제를 풀어보세요.

Part I Question 1~10

You will now hear ten individual spoken questions or statements, each followed by four spoken response. Choose the most appropriate response for each item.

L

mp3 바로가기

(a)	(b)	(c)	(d)

M: They say the government passed a new law to raise taxes.
세금 또 올린대.

W: (a) No, I didn't actually say that.
아냐, 나 그렇게 말 안 했어. ······ 여자가 무슨 말을 했다는 거지..?

(b) but taxes are already so high.
세금은 이미 높아 ······ 지문과 직접 연결되는 것 같진 않은데..

(b) Yes, it will be passed soon.
맞아 곧 통과 될거야 ······ 이미 법은 통과 되었는데..

(b) The lower it is, the better.
낮으면 낮을수록 좋지 ······ 세금을 올린다는 건데..

Q 남자의 말에 맞장구 치는 것이 없는데,
왜 (b)가 정답이고, 나머지는 오답일까요?

수강생들은 강의를 수강해주세요 → 강의 수강

 그 이유는 Instruction 에 있어요.

Part I **Question 1~10**

you will now hear ten individual spoken questions or statements, each followed by four spoken response. Choose the most appropriate response for each item.

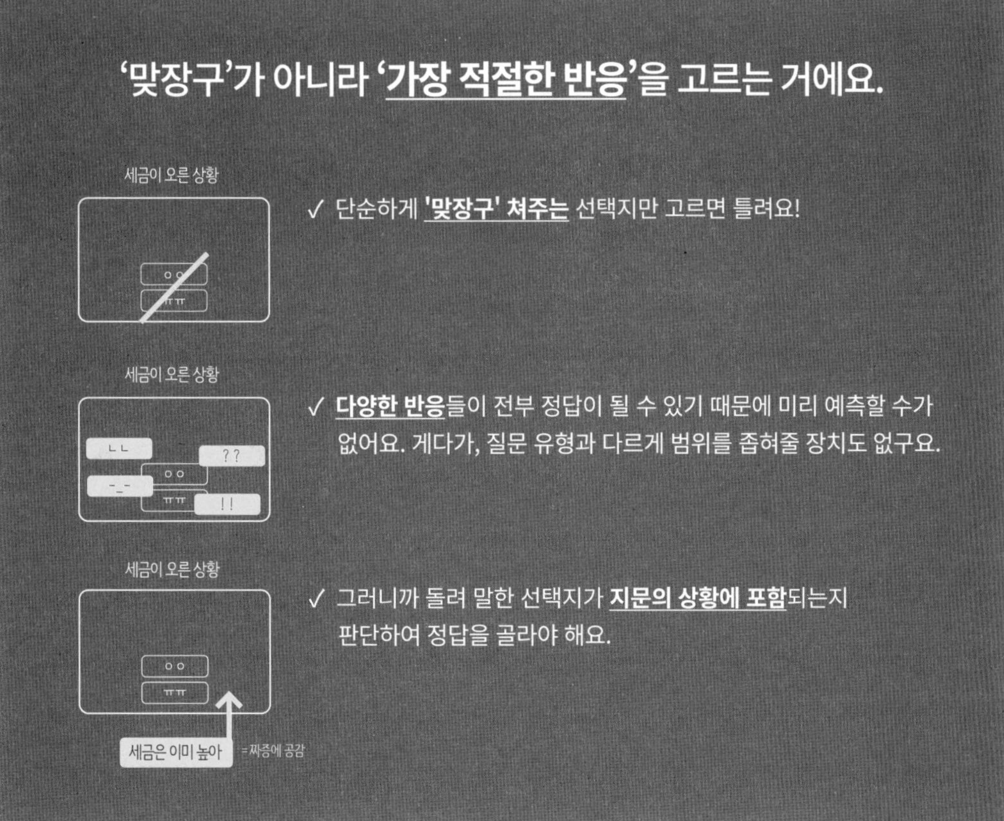

각 STEP을 따라 안물 유형 풀이법을 이해해 보세요.

발음 주의

STEP 01 상황 파악

지문의 상황은 정, 오답 판단의 근거가 되기 때문에 정확히 파악해야 해요.
정말 빠르게 지나가니까, 최대한 집중하세요.

M: They say the government passed a new law to raise taxes.
정부가 세금을 또 올린대.

세금이 오른 상황이구나!

STEP 02 핵심 단어 노트테이킹

핵심 단어(주로 동사)의 알파벳 하나만 적어두세요.
질문처럼 범위를 좁혀주는 건 없지만, 선택지를 들을 때 지문의 상황을 떠올리게 하는 장치에요.

노트테이킹

이 문제의 경우, '**올랐다**(동사)'가 핵심,
r (raise) 노트테이킹!

세금이 오른 상황

'상황에 해당되는지'만 체크!

STEP 03 상황에 해당되는지 체크

선택지를 들을 땐, 각 선택지가 상황에 해당되는지 만 체크하면 됩니다.

(a)	(b)	(c)	(d)
X	O	△	X

W:

X (a) No, I didn't actually say that.
아냐, 나 그렇게 말 안 했어.

'I'가 아닌 'they'에게 들은 소식이고, 내가 말하지 않은 것이 세금이 오른 상황에 포함되지 않으므로 오답

O **(b) But taxes are already so high.**
세금은 이미 높아.

남자 말에 대한 맞장구처럼 느껴지진 않지만, 세금이 이미 높다는 불평은 세금이 오른 상황에 대한 '공감'이므로 정답

△ (c) Yes, it will be passed soon.

오답자 89% 선택

맞아 곧 통과될거야

법이 곧 통과될 거란 말은 이미 법이 통과되어 세금이 오른 상황에 포함되지 않으므로 오답

X (d) The lower it is, the better.
낮으면 낮을수록 좋지

세금('taxes')을 'it'으로 나타낼 수 없고, 명시되지 않은 'it'이 낮을 수록 좋다는 것은 지문의 상황에 포함되지 않으므로 오답

안물 유형 풀이법 STEP 1~3를 따라서, 새로운 문제를 풀어보세요.

Part I **Question 1~10**

You will now hear ten individual spoken questions or statements, each followed by four spoken response. Choose the most appropriate response for each item.

mp3 바로가기

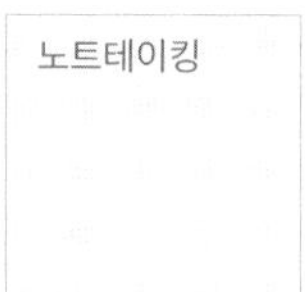

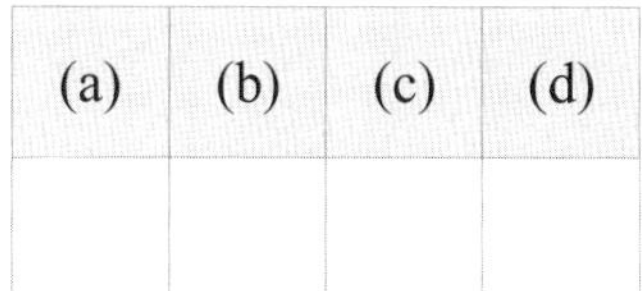

(a)	(b)	(c)	(d)

아래 모범풀이와 비교하여, 각 step 별로 내 실수를 교정해보세요.

발음 주의

STEP 01 상황 파악

W: My phone bill keeps increasing every month!
전화 요금이 계속 올라.

전화 요금이 오른 상황이군!

STEP 02 핵심 단어 노트테이킹

노트테이킹

이 문제의 경우, '**계속 오른다**(동사)'가 핵심
i (increasing) 노트테이킹!

전화 요금이 오른 상황

'상황에 해당되는지'만 체크!

STEP 03 상황에 해당되는지 체크

(a)	(b)	(c)	(d)
△	△	X	O

M:

△ (a) Never mind. It'll take care of itself.
걱정 마. 알아서 잘 될 거야..

전화요금이 오른 것은 스스로 해결될 수 없으므로 오답

△ (b) It takes time to get it done.
다 처리되려면 시간 좀 걸리겠다.

오답자 52% 선택

요금이 올랐다고 불평한 것이지 처리 방법에 대해 얘기한 것이 아니므로 오답

X (c) Well, my phone does not work either.
내 전화기도 작동이 안 돼.

요금이 오른 것은 전화기 고장이 아니므로 지문의 상황에 포함되지 않음

O **(d) It's the same at my house.**
우리 집도 마찬가지야.

영어로 Phone은 휴대폰도 될 수 있고, 일반 전화도 될 수 있다. 그러므로 우리 집 전화 요금도 마찬가지라고 대꾸하는 것은 지문의 상황에 적절한 반응이다.

안물 유형 풀이법 STEP 1~3를 따라서, 새로운 문제를 풀어보세요.

Part II **Question 1~10**

You will now hear ten individual spoken questions or statements, each followed by four spoken response. Choose the most appropriate response for each item.

mp3 바로가기

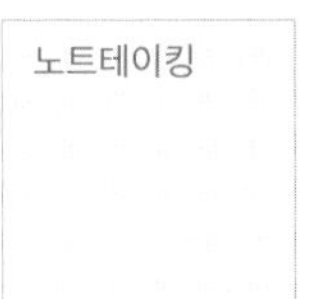

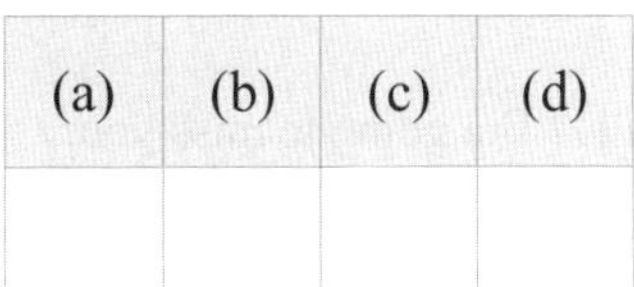

(a)	(b)	(c)	(d)

아래 모범풀이와 비교하여, 각 step 별로 내 실수를 교정해보세요.

발음 주의

STEP 01 상황 파악

이번엔 마지막 문장 전에 두 문장의 대화가 나오는 파트2의 안물 유형입니다.
앞의 대화를 통해 지문의 상황에 대한 더 많은 정보를 파악할 수 있습니다.

M: I'm moving to Boston for graduate school this weekend.
대학원 때문에 이번 주말에 보스턴으로 이사가요.

W: Really? I'm going to miss you.
정말요? 보고싶을 거예요.

M: Yeah, me, too, but we always have email.
네, 저도요. 하지만 언제든 이메일 하면 되잖아요.

주말에 이사가니까
이메일로 연락하라는 상황이구나

STEP 02 핵심 단어 노트테이킹

노트테이킹

이 문제의 경우, '**이메일**(명사)'가 핵심
e (email) 노트테이킹!

이사가니까
이메일로 연락하라는 상황

'상황에 해당되는지'만 체크!

STEP 03 상황에 해당되는지 체크

(a)	(b)	(c)	(d)
X	O	△	X

W:

X (a) I'll come over to your place this weekend
이번 주말에 당신 집에 갈게요.

주말에 이사를 간다고 했을 뿐더러, 이번 **주말 방문**을 알려주는 것은 이메일로 연락하라는 상황에 맞지 않으므로 오답

O **(b) Yes, write me about your new life there.**
그래. 새로운 생활이 어떤지 알려줘.

새로운 생활에 대해 알려달라는 것은 이사가면 **이메일로 연락**하라는 상황에 포함되므로 정답

△ (c) Thank you for reminding me about email.

오답자 84% 선택

이메일을 상기시켜줘서 고마워요.

맞장구처럼 들리지만, 받은 **메일에 대해 상기시키는 것**은 앞으로 이메일로 연락하라는 상황 해당하지 않으므로 오답

X (d) When did you say you moved to Boston?

언제 보스턴에 갔다고 했죠?

주말에 갈 예정이라고 언급하기도 했을 뿐더러**, 이사 날짜를 묻는 것**은 이메일로 연락하라는 상황에 포함되지 않는다.

풀이법 요약

STEP 01 **상황 파악**

STEP 02 **핵심 단어 노트테이킹**

STEP 03 **상황에 해당되는지 체크**

이제 이 풀이법을 연습문제에 적용해보세요!

연습문제	소요시간
총 6문제	약 1~2시간

5강 청해 파트1-2 안물 | 연습문제 1번

앞서 배운 STEP대로, 노트테이킹 + 소거법으로 문제를 풀어주세요.

mp3 바로가기

노트테이킹

(a)	(b)	(c)	(d)

이번에는 각 STEP별로 문제를 풀어보세요. 우선 스크립트를 보지 않고 학습해보세요!

STEP 01 **상황 파악**

STEP 02 **핵심 단어 노트테이킹**

들릴 때까지 반복해서 다시 들어보세요.

핵심 단어	이유	문장 의미	안 들리는 부분 한글 발음

* 계속 안 들릴 경우, 속도를 조절해보세요.

STEP 03 **범위에 해당되는지 체크**

선택지도 다시 소거해보세요. (처음과 달라졌다면, 그 이유도 함께 써주세요.)

소거법	이유	문장 의미	안 들리는 부분 한글 발음
(a)			
(b)			
(c)			
(d)			

정답과 스크립트는 다음페이지에 있습니다.

정답 (b)

내가 틀린 이유를 추정해본다면?

스크립트와 비교하여, 이전 단계에서 틀린 점을 모두 수정해보세요!

M: I think those new high-rise apartments are a real eyesore.
W:
(a) Maybe you should rest for a while.
(b) Actually, I quite like their design.
(c) I can't really afford to live there.
(d) Then just ask them for a refund.

모범풀이와 비교하여, 이전 단계에서 틀린 점을 모두 수정해보세요.

모범풀이 바로 가기

5강 청해 파트1-2 안뭍 | 연습문제 2번

앞서 배운 STEP대로, 노트테이킹 + 소거법으로 문제를 풀어주세요.

mp3 바로가기

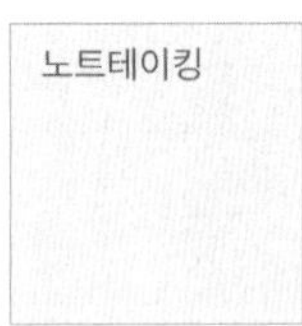

(a)	(b)	(c)	(d)

이번에는 각 STEP별로 문제를 풀어보세요. 우선 스크립트를 보지 않고 학습해보세요!

STEP 01 상황 파악

STEP 02 핵심 단어 노트테이킹

들릴 때까지 반복해서 다시 들어보세요.

핵심 단어	이유	문장 의미	안 들리는 부분 한글 발음

* 계속 안 들릴 경우, 속도를 조절해보세요.

STEP 03 범위에 해당되는지 체크

선택지도 다시 소거해보세요. (처음과 달라졌다면, 그 이유도 함께 써주세요.)

소거법	이유	문장 의미	안 들리는 부분 한글 발음
(a)			
(b)			
(c)			
(d)			

정답과 스크립트는 다음페이지에 있습니다.

정답 (b)

내가 틀린 이유를 추정해본다면?

스크립트와 비교하여, 이전 단계에서 틀린 점을 모두 수정해보세요!

M: Excuse me. I've checked all the aisles, but I can't find a scale.
W:
(a) Sorry, I was shopping in aisle 3.
(b) Perhaps it's out of stock, then.
(c) I'll rearrange everything for you.
(d) You should go check Lost and Found.

모범풀이와 비교하여, 이전 단계에서 틀린 점을 모두 수정해보세요.

모범풀이 바로 가기

5강 청해 파트1-2 안물 | 연습문제 3번

앞서 배운 STEP대로, 노트테이킹 + 소거법으로 문제를 풀어주세요.

mp3 바로가기

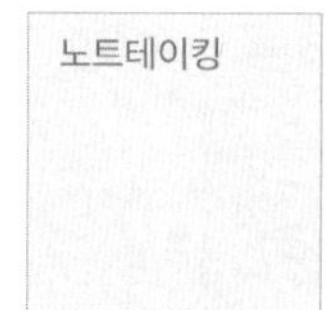

노트테이킹

(a)	(b)	(c)	(d)

이번에는 각 STEP별로 문제를 풀어보세요. 우선 스크립트를 보지 않고 학습해보세요!

STEP 01 **상황 파악**

STEP 02 **핵심 단어 노트테이킹**

들릴 때까지 반복해서 다시 들어보세요.

핵심 단어	이유	문장 의미	안 들리는 부분 한글 발음

* 계속 안 들릴 경우, 속도를 조절해보세요.

STEP 03 **범위에 해당되는지 체크**

선택지도 다시 소거해보세요. (처음과 달라졌다면, 그 이유도 함께 써주세요.)

소거법	이유	문장 의미	안 들리는 부분 한글 발음
(a)			
(b)			
(c)			
(d)			

정답과 스크립트는 다음페이지에 있습니다.

정답 (b)

내가 틀린 이유를 추정해본다면?

스크립트와 비교하여, <u>이전 단계에서 틀린 점</u>을 모두 수정해보세요!

W: Taste this! The pasta in this restaurant is amazing.
M:
(a) Then let's go there for dinner.
(b) I know. I ordered it last time.
(c) I'll take two of them, please.
(d) Yes, I love cooking Italian food.

모범풀이와 비교하여, <u>이전 단계에서 틀린 점</u>을 모두 수정해보세요.

모범풀이 바로 가기

5강 청해 파트1-2 안물 | 연습문제 4번

앞서 배운 STEP대로, <u>노트테이킹 + 소거법</u>으로 문제를 풀어주세요.

mp3 바로가기

노트테이킹

(a)	(b)	(c)	(d)

이번에는 각 STEP별로 문제를 풀어보세요. 우선 스크립트를 보지 않고 학습해보세요!

STEP 01 **상황 파악**

STEP 02 **핵심 단어 노트테이킹**

들릴 때까지 반복해서 다시 들어보세요.

핵심 단어	이유	문장 의미	안 들리는 부분 한글 발음

* 계속 안 들릴 경우, 속도를 조절해보세요.

STEP 03 **범위에 해당되는지 체크**

선택지도 다시 소거해보세요. (처음과 달라졌다면, 그 이유도 함께 써주세요.)

소거법	이유	문장 의미	안 들리는 부분 한글 발음
(a)			
(b)			
(c)			
(d)			

정답과 스크립트는 다음페이지에 있습니다.

정답 (c)

내가 틀린 이유를 추정해본다면?

스크립트와 비교하여, 이전 단계에서 틀린 점을 모두 수정해보세요!

W: Everything was really delicious tonight.
M:
(a) I'm afraid there isn't enough to go around.
(b) I'd like to invite you over for dinner some time.
(c) It wouldn't have been possible without the catering service.
(d) Thanks for staying and helping me with the dishes this morning.

모범풀이와 비교하여, 이전 단계에서 틀린 점을 모두 수정해보세요.

모범풀이 바로 가기

5강 청해 파트1-2 안물 | 연습문제 5번

앞서 배운 STEP대로, 노트테이킹 + 소거법으로 문제를 풀어주세요.

mp3 바로가기

(a)	(b)	(c)	(d)

이번에는 각 STEP별로 문제를 풀어보세요. 우선 스크립트를 보지 않고 학습해보세요!

STEP 01 상황 파악

들릴 때까지 반복해서 다시 들어보세요.

문장 의미	안 들리는 부분 한글 발음

STEP 02 핵심 단어 노트테이킹

핵심 단어	이유	문장 의미	안 들리는 부분 한글 발음

* 계속 안 들릴 경우, 속도를 조절해보세요.

STEP 03 범위에 해당되는지 체크

선택지도 다시 소거해보세요. (처음과 달라졌다면, 그 이유도 함께 써주세요.)

소거법	이유	문장 의미	안 들리는 부분 한글 발음
(a)			
(b)			
(c)			
(d)			

정답과 스크립트는 다음페이지에 있습니다.

정답 (b)

내가 틀린 이유를 추정해본다면?

스크립트와 비교하여, 이전 단계에서 틀린 점을 모두 수정해보세요!

W: Mike, there you are.
M: I'm so sorry I'm late.
W: Don't worry. The meeting's been rescheduled.
M:
(a) Sorry, I've already been delayed.
(b) Good, I thought I was the only one late.
(c) OK, that's one idea to consider.
(d) Well, I worried about the time constraints.

모범풀이와 비교하여, 이전 단계에서 틀린 점을 모두 수정해보세요.

모범풀이 바로 가기

5강 청해 파트1-2 안물 | 연습문제 6번

앞서 배운 STEP대로, 노트테이킹 + 소거법으로 문제를 풀어주세요.

mp3 바로가기

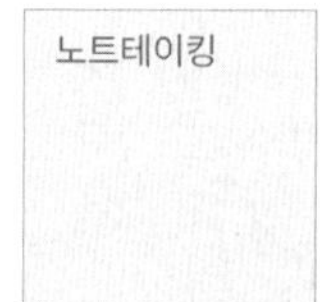

(a)	(b)	(c)	(d)

이번에는 각 STEP별로 문제를 풀어보세요. 우선 스크립트를 보지 않고 학습해보세요!

STEP 01 상황 파악

들릴 때까지 반복해서 다시 들어보세요.

문장 의미	안 들리는 부분 한글 발음

STEP 02 핵심 단어 노트테이킹

핵심 단어	이유	문장 의미	안 들리는 부분 한글 발음

* 계속 안 들릴 경우, 속도를 조절해보세요.

STEP 03 범위에 해당되는지 체크

선택지도 다시 소거해보세요. (처음과 달라졌다면, 그 이유도 함께 써주세요.)

소거법	이유	문장 의미	안 들리는 부분 한글 발음
(a)			
(b)			
(c)			
(d)			

정답과 스크립트는 다음페이지에 있습니다.

정답 (d)

내가 틀린 이유를 추정해본다면?

스크립트와 비교하여, 이전 단계에서 틀린 점을 모두 수정해보세요!

W: How may I help you, sir?
M: Well, I have a 3 o'clock appointment with Dr. Smith and I've been waiting here for over an hour.
W: I'm terribly sorry about that. He's behind schedule today.
M:
(a) But I wanted to see him.
(b) You should've called me to come help him, then.
(c) I can wait here if you want me to.
(d) Well, why did you schedule my appointment if he's so busy?

모범풀이와 비교하여, 이전 단계에서 틀린 점을 모두 수정해보세요.

모범풀이 바로 가기

빈출 단어 리스트

5강 청해 파트1-2 안물 문제에 출제되었던 빈출단어를 학습하세요!

5강 — 청해 파트1-2 안물 단어시험

Fill in the vocabulary that best completes each sentence.

aisle eyesore go around high-rise
lost and found rescheduled

1. My stepmother regarded me as an ____________ as if I always stood in her way.

2. Are there enough chairs to ____________?

3. The ____________ Centers keep the lost items for 18 months.

4. Because of the incorrect test, the exam had to be ____________.

5. I asked the sales clerk to wrap the present while I scanned birthday card ____________ to pick one.

6. Myanmar is a developing country with many signs of its recent economic prosperity, like ____________ buildings and cars.

1. eyesore / 2. go around / 3. Lost and Found / 4. rescheduled / 5. aisle 6. high-rise

청해 Part III

메인 풀이법

6강

번호	문항 수	배점	청해 영역 내 비중
21-23번	3개	4-7점	17점 (7.2%)

평소 풀던 방식으로 아래의 문제를 풀어보세요.

Part III **Question 21~30**

You will now hear ten complete conversations. For each conversation, you will be asked to answer a question. Before each conversation, you will hear short description of the situation. After listening to the description and conversation once, you will hear a question and four options. Based on the given information, choose the option that best answers the question.

L

mp3 바로가기

(a)	(b)	(c)	(d)

Q: What is the main topic of the conversation?

(a) The low birth rate in Korea
한국의 저출산율

(b) The woman's group-work project
여자의 팀플.

(c) The boring nature of the class
지루한 수업

(d) The woman's bad project partners
여자의 나쁜 팀플 멤버들

Q 선택지 전부 지문에 나왔던 말인데 왜 나머지는 오답일까요?

수강생들은 강의를 수강해주세요 → 강의 수강

 그 이유는 질문에 있어요!

What is the **main** topic (subject) of the conversation?

What are the speakers (man and woman) **mainly** doing in the conversation?

What is the (wo)man's **main** problem?

What is Mike **mainly** doing in the conversation?

Main 유형은 질문의 형태가 다양해요.
전체 대화에 대해 묻기도 하고,
남녀 한명의 입장에 대해 물어보기도 합니다.

그런데 전부 공통적으로 'main'이 포함되어 있어요.
그래서 '나왔던 내용'이 아니라 'main'이 되는 내용을 고르는 거에요.

✓ 선택지를 고를 때, 단순히 지문에 나왔던 내용을 고르면 틀려요! 대화의 일부분만 나타내는 선택지는 main 내용이 아니니까요.

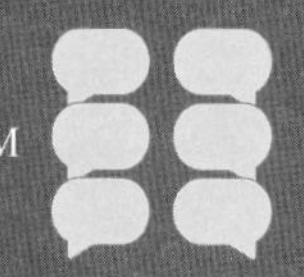

✓ 질문에 따라 전체 대화 또는 남녀 각자 입장의 **모든 내용을 설명**할 수 있는 것이 main 내용이에요.

✓ 그래서 대화 전체 또는 남/녀 각자 말의 **접점을 파악**하면, 정답 선택지를 예측할 수 있어요!

발음 주의

각 STEP을 따라 청해 파트3 메인 유형 풀이법을 이해해 보세요.

STEP 01 포인트 노트테이킹

각 문장의 포인트를 파악하고, 간략하게 노트테이킹 하세요.
남↔녀만 바꿔서 낚시하는 경우가 많으니, 남녀를 꼭 구분하세요!

M'1: How did you do on that last population assignment?
과제 어땠냐(how)는 거니까 h? 정도로 표시하면 되겠구나! → h?

W'1: Not so good. I did my work but my partners didn't.
파트너(p)가 별로였다는 내용이니까 pㅠ 정도로 표시해야지. → pㅠ

M'2: I hate it when that happens. What was your project on?
그런 거 싫다고 공감하고(ㅠ) 주제를 물어보는구나(?) → ㅠ?

W'2: The low birth rate in Korea and how to overcome it.
한국 저 출산율 관련 과제였으니 B↓정도면 기억할 수 있을 듯! → B↓

M'3: That is certainly a big issue. What class is it in?
무슨 수업인지 물어보네(c?) → C?

W'3: Sociological statistics. It's kind of boring.
사회 통계학(S), 지루하다고 하니(ㅠ) → Sㅠ

M	W
h?	
	pㅠ
ㅠ?	
	B↓
C?	
	Sㅠ

STEP 02 질문 확인

Q: What is the main topic of the conversation?

이 문제는 전체 대화의 main topic를 묻고 있으니, **6마디의 접점**을 파악해야 해요.

M	W
h?	pㅠ
ㅠ?	B↓
C?	Sㅠ

여자 팀플에 대한 대화네!

STEP 03 접점인지 체크

전체 6마디의 접점을 돌려 말한 선택지가 답이에요.
*대화에 **언급된 디테일**을 선택하지 않도록 주의하세요!

△ (a) The low birth rate in Korea
한국의 저출산율

과제의 주제일 뿐 **여자의 2번째 말에만** 언급된 내용이므로 오답

O **(b) The woman's group-work project.**
여자의 팀플

'Partners와 함께한 last population assignment'를 돌려 말한 선택지이며, 대화 전체를 포괄할 수 있으므로 정답

△ (c) The boring nature of the class
지루한 수업

수업의 지루한 특성은 **여자의 마지막 말에서만** 언급된 내용이므로 오답

△ (d) The woman's bad project partners

오답자 **52%** 선택

여자의 나쁜 팀플 멤버들

파트너 문제는 **대화의 앞 3마디에만** 언급되고 있으므로 오답

청해 파트3 메인 유형 풀이법 STEP 1~3를 따라서, 새로운 문제를 풀어보세요.

Part III **Question 21~30**

You will now hear ten complete conversations. For each conversation, you will be asked to answer a question. Before each conversation, you will hear short description of the situation. After listening to the description and conversation once, you will hear a question and four options. Based on the given information, choose the option that best answers the question.

mp3 바로가기

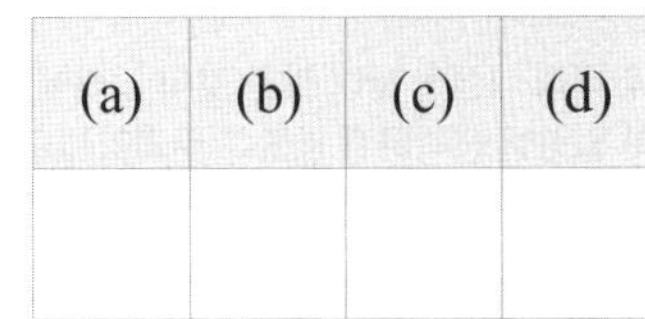

L

아래 모범풀이와 비교하여, 각 step 별로 내 실수를 교정해보세요.

STEP 01 포인트 노트테이킹

M'1: Hi, Martha. I need to talk to you.
할 말 있다고 부른 정도니까 ~정도로 표시해야지.

W'1: Sure. Is something wrong, Ted?
뭔 일 있냐는 거니까 ?면 기억날 듯!

M'2: I think you need to change your travel plans.
여행 계획 바꿔야(change) 한다는 거니까 ch로 기록하자.

W'2: Why? What's the problem?
간단하게 ?면 되겠다.

M'3: The union is on strike at the Chicago airport.
공항 파업(strike) 때문이니까 st만 해도 기억할 수 있겠네.

W'3: I'll change my tickets. Thank you for the advice.
고맙다는 거니까(ㄱㅅ)

M	W
~	
	?
ch	
	?
st	
	ㄱㅅ

STEP 02 질문 확인

Q: What is the man mainly doing in the conversation?

남자가 주로 무엇을 하고 있는지 묻고 있어요.
남자 3마디의 접점을 파악해보세요.

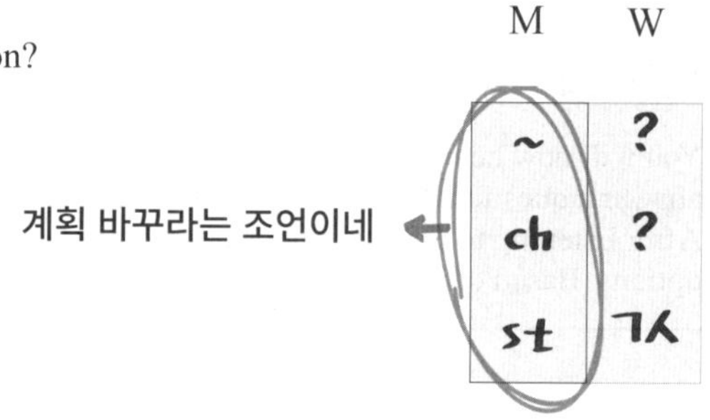

M	W
~	?
ch	?
st	ㄱㅅ

계획 바꾸라는 조언이네

STEP 03 접점인지 체크

남자 3마디의 접점을 돌려 말한 것이 답이에요.
***여자의 입장**을 선택하지 않도록 주의하세요!

X (a) Asking to join the woman on her trip
여자의 여행에 끼고 싶다고 물어봄

여행에 끼고 싶다는 것은 남자 말의 접점과 일치하지도 않을 뿐더러, **언급된 적도 없으므로** 오답

O **(b) Warning about a problem at the airport**

공항의 문제에 대해 경고함

'Union's strike at the airport'를 돌려 말한 선택지이고, 남자 말의 **접점과 일치**하므로 정답

X (c) Complaining about the union's strike

파업에 대해 불평함

남자 말의 세 번째 마디에서 파업에 대해 언급하긴 하지만, **불평이 아니고**, 접점도 아니므로 오답

△ (d) Trying to change his travel plans

오답자 80% 선택

그의 여행계획을 바꾸려고 시도함

여자의 여행 계획이므로 **여자의 입장**에 해당하는 내용이다

청해 파트3 메인 유형 풀이법 STEP 1~3를 따라서, 새로운 문제를 풀어보세요.

Part III **Question 21~30**

You will now hear ten complete conversations. For each conversation, you will be asked to answer a question. Before each conversation, you will hear short description of the situation. After listening to the description and conversation once, you will hear a question and four options. Based on the given information, choose the option that best answers the question.

mp3 바로가기

L

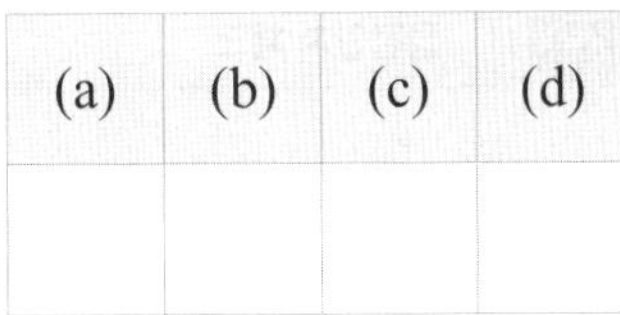

(a)	(b)	(c)	(d)

아래 모범풀이와 비교하여, 각 step 별로 내 실수를 교정해보세요.

발음 주의

STEP 01 포인트 노트테이킹

W'1: Dad, would it be all right to push my curfew back to one tonight?
통금 시간 1시로 늦춰도 되냐는 거니까 1?로 적으면 되겠군!

M'1: Well, Sarah, that depends. What's the occasion?
이유를 물어보니까 ?

W'2: Barbara's sweet sixteen is all the way out at her parents' cabin.
오두막에서 생일 파티(party)한다는 거니까 p

M'2: And how will you and everyone else be getting there and back?
거기까지 어떻게(how) 이동하는지 물으니까 h?

W'3: Well, I was going to drive my car, and some girls are staying overnight.
운전(drive)하려고 했으니 d

M'3: Well, since you'll be driving, let's compromise at 12:30.
1시까진 못 미루고, 12:30으로 타협(compromise)했으니 c.. 로 적어야지.

W	M
1?	
	?
p	
	h?
d	
	c..

STEP 02 질문 확인

Q: What is Sarah mainly doing in the conversation?

이렇게 구체적으로 사람의 이름이 나오기도 해요.
여자 3마디의 접점을 도출하세요.

W	M
1?	?
p	h?
d	c..

통금 미뤄달라는 거네

STEP 03 접점인지 체크

X (a) Agreeing to change her plans for her father
아빠를 위해 계획을 바꾸는 것에 동의함

본인을 위해 통금 시간 미루는 것일 뿐, 아빠를 위한 것은 없으므로 여자 말의 접점과 관계 없음

X (b) Asking if she should go to a birthday party
생일 파티에 가야만 하는지 물어봄

아빠에게 파티에 가야 하는지 물어보는 것이 아니라, 파티 때문에 **통금을 미뤄달라고** 요청하고 있음

O **(c) Requesting permission to stay out later than usual**
평소보다 늦게 들어오는 것에 대해 허락을 구함

'curfew를 back할 수 있는지'를 돌려 말한 선택지이며, Sarah의 말 3마디를 전부 포괄할 수 있으므로 정답

△ (d) Telling her father about a proposed camping trip　**오답자 80% 선택**
제안 받은 캠핑에 대해 아빠에게 얘기함

'아빠에게 단순히 캠핑에 대해 얘기하는 것'은 Sarah 말의 **'첫 마디'를 포괄하지 못하므로** 오답

풀이법 요약

STEP 01 **포인트 노트테이킹**

STEP 02 **질문 확인**

STEP 03 **접점인지 체크**

이제 이 풀이법을 연습문제에 적용해보세요!

연습문제	소요시간
총 6문제	약 2~3시간

6강 청해 파트3 메인 | 연습문제 1번

앞서 배운 STEP대로, 노트테이킹 + 소거법으로 문제를 풀어주세요.

mp3 바로가기

(a)	(b)	(c)	(d)

이번에는 각 STEP별로 문제를 풀어보세요.

STEP 01 포인트 노트테이킹

한 문장씩 끊어 들으면서 다시 풀어보세요.

포인트	이유	문장 의미	안 들리는 부분 한글 발음
여			
남			
여			
남			
여			
남			

* 계속 안 들릴 경우, 속도를 조절해보세요.

STEP 02 질문 확인

질문이 물어보는 바?	접점	이유
( ) 전체 6마디 ( ) 남자 3마디 ( ) 여자 3마디		

STEP 03 접점인지 체크

선택지도 다시 소거해보세요. (처음과 달라졌다면, 그 이유도 함께 써주세요.)

소거법	이유	문장 의미	안 들리는 부분 한글 발음
(a)			
(b)			
(c)			
(d)			

정답 (c)

내가 틀린 이유를 추정해본다면?

스크립트와 비교하여, 이전 단계에서 틀린 점을 모두 수정해보세요!

Listen to a conversation at a newly opened store.
W: Congratulations on the grand opening of your new store.
M: Thank you, but I'm a bit concerned.
W: Why do you say that? This is a great location.
M: Yeah, but there were fewer customers than I had expected.
W: I'm sure that everything will be all right.
M: Maybe you're right — only time will tell, I guess.

Q: What is the conversation mainly about?
(a) The man's choice of store location
(b) The woman's admiration of the store
(c) The man's uncertainty of succeeding
(d) The customers' opinions of the store

모범풀이와 비교하여, 이전 단계에서 틀린 점을 모두 수정해보세요.

모범풀이 바로 가기

6강 청해 파트3 메인 | 연습문제 2번

앞서 배운 STEP대로, 노트테이킹 + 소거법으로 문제를 풀어주세요.

mp3 바로가기

(a)	(b)	(c)	(d)

이번에는 각 STEP별로 문제를 풀어보세요.

STEP 01 포인트 노트테이킹

한 문장씩 끊어 들으면서 다시 풀어보세요.

	포인트	이유	문장 의미	안 들리는 부분 한글 발음
남				
여				
남				
여				
남				
여				

* 계속 안 들릴 경우, 속도를 조절해보세요.

STEP 02 질문 확인

질문이 물어보는 바?	접점	이유
( ) 전체 6마디 ( ) 남자 3마디 ( ) 여자 3마디		

STEP 03 접점인지 체크

선택지도 다시 소거해보세요. (처음과 달라졌다면, 그 이유도 함께 써주세요.)

소거법	이유	문장 의미	안 들리는 부분 한글 발음
(a)			
(b)			
(c)			
(d)			

정답 (a)

내가 틀린 이유를 추정해본다면?

스크립트와 비교하여, 이전 단계에서 틀린 점을 모두 수정해보세요!

Listen to a conversation between two coworkers.
M: I'm afraid that we missed the meeting.
W: Oh, no. I really wish I had double-checked the schedule.
M: It's not only your fault. I didn't confirm the time, either.
W: Well, it's hardly the only error we've made lately.
M: Unfortunately, that's true. I'll call later to apologize.
W: Please let them know it won't happen again.

Q: What is the woman mainly doing in the conversation?
(a) Expressing regret over a mistake
(b) Reconfirming an appointment
(c) Complaining about a cancelled meeting
(d) Blaming the man for a problem

모범풀이와 비교하여, 이전 단계에서 틀린 점을 모두 수정해보세요.

모범풀이 바로 가기

6강 청해 파트3 메인 | 연습문제 3번

앞서 배운 STEP대로, 노트테이킹 + 소거법으로 문제를 풀어주세요.

mp3 바로가기

(a)	(b)	(c)	(d)

이번에는 각 STEP별로 문제를 풀어보세요.

STEP 01 포인트 노트테이킹

한 문장씩 끊어 들으면서 다시 풀어보세요.

포인트	이유	문장 의미	안 들리는 부분 한글 발음
남			
여			
남			
여			
남			
여			

* 계속 안 들릴 경우, 속도를 조절해보세요.

STEP 02 질문 확인

질문이 물어보는 바?	접점	이유
( ) 전체 6마디 ( ) 남자 3마디 ( ) 여자 3마디		

STEP 03 접점인지 체크

선택지도 다시 소거해보세요. (처음과 달라졌다면, 그 이유도 함께 써주세요.)

소거법	이유	문장 의미	안 들리는 부분 한글 발음
(a)			
(b)			
(c)			
(d)			

정답 (b)

내가 틀린 이유를 추정해본다면?

스크립트와 비교하여, 이전 단계에서 틀린 점을 모두 수정해보세요!

Listen to a conversation between a couple.
M: Mary, let's buy that antique piano.
W: Are you sure that's a good idea, Bill?
M: Sure. Why not?
W: I think it's a bit overpriced.
M: Are you kidding? The seat alone is worth $150.
W: Let's think it over some more.

Q: What is the conversation mainly about?
(a) The man's opinions on antiques
(b) The man's desire to purchase a piano
(c) The man's financial problems
(d) The man's interest in piano music

모범풀이와 비교하여, 이전 단계에서 틀린 점을 모두 수정해보세요.

모범풀이 바로 가기

6강 청해 파트3 메인 | 연습문제 4번

앞서 배운 STEP대로, 노트테이킹 + 소거법으로 문제를 풀어주세요.

mp3 바로가기

(a)	(b)	(c)	(d)

이번에는 각 STEP별로 문제를 풀어보세요.

STEP 01 포인트 노트테이킹

한 문장씩 끊어 들으면서 다시 풀어보세요.

포인트	이유	문장 의미	안 들리는 부분 한글 발음
여			
남			
여			
남			
여			
남			

* 계속 안 들릴 경우, 속도를 조절해보세요.

STEP 02 질문 확인

질문이 물어보는 바?	접점	이유
( ) 전체 6마디 ( ) 남자 3마디 ( ) 여자 3마디		

STEP 03 접점인지 체크

선택지도 다시 소거해보세요. (처음과 달라졌다면, 그 이유도 함께 써주세요.)

소거법	이유	문장 의미	안 들리는 부분 한글 발음
(a)			
(b)			
(c)			
(d)			

정답 (a)

내가 틀린 이유를 추정해본다면?

스크립트와 비교하여, 이전 단계에서 틀린 점을 모두 수정해보세요!

Listen to a conversation between two friends.
W: What's up? You're so quiet these days.
M: Oh, it's nothing. I just have a lot on my mind recently.
W: What is it? You'll feel better if you talk about it.
M: A couple of things at work are bothering me.
W: Well, let's hear it. Maybe I can help.
M: OK, thanks. You're a good friend.

Q: What is the woman mainly doing in the conversation?
(a) Encouraging the man to confide in her
(b) Giving the man advice about work
(c) Comforting the man about losing his job
(d) Thanking the man for offering some help

모범풀이와 비교하여, 이전 단계에서 틀린 점을 모두 수정해보세요.

모범풀이 바로 가기

6강 청해 파트3 메인 | 연습문제 5번

앞서 배운 STEP대로, 노트테이킹 + 소거법으로 문제를 풀어주세요.

mp3 바로가기

(a)	(b)	(c)	(d)

이번에는 각 STEP별로 문제를 풀어보세요.

STEP 01 포인트 노트테이킹

한 문장씩 끊어 들으면서 다시 풀어보세요.

포인트	이유	문장 의미	안 들리는 부분 한글 발음
여			
남			
여			
남			
여			
남			

* 계속 안 들릴 경우, 속도를 조절해보세요.

STEP 02 질문 확인

질문이 물어보는 바?	접점	이유
( ) 전체 6마디 ( ) 남자 3마디 ( ) 여자 3마디		

STEP 03 접점인지 체크

선택지도 다시 소거해보세요. (처음과 달라졌다면, 그 이유도 함께 써주세요.)

소거법	이유	문장 의미	안 들리는 부분 한글 발음
(a)			
(b)			
(c)			
(d)			

정답 (c)

내가 틀린 이유를 추정해본다면?

스크립트와 비교하여, 이전 단계에서 틀린 점을 모두 수정해보세요!

Listen to a conversation about a plan for the weekend.
W: Tony, I'm having a cookout this Saturday. Can you make it?
M: Who else is coming?
W: You know, the whole gang.
M: Does that include Melissa?
W: No. She's swamped with work these days.
M: Well, in that case, count me out this time.

Q: What is the man mainly doing in the conversation?
(a) Finding out why Melissa is busy
(b) Inquiring about Melissa's whereabouts
(c) Deciding whether or not to attend a barbecue
(d) Turning down an invitation to a cooking lesson

모범풀이와 비교하여, 이전 단계에서 틀린 점을 모두 수정해보세요.

모범풀이 바로 가기

6강 청해 파트3 메인 | 연습문제 6번

앞서 배운 STEP대로, 노트테이킹 + 소거법으로 문제를 풀어주세요.

mp3 바로가기

(a)	(b)	(c)	(d)

이번에는 각 STEP별로 문제를 풀어보세요.

STEP 01 포인트 노트테이킹

한 문장씩 끊어 들으면서 다시 풀어보세요.

포인트	이유	문장 의미	안 들리는 부분 한글 발음
남			
여			
남			
여			
남			
여			

* 계속 안 들릴 경우, 속도를 조절해보세요.

STEP 02 질문 확인

질문이 물어보는 바?	접점	이유
( ) 전체 6마디 ( ) 남자 3마디 ( ) 여자 3마디		

STEP 03 접점인지 체크

선택지도 다시 소거해보세요. (처음과 달라졌다면, 그 이유도 함께 써주세요.)

소거법	이유	문장 의미	안 들리는 부분 한글 발음
(a)			
(b)			
(c)			
(d)			

정답 (c)

내가 틀린 이유를 추정해본다면?

스크립트와 비교하여, 이전 단계에서 틀린 점을 모두 수정해보세요!

Listen to a conversation between two friends.
M: What's the matter? You've seemed a little down all week.
W: Well, on Monday my doctor told me I have diabetes.
M: Oh, I'm so sorry to hear that.
W: Luckily, it's manageable. But it's scary, nevertheless.
M: Keep in mind that lots of people with diabetes live long and full lives.
W: I know. It'll just take some time for me to adjust.

Q: What is the woman mainly doing in the conversation?
(a) Asking for information about diabetes
(b) Explaining her various health problems
(c) Describing her reaction to a medical diagnosis
(d) Requesting time off from work for health reasons

모범풀이와 비교하여, 이전 단계에서 틀린 점을 모두 수정해보세요.

모범풀이 바로 가기

빈출 단어 리스트

문제에 출제되었던 빈출단어를 학습하세요!

6강 — 청해 파트3 메인 단어시험

Fill in the vocabulary that best completes each sentence.

admiration	confide in	diagnosis	keep in mind
manageable	on strike	reconfirm	swamped with

1. Unfortunately, only one year after his ______________, Winter's dad died.

2. The airlines office was ______________ inquiries immediately after the accident.

3. ______________ those safety tips and stay safe during lightning storms!

4. This will be quite a new, but ______________ and amusing challenge.

5. There's not a single person in that firm you can ______________.

6. The artist has garnered respect and ______________ for his imaginative book designs.

7. He had another chance to ______________ his superiority as the top sprinter.

8. In 1946, 4.6 million workers went ______________, more than ever before in American history.

1. diagnosis / 2. swamped with / 3. keep in mind / 4. manageable / 5. confide in
6. admiration / 7. reconfirm / 8. on strike

독해 Part III

메인 풀이법

7강

7강 독해 파트3 메인 유형 풀이법

번호	문항 수	배점	독해 영역 내 비중
13-16번	4개	4-7점	24점 (10%)

평소 풀던 방식으로 아래의 문제를 풀어보세요.

Part III Question 13~25

Read the Passage, question, and options. Then, based on the given information, choose the option that best answers each question.

R

13. John Constable was an English Romantic painter who attained success at home in a roundabout manner. Rejecting the formal style of painting of his predecessors, Constable tried to capture the effects of moving clouds and changing patterns of light. However, his English contemporaries did not embrace his style, and so Constable had to go to France to find acceptance. After having his work exhibited in Paris and being cited by numerous French artists as a source of influence, Constable was eventually welcomed back into the English art fold.

Q: What is mainly being discussed about John Constable in the passage?

(a) How he rejected the formal style of painting
(b) His style of painting clouds and light patterns
(c) His unusual way of finding success in England
(d) How he was greatly inspired by French artists

(a) How he rejected the formal style of painting
그가 어떻게 정형화된 그림 스타일을 거부했는지

(b) His style of painting clouds and light patterns
구름과 빛의 패턴을 그리는 그의 스타일

(c) His unusual way of finding success in England
영국에서 성공을 한 그의 독특한 방법

(d) How he was greatly inspired by French artists
그가 프랑스 작가에게 얼마나 영향을 받았는지

Q

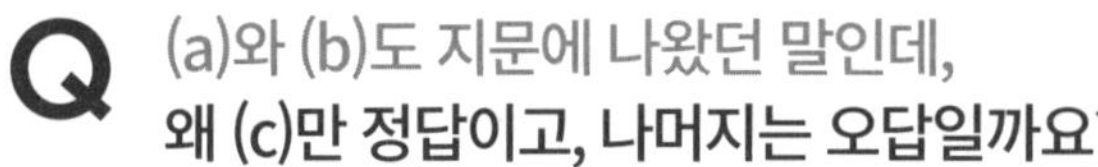

수강생들은 강의를 수강해주세요 → 강의 수강

A 그 이유는 질문에 있어요!

What is **mainly** being discussed about John Constable in the passage?

John Constable에 대해 '지문에 나온 말'이 아닌, '**mainly 다뤄진**' 점을 묻고 있어요.

What is the passage **mainly** about?
What is the **main** topic of the passage?
What is the writer **mainly** trying to do?

그런데 독해 메인 유형은 질문의 형태가 다양해요.
지문의 중심생각, 토픽, 작가 등 다양한 것을 물어볼 수 있어요.

하지만! 전부 공통적으로 'main'이 포함되어 있어요.
그래서 '나왔던 내용'이 아니라 'main'이 되는 내용을 고르는 거에요.

✓ 단순히, 지문에 나왔던 내용을 고르면 틀려요!
지문의 일부분만 나타내는 선택지는 지문을 mainly 다루는 것이 아니니까요.

✓ 질문에 따라 전체 지문, 주인공, 또는 작가 등과 관련된 **모든 내용을 설명**할 수 있는 선택지가 답이에요.

✓ 그래서 지문 전체의 **접점을 파악**하면,
정답 선택지를 예측할 수 있어요!

각 STEP을 따라 독해 메인 유형 풀이법을 이해해 보세요.

STEP 01 질문 확인

질문이 다양하니까, 지문을 읽기 전 질문부터 확인하세요.

What is mainly being discussed about John Constable in the passage?

STEP 02 포인트 도출

지문의 접점을 찾기 위해 먼저 각 문장의 포인트를 파악하세요.

[포인트]

John Constable was an English Romantic painter who attained success at home in a roundabout manner.

존 컨스터블은 roundabout 한 방식으로 모국에서 명성을 얻은 영국의 낭만주의 화가였다. → 1 **우회적으로** 성공

ㄴ 단어유추 **잘 알고 있는 '둥근'과 '대략적인'의 의미를 응용하여 '직접적이지 않은 방법' 정도로 유추 가능**

Rejecting the formal style of painting of his predecessors, Constable tried to capture the effects of moving clouds and changing patterns of light.

Predecessors의 형식적인 회화 기법을 거부했던 그는 움직이는 구름과 변화하는 빛의 패턴을 포착하고자 노력했다. → 2 **독특한** 스타일

ㄴ 단어유추 **이들의 형식적인 기법이므로, 컨스터블의 스타일과 대비되는 '기존의 다른 예술가들' 정도로만 알고 넘어가도 됨**

However, his English contemporaries did not embrace his style, and so Constable had to go to France to find acceptance.

그러나 영국의 contemporaries는 그의 표현법을 받아들이지 않았고, 컨스터블은 인정받기 위해 프랑스로 건너가야 했다. → 3 인정받으려고 **프랑스로**

ㄴ 단어유추 **그의 스타일을 '받아들이지 않은 예술가들' 정도로만 알고 넘어가도 됨**

After having his work exhibited in Paris and being cited by numerous French artists as a source of influence, Constable was eventually welcomed back into the English art fold.

파리에서 그의 작품 전시회를 열고 여러 프랑스 화가들로부터 영향력 있는 화가로 거론된 컨스터블은 마침내 환대를 받으며 영국 fold로 돌아갈 수 있었다. → 4 인정받고 다시 **영국으로**

ㄴ 단어유추 **맥락상 그가 돌아간 '영국의 예술 집단' 정도로 유추 가능**

STEP 03 접점 도출

[접점]

1 - 2 - 3 - 4

우회 → 성공

STEP 04 돌려 말하는 선택지

지문의 접점을 돌려 말한 선택지가 답이 됩니다.
이 때, 지문에 나왔던 디테일한 내용을 선택하지 않도록 주의하세요!

(a) How he rejected the formal style of painting

그가 어떻게 정형화된 그림 스타일을 거부했는지

두 번째 포인트에 **나온 내용**이지만, 우회해서 성공했다는 접점까지는 포괄하지 않으므로 오답
*언급된 디테일 주의

(b) His style of painting clouds and light patterns

구름과 빛의 패턴을 그리는 그의 스타일

(a)와 마찬가지로, 지문에 **나온 내용**이지만, 지문의 접점과 일치하지 않으므로 오답
*언급된 디테일 주의

✓ **(c) His unusual way of finding success in England**

영국에서 성공을 한 그의 독특한 방법

'roundabout manner'를 'unusual way'로 돌려 말한 선택지이며, 지문의 접점과 일치하므로 정답

(d) How he was greatly inspired by French artists 오답자 **62%** 선택

그가 프랑스 작가에게 얼마나 영향을 받았는지

영향을 **받은 것**이 아니라, 그가 프랑스 예술가들에게 영향을 **준 것**이고, 지문의 접점과 일치하지 않으므로 오답

독해 메인 유형 풀이법 STEP 1~4를 따라서, 새로운 문제를 풀어보세요.

16. For the first time, America's most trusted family magazine introduces a workbook series aimed at helping children learn the basics. This great new series from Parents Magazine includes features that will help moms and dads become their child's favorite teacher. Every book includes a general introduction with ideas for approaching subjects, tips for extra teaching guidance, and hands-on activities to make off-the-page learning fun.

Q: What is the ad mainly about?

(a) Teaching tips for parents
(b) A new family magazine on parenting
(c) Learning activity books for kids
(d) Books on family activities

아래 모범풀이와 비교하여, 각 STEP 별로 내 실수를 교정해보세요.

STEP 01 질문 확인

What is the ad mainly about?

광고 중인 상품이 무엇인지 묻는 질문입니다. 질문을 먼저 읽으면, 이 지문이 광고라 힌트를 얻을 수 있습니다.

STEP 02 포인트 도출

[포인트]

For the first time, America's most trusted family magazine introduces a workbook series aimed at helping children learn the basics.

처음으로, 미국인들에게 가장 큰 신망을 받는 가족잡지가 아이들의 기초 학습을 돕기 위한 워크북 시리즈를 선보입니다. → 1 학습을 돕는 워크북

This great new series from Parents Magazine includes features that will help moms and dads become their child's favorite teacher.

<패어런츠 매거진>에서 새로 나온 이 훌륭한 시리즈에는 엄마와 아빠가 아이들이 제일 좋아하는 선생님이 되도록 도와줄 features 가 실려 있습니다. → 2 부모 → 선생님

ㄴ 단어유추 **도움될 만한 '내용' 정도로만 알고 넘어가도 됨**

Every book includes a general introduction with ideas for approaching subjects, tips for extra teaching guidance, and hands-on activities to make off-the-page learning fun.

각 권은 개론과 함께 주제에 접근하기 위한 아이디어들, 추가 교수지침을 위한 정보, off-the-page 학습에 재미를 더하기 위한 hands-on 위주의 활동 등을 담고 있습니다. → 3 여러 학습도구

ㄴ 단어유추 **많이 알고 있는 뜻 page를 책으로 응용하여 '책 이외의 학습' 정도로 유추 가능**

ㄴ 단어유추 **'손을 올린'이란 뜻을 응용하여 실제 손을 대고 하는 '체험 활동'정도로 유추 가능**

STEP 03 접점 도출

광고 중인 **상품**을 묻는 질문이니까, 모든 포인트와 접하는 '상품'을 도출해보세요

[접점]

1 2 3

워크북

STEP 04 돌려 말하는 선택지

(a) Teaching tips for parents

오답자 **52%** 선택

부모를 위한 교육 비결

두 번째 포인트에서 언급된 내용이지만, 광고 중인 상품이 아닌 **상품의 장점 중 하나**일 뿐이므로 오답
* 언급된 디테일 주의

(b) A new family magazine on parenting

오답자 **43%** 선택

육아에 관한 새로운 가족 잡지

잡지가 아니라 잡지사에서 나온 워크북을 광고 중이고, **부모의 양육**이 아닌 아이들의 학습을 위한 워크북이므로 오답

✓ **(c) Learning activity books for kids**

아동용 학습 활동 교재

'workbook'을 돌려 말한 선택지

(d) Books on family activities

가족 활동에 관한 책

가족 활동을 위한 책이 아니라, 활동이 많이 들어있고, 부모가 가르칠 수 있는 워크북을 광고 중

풀이법 요약

- STEP 01 질문 확인
- STEP 02 포인트 도출
- STEP 03 접점 도출
- STEP 04 돌려 말하는 선택지

이제 이 풀이법을 연습문제에 적용해보세요!

연습문제	소요시간
총 6문제	약 2~3시간

7강 독해 파트3 메인 | 연습문제 1번

앞서 배운 STEP대로, 문제를 한번에 이어서 풀어주세요.

Although scientists believe our ancient human ancestors traded in the ability to climb trees for the power to walk on two legs, it is unclear when this happened in evolutionary time. However, a new study could help pin down the timing of this exchange, revealing that early hominids didn't have quite the climbing skills of modern chimpanzees. After analyzing the ankle bones in fossils of ancient humans dating back 4 million years, researchers found them to be much closer to modern humans than was previously thought. Without the ankle structure that assists chimps in climbing, hominids from this period couldn't have climbed trees like chimps and may even not have climbed at all.

Q: What is the main idea of the passage?

(a) Humans may never have been able to climb trees at any point in their history.
(b) Scientists are trying to find an evolutionary link between humans and chimps.
(c) The loss of climbing skills in humans happened earlier than had been believed.
(d) Chimpanzees were almost certainly better tree climbers than early hominids.

이번에는 각 STEP별로 문제를 풀어보세요.

STEP 01 질문 확인

Q: What is the main idea of the passage?

물어보는 바

STEP 02 포인트 도출

Although scientists believe our ancient human ancestors traded in the ability to climb trees for the power to walk on two legs, it is unclear when this happened in evolutionary time.

However, a new study could help pin down the timing of this exchange, revealing that early hominids didn't have quite the climbing skills of modern chimpanzees.

After analyzing the ankle bones in fossils of ancient humans dating back 4 million years, researchers found them to be much closer to modern humans than was previously thought.

Without the ankle structure that assists chimps in climbing, hominids from this period couldn't have climbed trees like chimps and may even not have climbed at all.

STEP 03 접점 도출

STEP 04 돌려 말하는 선택지

(a) Humans may never have been able to climb trees at any point in their history.

이유

문장 의미

(b) Scientists are trying to find an evolutionary link between humans and chimps.

이유

문장 의미

(c) The loss of climbing skills in humans happened earlier than had been believed.

이유

문장 의미

(d) Chimpanzees were almost certainly better tree climbers than early hominids.

이유

문장 의미

정답 (c)

내가 틀린 이유를 추정해본다면?

모범풀이와 비교하여, 이전 단계에서 틀린 점을 모두 수정해보세요.

모범풀이 바로 가기

앞서 배운 STEP대로, 문제를 <u>한번에 이어서</u> 풀어주세요.

R

14.

Dear Parents/Guardians,

We've reached the end of another term with much to look back on with satisfaction. Reports have been sent home. It is always a time for the students and their parents to take a good, hard look at what they have achieved, to give credit where credit is due, and to also reflect on what needs to be given a higher priority. After doing so, if you wish to discuss any aspect of your child's progress, please do not hesitate to make an appointment with me. I am eager to keep the lines of communication open between parents and the school administration.

Sincerely,
Kate Martin, Dean of Students

Q: What is the main purpose of the letter?

(a) To encourage students to take their studies seriously
(b) To welcome students and parents at the beginning of the year
(c) To announce the end of another school term
(d) To offer end-of-term academic consultations to parents

이번에는 각 STEP별로 문제를 풀어보세요.

STEP 01 질문 확인

Q: What is the main purpose of the letter?

물어보는 바

STEP 02 포인트 도출

We've reached the end of another term with much to look back on with satisfaction.

1	포인트	문장 의미

Reports have been sent home. It is always a time for the students and their parents to take a good, hard look at what they have achieved, to give credit where credit is due, and to also reflect on what needs to be given a higher priority.

2	포인트	문장 의미

After doing so, if you wish to discuss any aspect of your child's progress, please do not hesitate to make an appointment with me.

3	포인트	문장 의미

I am eager to keep the lines of communication open between parents and the school administration.

4	포인트	문장 의미

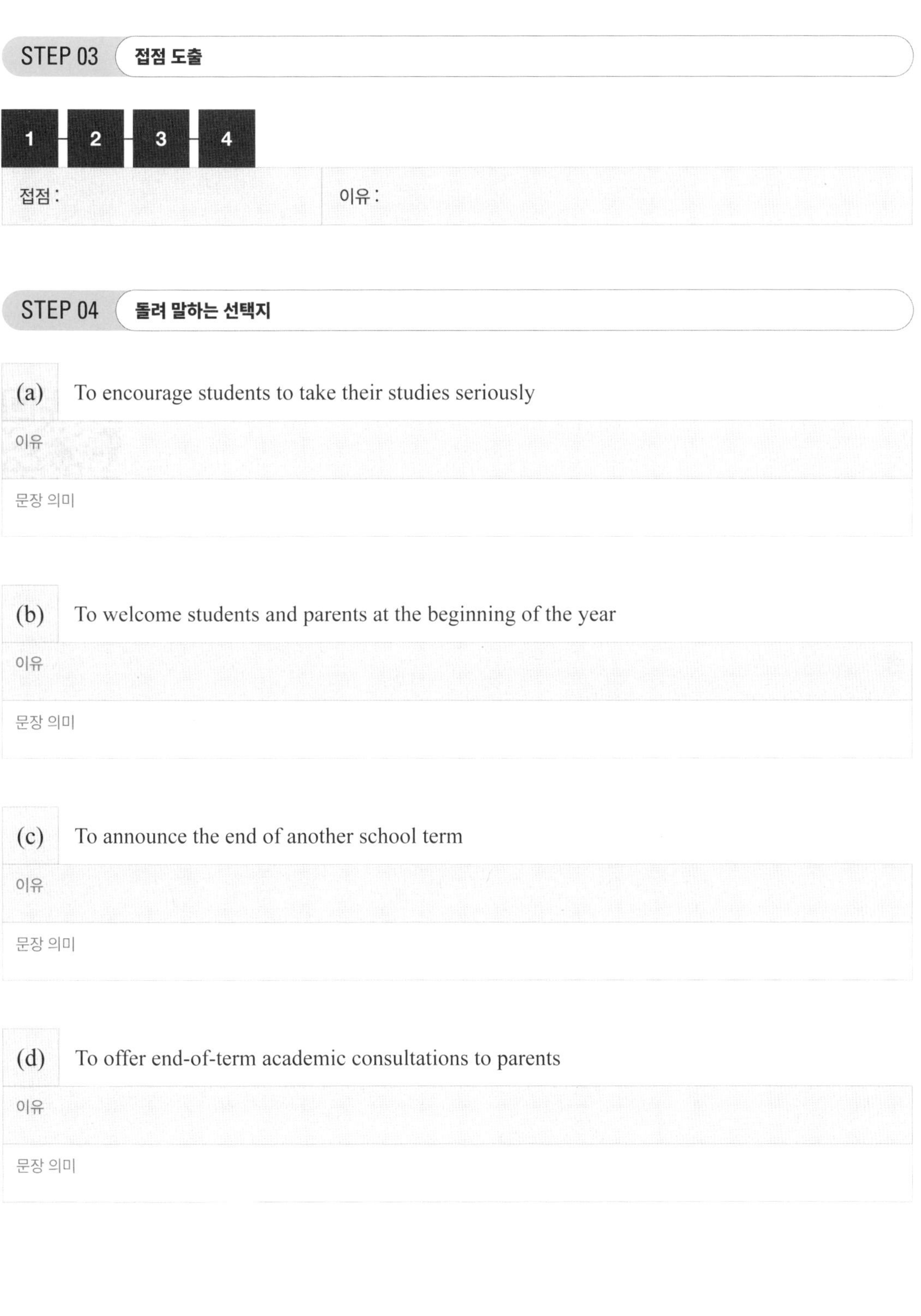

STEP 03 접점 도출

1 2 3 4

접점 : 이유 :

STEP 04 돌려 말하는 선택지

(a) To encourage students to take their studies seriously

이유

문장 의미

(b) To welcome students and parents at the beginning of the year

이유

문장 의미

(c) To announce the end of another school term

이유

문장 의미

(d) To offer end-of-term academic consultations to parents

이유

문장 의미

정답 (d)

내가 틀린 이유를 추정해본다면?

모범풀이와 비교하여, 이전 단계에서 틀린 점을 모두 수정해보세요.

모범풀이 바로 가기

독해 파트3 메인 | 연습문제 3번

앞서 배운 STEP대로, 문제를 한번에 이어서 풀어주세요.

Nanotechnology, including the concepts contained within that field of study, has become a hot commodity nowadays. It's even become somewhat of a buzzword. It's getting into screenplays and scripts for TV shows. Companies are using it in their names. It's a favorite topic of science fiction writers. And it's on the agenda of corporate executives, deans, and government officials deciding how to allocate funds and resources among the many research and development projects vying for support. Although we are still in the dawn age of nanotechnology, it's already generated a large following. And as theories and techniques continue to emerge, and capture the interest of scientists, students, entrepreneurs, and investors, you can bet that nanotechnology will only become more ingrained into daily life.

Q: What is the author mainly saying in the passage?

(a) Nanotechnology has attracted the interest of many segments of society.

(b) The growth of technology is being reflected in TV shows.

(c) The age of nanotechnology may lead to inventions.

(d) Nanotechnology plays a leading role in industry.

이번에는 각 STEP별로 문제를 풀어보세요.

STEP 01 질문 확인

Q: What is the author mainly saying in the passage?

물어보는 바

STEP 02 포인트 도출

Nanotechnology, including the concepts contained within that field of study, has become a hot commodity nowadays.

1	포인트	문장 의미

It's even become somewhat of a buzzword. It's getting into screenplays and scripts for TV shows.

2	포인트	문장 의미

Companies are using it in their names.

3	포인트	문장 의미

It's a favorite topic of science fiction writers.

4	포인트	문장 의미

And it's on the agenda of corporate executives, deans, and government officials deciding how to allocate funds and resources among the many research and development projects vying for support.

5	포인트	문장 의미

Although we are still in the dawn age of nanotechnology, it's already generated a large following.

6	포인트	문장 의미

And as theories and techniques continue to emerge, and capture the interest of scientists, students, entrepreneurs, and investors, you can bet that nanotechnology will only become more ingrained into daily life.

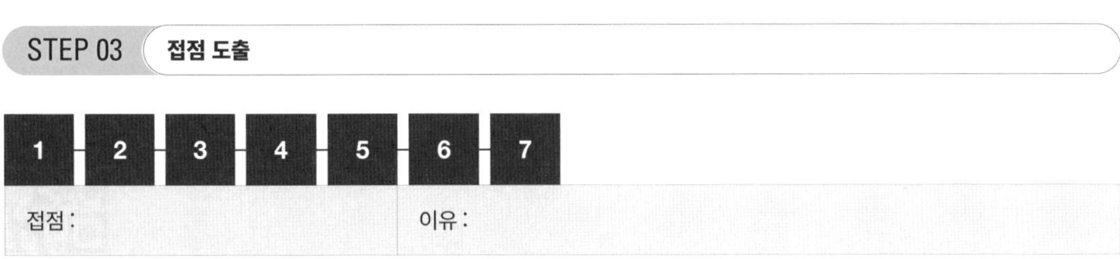

STEP 04 돌려 말하는 선택지

(a) Nanotechnology has attracted the interest of many segments of society.

이유

문장 의미

(b) The growth of technology is being reflected in TV shows.

이유

문장 의미

(c) The age of nanotechnology may lead to inventions.

이유

문장 의미

(d) Nanotechnology plays a leading role in industry.

이유

문장 의미

정답 (a)

내가 틀린 이유를 추정해본다면?

모범풀이와 비교하여, 이전 단계에서 틀린 점을 모두 수정해보세요.

모범풀이 바로 가기

7강 독해 파트3 메인 | 연습문제 4번

앞서 배운 STEP대로, 문제를 <u>한번에 이어서</u> 풀어주세요.

Widely viewed as the father of modern painting, Paul Cezanne, as a painter and philosopher of the art of painting, changed the way many of his contemporaries and those who followed thought about painting. His output in the mid to late nineteenth century changed the conventions of color, brush stroke and overall composition. Even today, his combinations of oils on canvas still appear as innovative as they must have seemed to his contemporaries.

Q: What is the best title for the passage?

(a) A Technical Wizard

(b) The Mozart of Painting

(c) The Major Works of Cezanne

(d) A Pioneer in Modern Painting

이번에는 각 STEP별로 문제를 풀어보세요.

STEP 01 **질문 확인**

Q: What is the best title for the passage?

물어보는 바

STEP 02 **포인트 도출**

Widely viewed as the father of modern painting, Paul Cezanne, as a painter and philosopher of the art of painting, changed the way many of his contemporaries and those who followed thought about painting.

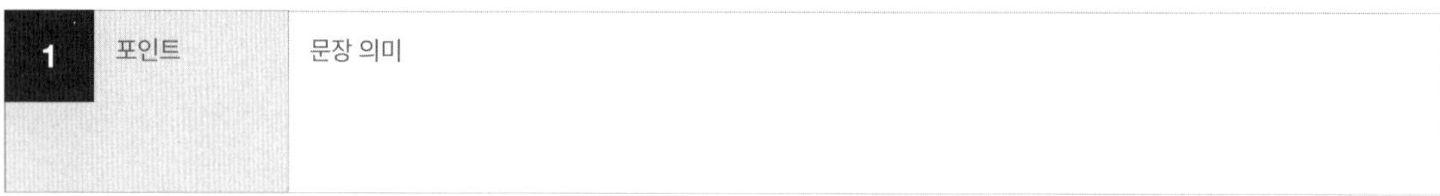

His output in the mid to late nineteenth century changed the conventions of color, brush stroke and overall composition.

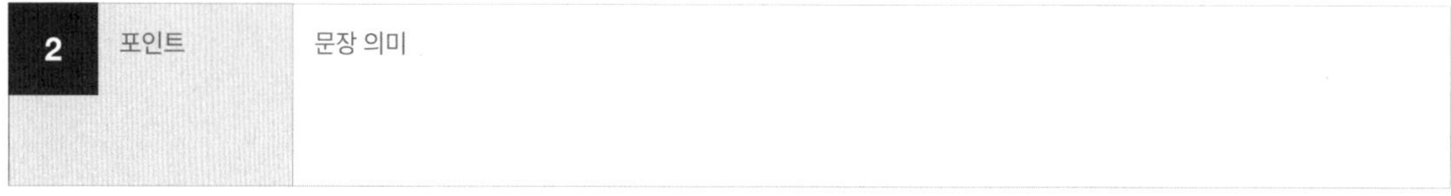

Even today, his combinations of oils on canvas still appear as innovative as they must have seemed to his contemporaries.

STEP 03 **접점 도출**

1 - 2 - 3

접점 :	이유 :

STEP 04 돌려 말하는 선택지

(a) A Technical Wizard

이유

문장 의미

(b) The Mozart of Painting

이유

문장 의미

(c) The Major Works of Cezanne

이유

문장 의미

(d) A Pioneer in Modern Painting

이유

문장 의미

정답 (d)

내가 틀린 이유를 추정해본다면?

모범풀이와 비교하여, <u>이전 단계에서 틀린 점</u>을 모두 수정해보세요.

모범풀이 바로 가기

앞서 배운 STEP대로, 문제를 한번에 이어서 풀어주세요.

A well-trained dog is a valuable component in law enforcement searches for missing people, and breed is not considered as important for search-and-rescue work as individual temperament. A dog must be willing to master many training exercises, and it must be able to stay calm and focused in frightening situations. Moreover, a dog should be eager to please its handlers, so that it will persevere in searches that yield no rewards for days at a time.

Q: What is the main idea of the passage?

(a) Dogs are highly important in search-and-rescue operations.

(b) Good trainers are the key to successful search-and-rescue operations.

(c) Personality is the most important factor for a search-and-rescue dog.

(d) The training for search-and-rescue dogs is very difficult.

이번에는 각 STEP별로 문제를 풀어보세요.

STEP 01 **질문 확인**

Q: What is the main idea of the passage?

물어보는 바

STEP 02 **포인트 도출**

A well-trained dog is a valuable component in law enforcement searches for missing people, and breed is not considered as important for search-and-rescue work as individual temperament.

A dog must be willing to master many training exercises, and it must be able to stay calm and focused in frightening situations.

Moreover, a dog should be eager to please its handlers, so that it will persevere in searches that yield no rewards for days at a time.

STEP 03 **접점 도출**

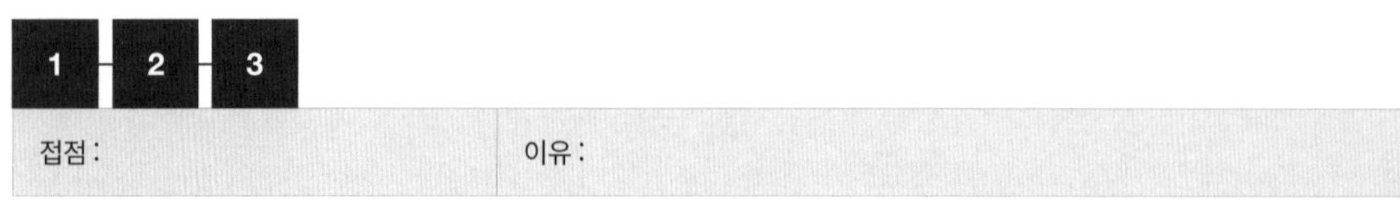

STEP 04 돌려 말하는 선택지

(a) Dogs are highly important in search-and-rescue operations.

이유

문장 의미

(b) Good trainers are the key to successful search-and-rescue operations.

이유

문장 의미

(c) Personality is the most important factor for a search-and-rescue dog.

이유

문장 의미

(d) The training for search-and-rescue dogs is very difficult.

이유

문장 의미

정답 (c)

내가 틀린 이유를 추정해본다면?

모범풀이와 비교하여, 이전 단계에서 틀린 점을 모두 수정해보세요.

모범풀이 바로 가기

7강 독해 파트3 메인 | 연습문제 6번

앞서 배운 STEP대로, 문제를 한번에 이어서 풀어주세요.

Frozen water is both particularly important and remarkably anomalous. The friction between ice and most materials is unusually low, permitting skating, skiing, curling, etc. But it is known to be variable, depending on temperature, loading, and relative velocity as well as the composition and surface state of the contacting material. The reasons for the slipperiness of ice are still not entirely clear. One hypothesis suggests that it is related to the transient formation of a lubricating film of liquid produced by frictional heating.

Q: What is the main topic of the passage?

(a) The low friction between ice and other materials
(b) The reasons that ice is unusually slippery
(c) The properties of ice and their usefulness
(d) The main hypotheses about why ice is unique

이번에는 각 STEP별로 문제를 풀어보세요.

STEP 01 질문 확인

Q: What is the main topic of the passage?

물어보는 바

STEP 02 포인트 도출

Frozen water is both particularly important and remarkably anomalous.

1	포인트	문장 의미

The friction between ice and most materials is unusually low, permitting skating, skiing, curling, etc.

2	포인트	문장 의미

But it is known to be variable, depending on temperature, loading, and relative velocity as well as the composition and surface state of the contacting material.

3	포인트	문장 의미

The reasons for the slipperiness of ice are still not entirely clear.

4	포인트	문장 의미

One hypothesis suggests that it is related to the transient formation of a lubricating film of liquid produced by frictional heating.

5	포인트	문장 의미

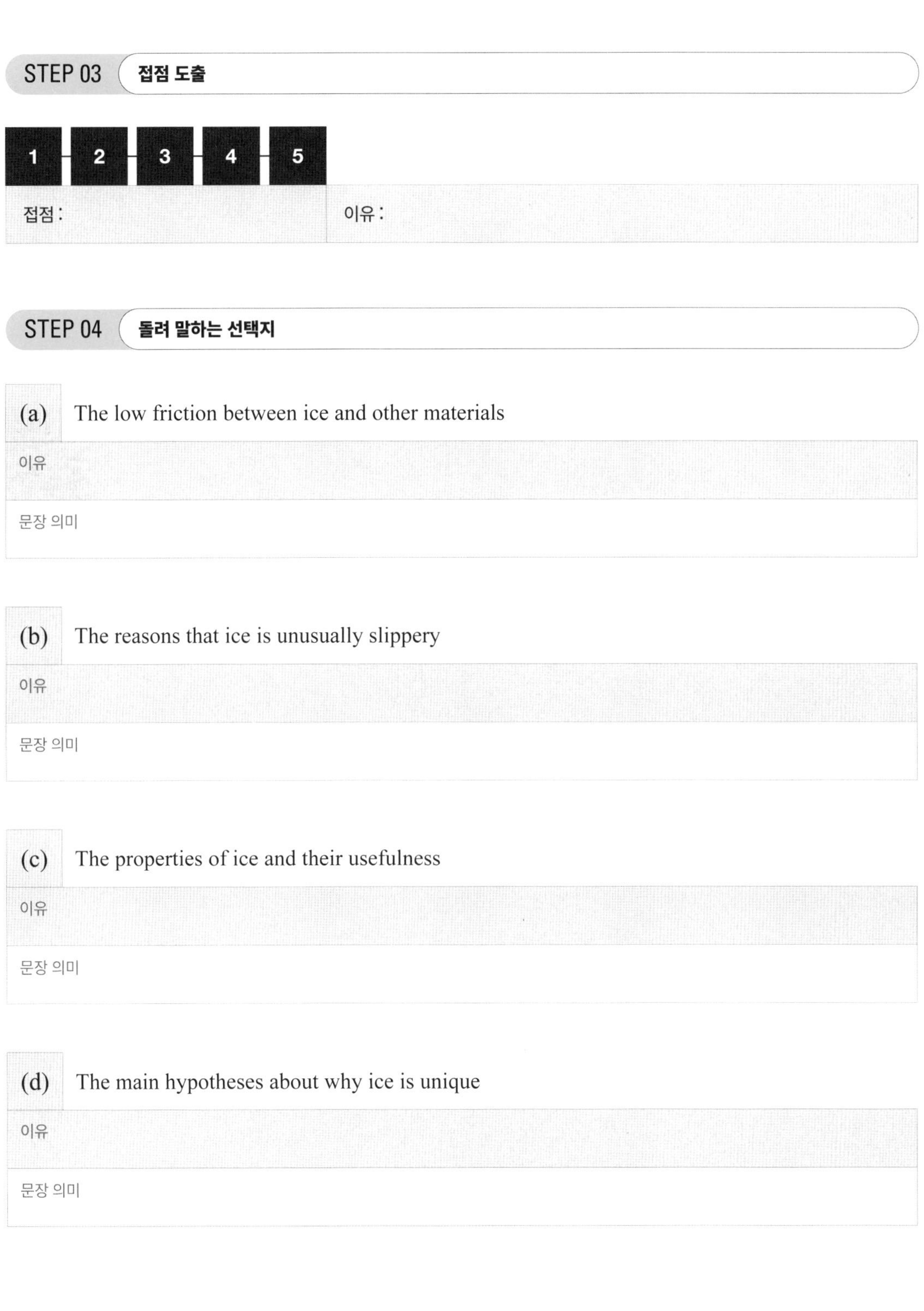

STEP 03 접점 도출

1 2 3 4 5

접점 : | 이유 :

STEP 04 돌려 말하는 선택지

(a) The low friction between ice and other materials

이유

문장 의미

(b) The reasons that ice is unusually slippery

이유

문장 의미

(c) The properties of ice and their usefulness

이유

문장 의미

(d) The main hypotheses about why ice is unique

이유

문장 의미

정답 (a)

내가 틀린 이유를 추정해본다면?

➡ **모범풀이와 비교하여, 이전 단계에서 틀린 점을 모두 수정해보세요.**

모범풀이 바로 가기

빈출 단어 리스트

7강 독해 파트3 메인 **문제에 출제되었던 빈출단어를 학습하세요!**

7강 — 독해 파트3 메인 단어시험

Fill in the vocabulary that best completes each sentence.

embrace eager hands-on conventions
persevere roundabout temperament vie for

1. The athletes from 45 Asian countries will ________________ 439 gold medals.

2. Some of us are born with ________________(e)s that are positive, some are negative.

3. Most professional glass blowers get ________________ training while serving as apprentices to master glass blowers.

4. These are everyday ________________ which are so obvious that we are blinded by their familiarity.

5. Coffee chains across the nation are ________________ing the green movement.

6. The 2016 Rio Olympics in Brazil is finally here, and all the athletes are ________________ to earn their prized medals!

7. Merchant ship companies ordered oil tankers to take ________________ ways to the Philippines.

8. He ________________(e)d to get his degree and become the world's reigning expert on black holes.

1. vie for / 2. temperaments / 3. hands-on / 4. conventions / 5. embrac(e) / 6. eager
7. roundabout / 8. persevered

청해 Part IV

메인 풀이법

8강

풀이법

번호	문항 수	배점	청해 영역 내 비중
31-32번	2개	7-8점	15.6점 (6.5%)

평소 풀던 방식으로 아래의 문제를 풀어보세요.

Part IV **Question 31~36**

You will now hear six short talks. After each talk, you will be asked to answer a question. Each talk and its corresponding question will be read twice. Then you will hear four options which will be read only once. Based on the given information, choose the option that best answers the question.

L

mp3 바로가기

(a)	(b)	(c)	(d)

Q: What is the speaker's main point?

(a) He plans to design a new communication system.
새로운 소통 시스템을 계획한다.

(c) He would like to hear ideas about solving problems.
문제 해결 아이디어를 듣고 싶어한다.

Q

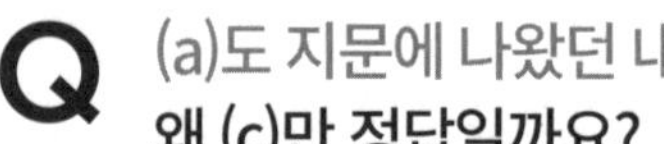

수강생들은 강의를 수강해주세요 → 강의 수강

A 그 이유는 질문에 있어요!

What is the speaker's **main** point?

What is the talk **mainly** about?

What is the speaker **mainly** talking about?

What is **mainly** discussed in the news report?

청해 파트4 메인 유형도 질문이 다양해요.
지문의 주인공, 토픽, 화자 등 다양한 것을 물어볼 수 있어요.

하지만! 전부 공통적으로 'main'이 포함되어 있어요.
그래서 '나왔던 내용'이 아니라 'main'이 되는 내용을 고르는 거에요.

✓ 들었던 내용이 포함된 선택지를 고르면 틀려요!
지문의 일부분만 포함된 선택지는 지문을 mainly 나타내지 못하니까요.

✓ 질문에 따라 전체 지문, 화자, 토픽 등과 관련된 **모든 내용**을 설명할 수 있는 선택지가 답이에요.

✓ 그래서 지문 전체의 **접점**을 파악하면, 정답 선택지에 나올 내용을 예측할 수 있어요!

각 STEP을 따라 청해 메인 유형 풀이법을 이해해 보세요.

STEP 01 첫 번째 듣기

문장 개수를 적고, 포인트를 최대한 도출해보세요!
지문을 두 번 들려주지만, 첫 번째 듣기 때 **지문의 소재와 문장 개수**까지는 꼭 파악해야 해요.

1st

call? 문제가 있어서 전화 했나봐. 일단 **p**(problem)이라고 적자. — 1 p

Complaint 얘기는 들었는데, 뒤 쪽에 special? 부분은 잘 안 들림.
일단 문장 번호만 적어 두자.. — 2

communication 이라는데… 뒤에 좀 어려워서 못 들었음. — 3

suggestions 있냐고 물어보니까 간단하게 **?**로 표시! — 4 ?

듣고(hear) 싶다는 내용이니까 **h**라고 적으면 될 듯! — 5 h

STEP 02 질문 확인

질문을 잘 듣고, 두 번째 듣기 때 어디에 더 집중해야 할지 파악하세요.

Q: What is the speaker's main point?

STEP 03 두 번째 듣기

다시 들을 땐 각 문장의 포인트를 완벽히 도출해서 처음 노트테이킹을 수정해보세요!

발음 주의

I have called you all here today to discuss the quality control problems that we have been having.
저는 오늘 우리가 갖고 있는 품질 관리 문제에 대하여 토론하고자 여러분 모두를 여기에 모셨습니다.
전화가 아니라 **저 퀄리티(Q↓)** 문제 때문에 여기에 불렀다는 거구나.

We have been receiving a lot of complaints from our customers, especially about the newer units.
우리는 고객들로부터 많은 불만사항을 받아왔는데, 특히 새 설비에 관한 것이었습니다.
그래서 **고객 불만(cp)**이 많다는 내용이네! 뒤는 부가 설명이었어.

For one thing, I think we need to improve the communication between the electrical engineers and the mechanical engineers.
첫째, 저는 전기기사와 기계기사 사이의 의사소통을 개선해야 한다고 생각합니다.
E&M엔지니어들 사이 의사소통이 개선되어야 한다는 거였어. E↔M

Does anyone have any suggestions on what we can do to improve?
우리가 개선을 위해서 무엇을 할 수 있을지 제안하실 분 계십니까?
이건 첫 번째 듣기 때 잘 듣고, 포인트도 잘 뽑았군!

I would like to hear from the quality control managers first.
우선 품질 관리 담당자의 의견부터 듣고 싶군요.
단순히 듣고 싶다는 게 아니라,
품질(Q) 담당자부터 시작해보라는 거(ㄱ)였네… 수정하자!

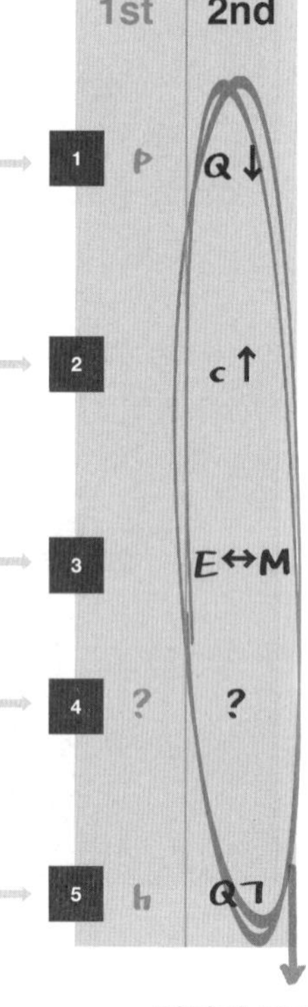

STEP 04 돌려 말하는 선택지

지문의 접점을 돌려 말한 선택지가 답이 됩니다.
*지문에 언급된 디테일한 내용을 선택하지 않도록 주의하세요!

△ (a) He plans to design a new communication system.

수험생 45% 선택 정답보다 더 많이!

새로운 의사소통 시스템의 설계를 계획 중

> 엔지니어들 사이의 의사소통 개선을 고민할 뿐, 새로운 소통 시스템을 계획하는 것은 아니므로 오답

X (b) He wants to hear everyone's complaints.

모든 사람들의 불만을 듣고 싶어함

> 모두의 불만이 아니라 (이미 나온) 불만에 대한 해결책을 듣고 싶은 것이므로 접점과 일치하지 않음

O **(c) He would like to hear ideas about solving problems.**

수험생 30% 만 정답

문제의 해결책을 듣고 싶어함

> **'suggestions'**를 **'ideas'**로 돌려 말한 선택지이며, 퀄리티 문제를 해결하려는 지문의 접점과 일치하므로 정답

X (d) He hopes to improve communication with the customers.

고객과의 의사소통 개선을 희망함

> 고객과의 소통 향상이 아닌 엔지니어들 사이의 소통 향상으로 문제를 하려는 것이므로 오답

청해 파트4 메인 유형 풀이법 STEP 1~4를 따라서, 새로운 문제를 풀어보세요.

Part IV Question 31~36

You will hear six short talks. After each talk, you will be asked to answer a question. Each talk and its corresponding question will be read twice. Then you will hear four options which will be read only once. Based on the given information, choose the option that best answers the question.

포인트 개수	노트테이킹

mp3 바로가기

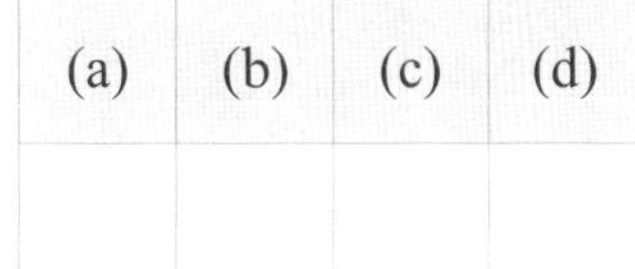

(a)	(b)	(c)	(d)

L

아래 모범풀이와 비교하여, 각 step 별로 내 실수를 교정해보세요.

STEP 01 첫 번째 듣기

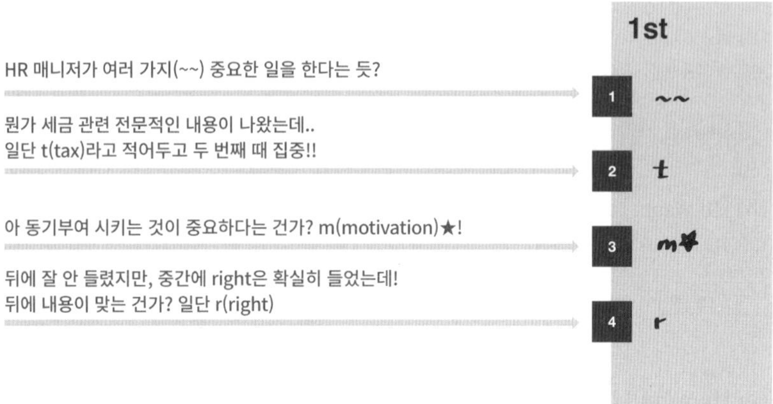

STEP 02 질문 확인

Q: What is the speaker's **main point**?

그냥 main point = 접점을 도출하면 돼요!

STEP 03 두 번째 듣기

발음 주의

A human resources manager is responsible for many important tasks, which include training, maintaining and sometimes, even firing employees.

인사부 책임자는 직원 훈련, 관리 및 때로는 해고를 포함하는 많은 중요한 업무에 대하여 책임이 있습니다.

which부터는 디테일이네, 처음 들은 게 맞다!

Of course, there are other aspects to this job, such as payroll planning and tax management.

물론, 이 일에는 급여 계획과 세금 관리 같은 다른 측면도 있습니다.

tax나 payroll이 중요한 것이 아니고,
추가로 다른 업무도 있다는 예시였던 거구나! +a로 수정해야겠다!

But without question, the most important task of a human resources manager is being able to find qualified, motivated employees.

하지만 이러니저러니 해도 인사부 책임자의 가장 중요한 업무는 자격요건을 갖춘 의욕 있는 직원을 찾는 것입니다.

앗! 동기부여 시키는 게 아니라, 이미 동기부여 된 직원을
찾는(find) 것이 중요(★)하다는 것이군! f★

If you can find and add the right people to your staff, then your battle is half won.

만약 당신에게 알맞은 사람을 찾아 직원으로 충원시킬 능력이 있다면, 이미 싸움에서 반은 이긴 것입니다.

알맞은(right) 사람을 찾으면, 반은 끝난다(/)는 것이군!

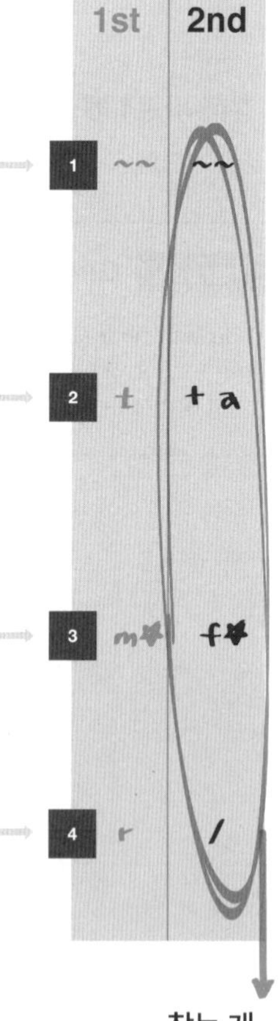

STEP 04 돌려 말하는 선택지

△ (a) Being a human resources manager is a difficult job. 오답자 **64%** 선택

인사부 책임자는 일이 힘든 자리이다.

> '일이 어렵다'는 내용은 없었고, 접점과 일치하지 않음
> * '많다 → 어렵다' 비약 주의

X (b) Payroll planning is very similar to tax management.

급여 계획은 세금 관리와 매우 비슷하다.

> 문장2의 디테일로 언급되었을 뿐, 서로 비슷하다는 얘기도 없었고, 접점과도 무관
> *같은 단어 낚시 주의

O **(c) Human resources is mainly about finding good people.**

인사부 일은 주로 유능한 사람들을 찾는 것에 대한 것이다.

> **'qualified, motivated, right (people)'을 'good (people)'**로 돌려 말한 선택지로,
> '적합한 사람을 찾는 게 중요하다'는 접점과 정확하게 일치하므로 정답

X (d) There are not enough managers in human resources.

인사부에 충분한 수의 책임자가 있지 않다.

> 전혀 언급되지 않음
> * 같은 단어 낚시 주의

풀이법 요약

STEP 01 첫 번째 듣기

STEP 02 질문 확인

STEP 03 두 번째 듣기

STEP 04 돌려 말하는 선택지

이제 이 풀이법을 연습문제에 적용해보세요!

연습문제	소요시간
총 6문제	약 3~5시간

8강 청해 파트4 메인 | 연습문제 1번

앞서 배운 STEP대로, 노트테이킹 + 소거법으로 문제를 풀어주세요.

mp3 바로가기

(a)	(b)	(c)	(d)

이번에는 각 STEP별로 문제를 풀어보세요.

STEP 01 **첫 번째 듣기**

STEP 03 **두 번째 듣기**

한 문장씩 들릴 때까지 반복해서 다시 들어보세요.

포인트	이유	문장 의미	안 들리는 부분 한글 발음
1			
2			
3			
4			
5			

* 계속 안 들릴 경우, 속도를 조절해보세요.

STEP 02 **질문 확인**

1 2 3 4 5

질문이 물어보는 바:	접점:	이유:

STEP 04 **돌려 말하는 선택지**

선택지를 다시 소거해보세요. (처음과 달라졌다면, 그 이유도 함께 써주세요.)

소거법	이유	문장 의미	안 들리는 부분 한글 발음
(a)			
(b)			
(c)			
(d)			

정답 (c)

내가 틀린 이유를 추정해본다면?

➡ **스크립트와 비교하여, 이전 단계에서 틀린 점을 모두 수정해보세요!**

We now have a special announcement from our weather team. Starting around 4 p.m. today there will be heavy rain and winds coming from the coast as Hurricane Hilda makes her way north. Gusts are expected to reach 60 miles per hour, so please be alert to the possibility of falling tree branches. We advise you to garage your vehicles, and to avoid being outside whenever possible until everything has blown over, which should be around midnight tonight. Thank you for your attention.

Q: What is the report mainly about?
(a) The weekly weather forecast
(b) A hurricane beginning to form
(c) A severe weather alert
(d) The beginning of the rainy season

➡ **모범풀이와 비교하여, 이전 단계에서 틀린 점을 모두 수정해보세요.**

모범풀이 바로 가기

8강 청해 파트4 메인 | 연습문제 2번

➡ **앞서 배운 STEP대로, 노트테이킹 + 소거법으로 문제를 풀어주세요.**

mp3 바로가기

(a)	(b)	(c)	(d)

이번에는 각 STEP별로 문제를 풀어보세요.

STEP 01 첫 번째 듣기

STEP 03 두 번째 듣기

한 문장씩 들릴 때까지 반복해서 다시 들어보세요.

포인트	이유	문장 의미	안 들리는 부분 한글 발음
1			
2			
3			
4			
5			

* 계속 안 들릴 경우, 속도를 조절해보세요.

STEP 02 질문 확인

질문이 물어보는 바:	접점:	이유:

STEP 04 돌려 말하는 선택지

선택지를 다시 소거해보세요. (처음과 달라졌다면, 그 이유도 함께 써주세요.)

소거법	이유	문장 의미	안 들리는 부분 한글 발음
(a)			
(b)			
(c)			
(d)			

정답 (a)

내가 틀린 이유를 추정해본다면?

스크립트와 비교하여, 이전 단계에서 틀린 점을 모두 수정해보세요!

I would like to compliment all the telemarketers gathered here on your dedicated service to the company. I am aware that you are facing all sorts of problems when you are on the phone. Some are very common among telemarketers, such as your feelings after being hung up on by a customer and the stress from being treated like a crook. A successful telemarketer learns how to deal with these issues, and I'm sure you're all capable of overcoming them. If I can be of assistance in any way, please let me know.

Q: What is the purpose of the speech to the telemarketers?
(a) To provide encouragement
(b) To give selling tips
(c) To express dissatisfaction
(d) To offer training

모범풀이와 비교하여, 이전 단계에서 틀린 점을 모두 수정해보세요.

모범풀이 바로 가기

8강 청해 파트4 메인 | 연습문제 3번

앞서 배운 STEP대로, 노트테이킹 + 소거법으로 문제를 풀어주세요.

mp3 바로가기

(a)	(b)	(c)	(d)

이번에는 각 STEP별로 문제를 풀어보세요.

STEP 01 **첫 번째 듣기**

STEP 03 **두 번째 듣기**

한 문장씩 들릴 때까지 반복해서 다시 들어보세요.

포인트	이유	문장 의미	안 들리는 부분 한글 발음
1			
2			
3			
4			
5			

* 계속 안 들릴 경우, 속도를 조절해보세요.

STEP 02 **질문 확인**

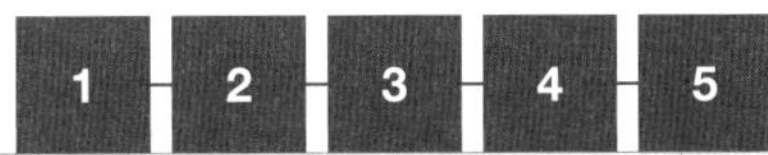

질문이 물어보는 바:	접점:	이유:

STEP 04 **돌려 말하는 선택지**

선택지를 다시 소거해보세요. (처음과 달라졌다면, 그 이유도 함께 써주세요.)

소거법	이유	문장 의미	안 들리는 부분 한글 발음
(a)			
(b)			
(c)			
(d)			

정답 (d)

내가 틀린 이유를 추정해본다면?

스크립트와 비교하여, 이전 단계에서 틀린 점을 모두 수정해보세요!

To understand cholesterol test results, you need to know the distinction between LDL and HDL. LDL, known as "bad cholesterol," is the main transporter of cholesterol in the body. HDL, or "good cholesterol," picks up extra cholesterol in the blood and returns it to the liver. Elevated levels of LDL cholesterol can result in the thickening and narrowing of arteries and lead to heart disease, whereas HDL cholesterol particles prevent this buildup. Thus, low levels of LDL cholesterol and high levels of HDL cholesterol are desirable.

Q: What is the main point of the lecture?
(a) LDL cholesterol levels should be minimized.
(b) LDL and HDL cholesterol complement each other.
(c) Total cholesterol consists of LDL and HDL cholesterol.
(d) A low LDL-to-HDL cholesterol ratio is desirable.

모범풀이와 비교하여, 이전 단계에서 틀린 점을 모두 수정해보세요.

모범풀이 바로 가기

8강 청해 파트4 메인 | 연습문제 4번

앞서 배운 STEP대로, 노트테이킹 + 소거법으로 문제를 풀어주세요.

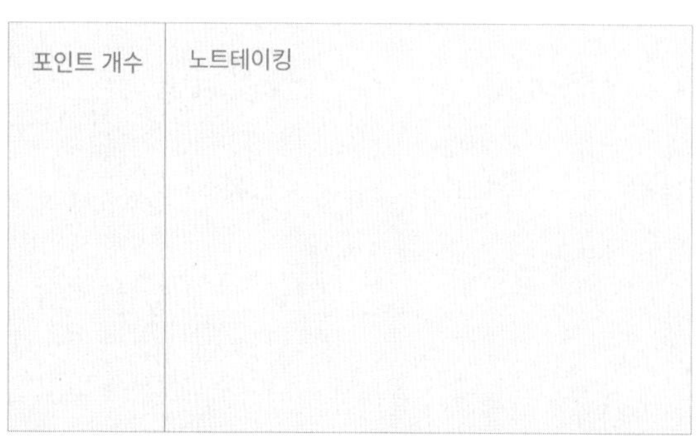

mp3 바로가기

(a)	(b)	(c)	(d)

이번에는 각 STEP별로 문제를 풀어보세요.

STEP 01 **첫 번째 듣기**

STEP 03 **두 번째 듣기**

한 문장씩 들릴 때까지 반복해서 다시 들어보세요.

포인트	이유	문장 의미	안 들리는 부분 한글 발음
1			
2			
3			
4			
5			
6			

* 계속 안 들릴 경우, 속도를 조절해보세요.

STEP 02 **질문 확인**

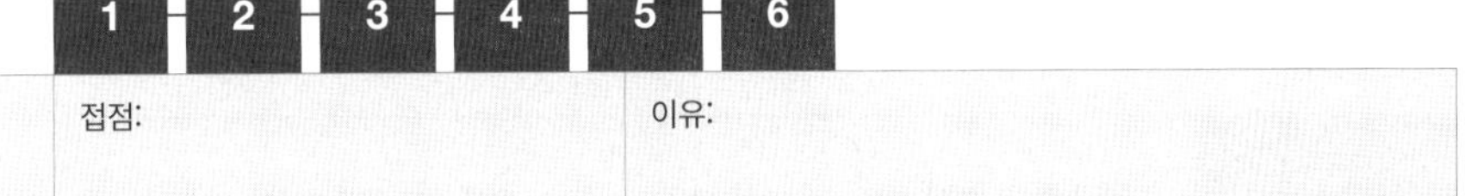

질문이 물어보는 바:	접점:	이유:

STEP 04 **돌려 말하는 선택지**

선택지를 다시 소거해보세요. (처음과 달라졌다면, 그 이유도 함께 써주세요.)

소거법	이유	문장 의미	안 들리는 부분 한글 발음
(a)			
(b)			
(c)			
(d)			

정답 (d)

내가 틀린 이유를 추정해본다면?

➡ **스크립트와 비교하여, 이전 단계에서 틀린 점을 모두 수정해보세요!**

My opponent in this debate says that land development is behind the problems our city is currently facing. However, I think he has it exactly backward. The best thing we could do for our city is put quality development in the right places. Land use regulations can direct development to certain areas and protect open lands. But regulation by itself can't remedy the problems associated with current land use practices. Only new development under a strong, comprehensive plan can do this.

Q: What is the speaker's main point?
(a) The opponent misunderstands the value of regulations.
(b) Land use regulations will increase local difficulties.
(c) The city has developed a comprehensive development plan.
(d) Development is actually the solution to the city's problems.

➡ **모범풀이와 비교하여, 이전 단계에서 틀린 점을 모두 수정해보세요.**

모범풀이 바로 가기

8강 청해 파트4 메인 | 연습문제 5번

➡ **앞서 배운 STEP대로, 노트테이킹 + 소거법으로 문제를 풀어주세요.**

mp3 바로가기

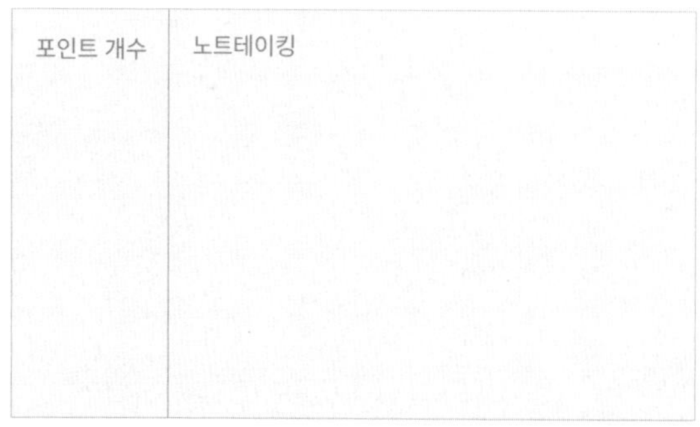

포인트 개수	노트테이킹

(a)	(b)	(c)	(d)

이번에는 각 STEP별로 문제를 풀어보세요.

STEP 01 첫 번째 듣기

STEP 03 두 번째 듣기

한 문장씩 들릴 때까지 반복해서 다시 들어보세요.

포인트	이유	문장 의미	안 들리는 부분 한글 발음
1			
2			
3			
4			

* 계속 안 들릴 경우, 속도를 조절해보세요.

STEP 02 질문 확인

1 2 3 4

질문이 물어보는 바:	접점:	이유:

STEP 04 돌려 말하는 선택지

선택지를 다시 소거해보세요. (처음과 달라졌다면, 그 이유도 함께 써주세요.)

소거법	이유	문장 의미	안 들리는 부분 한글 발음
(a)			
(b)			
(c)			
(d)			

정답 (c)

내가 틀린 이유를 추정해본다면?

스크립트와 비교하여, 이전 단계에서 틀린 점을 모두 수정해보세요!

Leaders from around the world, both business and political, recently gathered at the World Economic Forum in Davos, Switzerland. The topic on everyone's mind was the state of the global economy and different ideas for how to improve it. As can be expected, there was much debate as to how best to go about doing that. Some countries favor an international approach coordinated by the World Bank and the UN, while others prefer a more regional approach that would make use of existing regional financial organizations.

Q: What is mainly being discussed in the news report?
(a) The ways the global crisis has affected countries.
(b) The importance of the meeting on the global economy.
(c) The different opinions for fixing the global economy.
(d) The World Bank's plan to help various countries.

모범풀이와 비교하여, 이전 단계에서 틀린 점을 모두 수정해보세요.

모범풀이 바로 가기

8강 청해 파트4 메인 | 연습문제 6번

앞서 배운 STEP대로, 노트테이킹 + 소거법으로 문제를 풀어주세요.

포인트 개수	노트테이킹

mp3 바로가기

(a)	(b)	(c)	(d)

이번에는 각 STEP별로 문제를 풀어보세요.

STEP 01 첫 번째 듣기

STEP 03 두 번째 듣기

한 문장씩 들릴 때까지 반복해서 다시 들어보세요.

포인트	이유	문장 의미	안 들리는 부분 한글 발음
1			
2			
3			
4			

* 계속 안 들릴 경우, 속도를 조절해보세요.

STEP 02 질문 확인

1 2 3 4

질문이 물어보는 바:	접점:	이유:

STEP 04 돌려 말하는 선택지

선택지를 다시 소거해보세요. (처음과 달라졌다면, 그 이유도 함께 써주세요.)

소거법	이유	문장 의미	안 들리는 부분 한글 발음
(a)			
(b)			
(c)			
(d)			

정답 (d)

내가 틀린 이유를 추정해본다면?

스크립트와 비교하여, 이전 단계에서 틀린 점을 모두 수정해보세요!

Good morning. I would like to thank all of you, especially my fellow colleagues, for attending today's seminar. Today's seminar will focus on those in our society who exploit our vulnerable elderly population — depleting their lifelong savings and exposing them to financial ruin, emotional despair and even death. The seminar will address several specific forms of financial exploitation that the current system has difficulty defining, let alone preventing.

Q: What is the talk mainly about?
(a) The financial status of the elderly
(b) How vulnerable the elderly population is
(c) What society can do to prevent elderly suffering
(d) Those who take advantage of the elderly

모범풀이와 비교하여, 이전 단계에서 틀린 점을 모두 수정해보세요.

모범풀이 바로 가기

빈출 단어 리스트

8강 청해 파트4 메인 문제에 출제되었던 빈출단어를 학습하세요!

8강 — 청해 파트4 메인 단어시험

Fill in the vocabulary that best completes each sentence.

dedicated distinction complement compliment
narrow let alone vulnerable

1. Internet users should make a ___________________ between constructive criticism and destructive condemnation.

2. Ultimately, it would decrease the poverty rate by ___________________ing the gap in wealth disparity.

3. I bet most of you don't even want to take a look at a mouse _______________ a rat.

4. In any culture or society, there are usually more criticisms than _______________(e)s for the leader.

5. The new law will protect the weak and the _______________.

6. The two approaches are not exclusive; rather, they _______________ each other.

7. Her ___________________ actions will help many kids around the world attend schools in better circumstances.

1. distinction / 2. narrow / 3. let alone / 4. compliments / 5. vulnerable /
6. complement / 7. dedicated

청해 Part III

코렉트 풀이법

9강

풀이법

번호	문항 수	배점	청해 영역 내 비중
24-28번	5개	4-8점	33점 (13.8%)

평소 풀던 방식으로 아래의 문제를 풀어보세요.

Part III **Question 21~30**

You will now hear ten complete conversations. For each conversation, you will be asked to answer a question. Before each conversation, you will hear a short description of the situation. After listening to the description and conversation once, you will hear a question and four options. Based on the given information, choose the option that best answers the question.

L

mp3 바로가기

(a)	(b)	(c)	(d)

Q: Which is correct according to the conversation?

(a) Mr. Kim forgot to call the hotel.
김씨는 호텔에 전화하는 거 잊었다.

(b) Mr. Kim needs two deluxe rooms.
김씨는 디럭스 룸 2개 필요

(c) Ms. Dawson has to book the rooms.
도슨씨는 방을 예약해야 한다.

(d) Mr. Sterling will miss the conference.
스털링씨는 컨퍼런스를 놓칠 것이다.

Q 지문과 일치해야 답인 줄 알았는데, 왜 지문과 가장 덜 일치하는 (c)가 정답일까요?

수강생들은 강의를 수강해주세요 → 강의 수강

 그 이유는 질문에 있어요!

Which is correct according to the conversation?

correct 미국•영국 [kə'rekt] 영국식
1. 형용사 맞는, 정확한 (↔incorrect), (=right)
2. 형용사 적절한, 옳은

단순히 지문에 '나온 말'이 아니라 '통하는 말'을 고르는 거에요.

✓ 지문과 **똑같은 단어**가 선택지에 포함되었다고 해서 답으로 고르면 틀려요!
겉으론 일치하는 것처럼 보여도, 사실은 맞는 말이 아니니까요.

M: Sorry. I forgot. We'll be needing one ~.

(a) Mr. Kim forgot to call the hotel.

✓ 오히려 똑같은 단어 없이 **돌려 말했더라도**, 지문의 내용을
정확하게 나타낸 선택지, 즉 **내용이 일치하는 선택지**가 정답이에요.

W: Fine, sir. I'll take care of it right away.

(c) Ms. Dawson has to book the rooms.

✓ 결국 단어보다 **문장의 의미**를 기억하는 게 중요해요.
포인트를 적어두면 각 문장의 의미를 떠올릴 수 있으니,
선택지를 들을 때, **포인트를 통해** 정답 선택지를 고를 수 있어요!

→ W: **내가 할게**

(c) Ms. Dawson has to book the rooms.

각 STEP을 따라 청해 파트3 코렉트 유형 풀이법을 이해해 보세요.

STEP 01 포인트 노트테이킹

각 문장의 포인트를 파악하고, 간략하게 노트테이킹 하세요.
코렉트 유형도 남↔녀만 바꿔서 낚시하는 경우가 많으니, 남녀를 꼭 구분하세요!

M'1: Ms. Dawson? Have you booked the hotel for the conference yet?
호텔 예약(book)했냐고 물어보는 거니까 b? → M: h?

W'1: Not yet, Mr. Kim. You didn't say how many rooms you needed.
몇 개 예약할지 안 알려줘서 예약을 안 했다는 거니까, 방 개수를 #로 나타내자! → W: #

M'2: Sorry, I forgot. We'll be needing one deluxe and two regular rooms.
디럭스 하나(d), 레귤러 두 개(2r) 필요하다고 하네! → M: d 2r

W'2: So that's three rooms. Shall I book them under your name?
상대방(you)의 이름으로 예약할지 물어보는 거니까 u?면 기억날 듯! → W: u?

M'3: No, please reserve them under Mr. Sterling's name.
스털링 씨 이름으로 예약하라고 했으니까 St라고 적어둬야지. → M: s

W'3: Fine, sir. I'll take care of it right away.
알겠다고 바로 예약하겠다고 하니까 ㅇㅋ → W: o

STEP 02 질문 확인

Q: Which is correct according to the conversation?

일반적인 코렉트 문제는 질문이 고정되어 있지만,
구체적 코렉트 문제일 수도 있으니, 꼭 질문을 확인하세요.

M	W
h?	#
d 2r	u?
s	o

STEP 03 ↔ 비교

각각의 선택지와 해당되는 포인트와 비교하여 소거하세요.

△ (a) Mr. Kim forgot to call the hotel. **오답자 90% 선택**
김씨는 호텔에 전화하는 거 잊었다.

Mr.Kim이 잊은 것은 **호텔에 전화**하는 것이 아니라, 방이 몇 개 필요한지 알려주는 것이므로 오답
해당 포인트: h?, #

X (b) Mr. Kim needs two deluxe rooms.
김씨는 디럭스 룸 2개 필요

디럭스 룸은 한 개만 필요하므로 오답
해당 포인트: d 2r

O (c) Ms. Dawson has to book the rooms.
도슨씨는 방을 예약해야 한다.

Ms. Dawson의 마지막 말 '**take care of it right away**'와 표현이 일치하진 않지만,
'당장 방을 예약하겠다'는 것을 돌려 말했으므로 정답
해당 포인트: o

X (d) Mr. Sterling will miss the conference.
스털링씨는 컨퍼런스를 놓칠 것이다.

스털링씨는 예약자로만 언급되었으므로 오답
해당 포인트: s

청해 파트3 코렉트 유형 풀이법 STEP 1~3를 따라서, 새로운 문제를 풀어보세요.

Part III **Question 21~30**

You will now hear ten complete conversations. For each conversation, you will be asked to answer a question. Before each conversation, you will hear short description of the situation. After listening to the description and conversation once, you will hear a question and four options. Based on the given information, choose the option that best answers the question.

사람1	사람2

mp3 바로가기

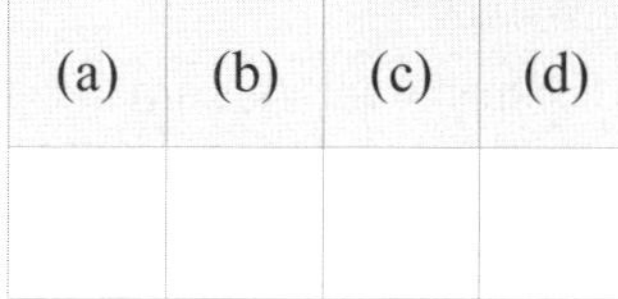

(a)	(b)	(c)	(d)

L

아래 모범풀이와 비교하여, 각 step 별로 내 실수를 교정해보세요.

STEP 01 포인트 노트테이킹

대화	M	W
M'1: How do you know so much about cooking? 요리(cooking)를 어떻게 잘 아냐는 질문이니까 c? 이 정도만 기록하면 되겠다.	c?	
W'1: My parents run a restaurant. 부모님이 식당을 운영해서 잘 안다는 거니까 p(parents)라고 적어둬야지!		p
M'2: Really? I didn't know that. 몰랐던 거라서 놀랐으니까 ?!	?	
W'2: Actually I spend every evening there. 매일 간다는 거니까 ~~ 이런 느낌!!. 나만 기억하면 되니까 뭐든 okay!		~~
M'3: Wow, that's news to me. So, are you going to take over the business one day? 언젠가 물려받는지 물어 보네? ㄱ? 이렇게 표시하면 쉽게 기억날 듯!	ㄱ?	
W'3: Yes, I think I will. 그럴 거라고 대답하네. ㅇ이라고 적어야지!		o

STEP 02 질문 확인

Q: Which is correct according to the conversation?

M	W
c?	p
?	~~
ㄱ?	o

STEP 03 ↔ 비교

X (a) The man wants to learn to cook.
남자는 요리를 배우고 싶다.

> 전체 대화 중에 **남자가 원하는 것**은 언급조차 되지 않았으므로 오답

△ (b) The woman will start a new job at a restaurant. **오답자 60% 선택**
여자는 식당에서 새로운 일을 시작할 것이다.

> 여자가 **레스토랑에 고용**되어 곧 일을 시작할 계획이 있는 것이 아니라,
> 언젠가 부모님의 식당을 물려 받는다는 것이므로 오답
> **해당 포인트: ㄱ?, ㅇ**

X (c) The man is thinking of opening a restaurant.
남자는 식당 개업을 생각 중이다.

> 전체 대화 중에 식당 개업과 관련해 **남자가 생각 중인 것**은 언급조차 되지 않았으므로 오답
> *** 입장 주의**

O **(d) The woman will follow in her parents' footsteps.**
여자는 부모님의 발자취를 따를 것이다.

> 지문의 '**Take over the business**'와 표현이 일치하진 않지만, '부모님의 사업을 물려 받는 것'을 **발자취를 따르는 것**으로 돌려 말했으므로
> **해당 포인트: p, ㄱ?, ㅇ**

청해 파트3 코렉트 유형 풀이법 STEP 1~3를 따라서, 새로운 문제를 풀어보세요.

Part III **Question 21~30**

You will now hear ten complete conversations. For each conversation, you will be asked to answer a question. Before each conversation, you will hear short description of the situation. After listening to the description and conversation once, you will hear a question and four options. Based on the given information, choose the option that best answers the question.

mp3 바로가기

L

(a)	(b)	(c)	(d)

➡ 아래 모범풀이와 비교하여, 각 step 별로 내 실수를 교정해보세요.

STEP 01 포인트 노트테이킹

M'1: I'm still not sure that I understand you correctly.
모르겠다는 거니까 ; 이렇게 적어둬야겠어. → ;

W'1: What is it that you don't get?
뭘 모르는지 물어보는 것. 그냥 ?로 표시하자. → ?

M'2: How does the red wire connect over here?
빨간 선(red)이 어떻게 여기에(↓) 연결되냐(?)는 거니까 r↓? 이렇게! → r↓?

W'2: It doesn't. That's where you put the blue wire.
아냐. 파란선 연결하는 곳이야. 라는 것이니까 ㄴ b → ㄴ b

M'3: I'm getting very frustrated!
힘들다는 거니까 그냥 ㅠ로 표시! → ㅠ

W'3: I'll explain it again. First, you put the yellow wire here.
다시 말하자면 노란 선을 일단 여기 꼽으라는 거니깐 y↓ → y↓

M	W
;	
	?
r↓?	
	ㄴ b
ㅠ	
	y↓

STEP 02 질문 확인

Q: Why is the man confused?

지문에 나왔던 내용 중 **특정 부분에 대해서만** 묻는 '구체적 코렉트' 문제입니다.

남자가 **왜 혼란스러운지** 묻고 있으니, 선택지를 들을 때
'혼란스러운 이유 (남자의 2번째 포인트)'에 해당되는지만 체크하면 됩니다.

M W

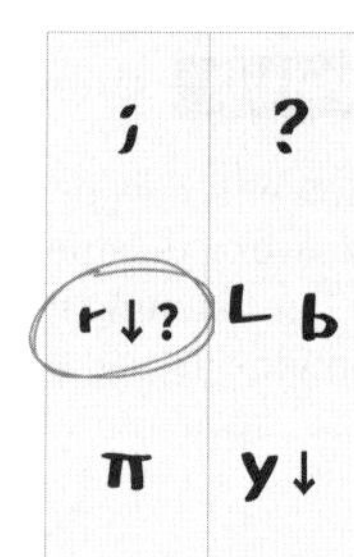

STEP 03 ↔ 비교

X (a) The wires are the wrong length.
선의 길이가 잘못되었다.

> **길이**는 관련이 없다. 선을 어디에 연결해야 하는지가 문제

O **(b) He doesn't know where to attach the wires.**
어디에 선을 연결해야 할지 모른다.

> **'how does the red wire connect over here?'**와 일치하는 표현은 아니지만,
> 선을 **어디에 연결해야 할지** 혼란스러운 것이므로
> **해당 포인트: r↓?**

X (c) He can't find the instructions.
설명서를 못 찾았다.

설명서는 관련이 없다. 선을 어디에 연결해야 하는지가 문제

△ (d) The wrong colors have been ordered. 오답자 **60%** 선택
잘못된 색이 주문되었다.

잘못된 색을 잘못된 위치에 연결한 것일 뿐, **잘못 주문**한 것은 아니므로 오답

풀이법 요약

STEP 01 **포인트 노트테이킹**

STEP 02 **질문 확인**

STEP 03 **↔ 비교**

이제 이 풀이법을 연습문제에 적용해보세요!

연습문제	소요시간
총 7문제	약 2~3시간

9강 청해 파트3 코렉트 | 연습문제 1번

앞서 배운 STEP대로, 노트테이킹 + 소거법으로 문제를 풀어주세요.

mp3 바로가기

(a)	(b)	(c)	(d)

이번에는 각 STEP별로 문제를 풀어보세요.

STEP 01 포인트 노트테이킹

한 문장씩 끊어 들으면서 다시 풀어보세요. 들릴 때까지 반복해서 다시 들어보세요.

포인트	이유	문장 의미	안 들리는 부분 한글 발음
남			
여			
남			
여			
남			
여			

* 계속 안 들릴 경우, 속도를 조절해보세요.

STEP 02 질문 확인

질문이 물어보는 바:

STEP 03 ↔ 비교

선택지도 다시 소거해보세요. (처음과 달라졌다면, 그 이유도 함께 써주세요.)

소거법	이유	문장 의미	안 들리는 부분 한글 발음
(a)			
(b)			
(c)			
(d)			

정답 (b)

내가 틀린 이유를 추정해본다면?

스크립트와 비교하여, 이전 단계에서 틀린 점을 모두 수정해보세요!

Listen to a conversation at an office.
M: Hello, Michelle Navellier's office. Richard speaking.
W: Yes, hello. May I speak to Michelle, please?
M: I'm sorry, but she's in meetings all morning. Is it urgent?
W: No. This is her financial advisor. Please tell her I called.
M: I will. Can I take your name and number?
W: It's Rebecca Gardner. She already has my contact info.

Q: Which is correct according to the conversation?
(a) Rebecca Gardner has an urgent message.
(b) Michelle Navellier is too busy to take calls.
(c) Michelle Navellier is the caller's financial advisor.
(d) Richard will not take a message for Michelle Navellier.

모범풀이와 비교하여, 이전 단계에서 틀린 점을 모두 수정해보세요.

모범풀이 바로가기

9강 청해 파트3 코렉트 | 연습문제 2번

앞서 배운 STEP대로, 노트테이킹 + 소거법으로 문제를 풀어주세요.

mp3 바로가기

(a)	(b)	(c)	(d)

이번에는 각 STEP별로 문제를 풀어보세요.

STEP 01 포인트 노트테이킹

한 문장씩 끊어 들으면서 다시 풀어보세요. 들릴 때까지 반복해서 다시 들어보세요.

포인트	이유	문장 의미	안 들리는 부분 한글 발음
여			
남			
여			
남			
여			
남			

* 계속 안 들릴 경우, 속도를 조절해보세요.

STEP 02 질문 확인

질문이 물어보는 바:

STEP 03 ↔ 비교

선택지도 다시 소거해보세요. (처음과 달라졌다면, 그 이유도 함께 써주세요.)

소거법	이유	문장 의미	안 들리는 부분 한글 발음
(a)			
(b)			
(c)			
(d)			

정답 (b)

내가 틀린 이유를 추정해본다면?

스크립트와 비교하여, 이전 단계에서 틀린 점을 모두 수정해보세요!

Listen to a conversation between two classmates.
W: Hey, I've become available for the seminar this weekend. I cancelled my trip to the U.S.
M: I thought you'd been planning that for a long time. Don't you need to visit some universities?
W: Yes, but I was granted a scholarship at one of the universities there and they scheduled a free trip for me next month.
M: Wow, congratulations. I knew you would go abroad someday, but I didn't think it would be this soon.
W: Thanks. So, how can I help you with the seminar?
M: Just come. I've arranged most of it already.

Q: Which is correct about the woman according to the conversation?
(a) She will attend the seminar this weekend and get information about her studies.
(b) She received financial assistance from a university in the U.S.
(c) She had been planning a trip to the U.S. to see her friends from college.
(d) She will help the man plan the seminar for this weekend.

모범풀이와 비교하여, 이전 단계에서 틀린 점을 모두 수정해보세요.

모범풀이 바로가기

9강 청해 파트3 코렉트 | 연습문제 3번

앞서 배운 STEP대로, 노트테이킹 + 소거법으로 문제를 풀어주세요.

mp3 바로가기

(a)	(b)	(c)	(d)

이번에는 각 STEP별로 문제를 풀어보세요.

STEP 01 포인트 노트테이킹

한 문장씩 끊어 들으면서 다시 풀어보세요. 들릴 때까지 반복해서 다시 들어보세요.

포인트	이유	문장 의미	안 들리는 부분 한글 발음
여			
남			
여			
남			
여			
남			

* 계속 안 들릴 경우, 속도를 조절해보세요.

STEP 02 질문 확인

질문이 물어보는 바:

STEP 03 ↔ 비교

선택지도 다시 소거해보세요. (처음과 달라졌다면, 그 이유도 함께 써주세요.)

소거법	이유	문장 의미	안 들리는 부분 한글 발음
(a)			
(b)			
(c)			
(d)			

정답 (d)

내가 틀린 이유를 추정해본다면?

스크립트와 비교하여, 이전 단계에서 틀린 점을 모두 수정해보세요!

Listen to a woman asking a man for advice.
W: What makes a good real estate agent?
M: People skills are probably the most important thing.
W: What do you mean? Just being friendly with clients?
M: No, more like making the clients feel you understand them.
W: How can you do that?
M: By listening closely and identifying what they truly want.

Q: Which skill does the man emphasize the most?
(a) Making constant efforts to be friendly.
(b) Quickly finding potential clients.
(c) Helping clients understand their needs.
(d) Trying to be an attentive listener.

모범풀이와 비교하여, 이전 단계에서 틀린 점을 모두 수정해보세요.

모범풀이 바로가기

9강 청해 파트3 코렉트 | 연습문제 4번

앞서 배운 STEP대로, 노트테이킹 + 소거법으로 문제를 풀어주세요.

mp3 바로가기

(a)	(b)	(c)	(d)

이번에는 각 STEP별로 문제를 풀어보세요.

STEP 01 포인트 노트테이킹

한 문장씩 끊어 들으면서 다시 풀어보세요. 들릴 때까지 반복해서 다시 들어보세요.

포인트	이유	문장 의미	안 들리는 부분 한글 발음
여			
남			
여			
남			
여			
남			

* 계속 안 들릴 경우, 속도를 조절해보세요.

STEP 02 질문 확인

질문이 물어보는 바:

STEP 03 ↔ 비교

선택지도 다시 소거해보세요. (처음과 달라졌다면, 그 이유도 함께 써주세요.)

소거법	이유	문장 의미	안 들리는 부분 한글 발음
(a)			
(b)			
(c)			
(d)			

정답 (d)

내가 틀린 이유를 추정해본다면?

스크립트와 비교하여, 이전 단계에서 틀린 점을 모두 수정해보세요!

Listen to a conversation about an apartment.
W: Do you know anyone that would like to sublease my apartment?
M: I was looking for somewhere to stay until I move into the dormitory.
W: Really? I'm leaving for Berlin in early June. Would that work for you?
M: That'll be perfect! Can I stay until the end of July?
W: Sure. I'm coming back on August 3rd.
M: Great. I'll take good care of the place for you.

Q: Which is correct according to the conversation?
(a) The man is going to look after the woman's pets.
(b) The woman will come back home in late July.
(c) The man will stay at the woman's place until August.
(d) The man will move to his dormitory after staying at the woman's place.

모범풀이와 비교하여, 이전 단계에서 틀린 점을 모두 수정해보세요.

모범풀이 바로가기

9강 청해 파트3 코렉트 | 연습문제 5번

앞서 배운 STEP대로, 노트테이킹 + 소거법으로 문제를 풀어주세요.

mp3 바로가기

(a)	(b)	(c)	(d)

이번에는 각 STEP별로 문제를 풀어보세요.

STEP 01 **포인트 노트테이킹**

한 문장씩 끊어 들으면서 다시 풀어보세요. 들릴 때까지 반복해서 다시 들어보세요.

포인트	이유	문장 의미	안 들리는 부분 한글 발음
여			
남			
여			
남			
여			
남			

* 계속 안 들릴 경우, 속도를 조절해보세요.

STEP 02 **질문 확인**

질문이 물어보는 바:

STEP 03 **↔ 비교**

선택지도 다시 소거해보세요. (처음과 달라졌다면, 그 이유도 함께 써주세요.)

소거법	이유	문장 의미	안 들리는 부분 한글 발음
(a)			
(b)			
(c)			
(d)			

정답 (d)

내가 틀린 이유를 추정해본다면?

스크립트와 비교하여, 이전 단계에서 틀린 점을 모두 수정해보세요!

Listen to two people scheduling an appointment.
W: Can I see Dr. Bromfield on Thursday?
M: Yes, we have some openings then. Why do you need to see her?
W: I've been having really bad headaches lately.
M: And you think these headaches are related to your eyes?
W: Yes. I'm quite sure I need some stronger glasses.
M: In that case, we'd better check it out.

Q: Why does the woman want to see the doctor?
(a) To get some medicine for her headaches.
(b) To find out if she needs to wear glasses.
(c) To acquire information about eye exams.
(d) To decide whether to get new eyeglasses.

모범풀이와 비교하여, 이전 단계에서 틀린 점을 모두 수정해보세요.

모범풀이 바로가기

9강 청해 파트3 코렉트 | 연습문제 6번

앞서 배운 STEP대로, 노트테이킹 + 소거법으로 문제를 풀어주세요.

mp3 바로가기

(a)	(b)	(c)	(d)

이번에는 각 STEP별로 문제를 풀어보세요.

STEP 01 포인트 노트테이킹

한 문장씩 끊어 들으면서 다시 풀어보세요. 들릴 때까지 반복해서 다시 들어보세요.

포인트	이유	문장 의미	안 들리는 부분 한글 발음
여			
남			
여			
남			
여			
남			

* 계속 안 들릴 경우, 속도를 조절해보세요.

STEP 02 질문 확인

질문이 물어보는 바:

STEP 03 ↔ 비교

선택지도 다시 소거해보세요. (처음과 달라졌다면, 그 이유도 함께 써주세요.)

소거법	이유	문장 의미	안 들리는 부분 한글 발음
(a)			
(b)			
(c)			
(d)			

정답 (b)

내가 틀린 이유를 추정해본다면?

스크립트와 비교하여, 이전 단계에서 틀린 점을 모두 수정해보세요!

Listen to a conversation between two coworkers.
W: I'm so glad the other company was willing to reduce its starting offer.
M: Yes. If they hadn't, it would have completely bogged down the negotiation.
W: We also had to give ground on our original conditions.
M: Actually, I am quite pleased with the way things worked out.
W: So, are you happy with this deal after all?
M: Yes, the discount price we got is better than the price the boss told me to accept.

Q: Which is correct according to the conversation?
(a) The man's company held fast to its original demands.
(b) The other company made a concession to complete the deal.
(c) The man is slightly troubled about the outcome of the negotiation.
(d) The agreed price was higher than the man's boss would accept.

모범풀이와 비교하여, 이전 단계에서 틀린 점을 모두 수정해보세요.

모범풀이 바로가기

9강 청해 파트3 코렉트 | 연습문제 7번

앞서 배운 STEP대로, 노트테이킹 + 소거법으로 문제를 풀어주세요.

mp3 바로가기

(a)	(b)	(c)	(d)

이번에는 각 STEP별로 문제를 풀어보세요.

STEP 01 포인트 노트테이킹

한 문장씩 끊어 들으면서 다시 풀어보세요. 들릴 때까지 반복해서 다시 들어보세요.

포인트	이유	문장 의미	안 들리는 부분 한글 발음
여			
남			
여			
남			
여			
남			

* 계속 안 들릴 경우, 속도를 조절해보세요.

STEP 02 질문 확인

질문이 물어보는 바:

STEP 03 ↔ 비교

선택지도 다시 소거해보세요. (처음과 달라졌다면, 그 이유도 함께 써주세요.)

소거법	이유	문장 의미	안 들리는 부분 한글 발음
(a)			
(b)			
(c)			
(d)			

정답 (c)

내가 틀린 이유를 추정해본다면?

스크립트와 비교하여, 이전 단계에서 틀린 점을 모두 수정해보세요!

Listen to a conversation between a clerk and a customer.
W: I hear you've finally set prices for the exhibition.
M: That's right. It'll be $10 a day, but only $25 for a three-day pass.
W: Well, that's pretty reasonable.
M: Plus, seniors get in for $6, and children under six pay nothing.
W: When do the tickets go on sale?
M: A week from next Monday.

Q: How much would it cost for two teenagers to go to the exhibition for two consecutive days?
(a) $20
(b) $25
(c) $40
(d) $50

모범풀이와 비교하여, 이전 단계에서 틀린 점을 모두 수정해보세요.

모범풀이 바로가기

빈출 단어 리스트

9강 청해 파트3 코렉트 문제에 출제되었던 빈출단어를 학습하세요!

9강 — 청해 파트3 코렉트 단어시험

Fill in the vocabulary that best completes each sentence.

take over	footstep	consecutive	urgent
real estate	frustrate	acquire	concession

1. The union leaders realize they will have to make some ________________(e)s in their demands in order to reach an agreement.

2. His deputy, Sarah Huckabee Sanders, will ________________ his responsibilities.

3. The country's ______________ market has been badly affected by the economic slump.

4. A young star is following in the __________________(e)s of other Korean actors who have starred in American blockbuster films.

5. As people ________________ more knowledge, it is easy for them to become haughty.

6. The Korean team won the first set, and lost two ___________________ sets.

7. The time is right for that; it is _________________ to do that quickly.

8. He wanted to give up his life because he was so ___________________(e)d.

1. concessions / 2. take over / 3. real estate / 4. footstep / 5. acqire / 6. consecutive
7. urgent / 8. frustrate

독해 Part III

코렉트 풀이법

10강

독해 파트3 코렉트 유형 풀이법

번호	문항 수	배점	독해 영역 내 비중
17-22번	6개	6-9점	44점 (18.4%)

평소 풀던 방식으로 아래의 문제를 풀어보세요.

Part III **Question 13~25**

Read the passage, question, and options. Then, based on the given information, choose the option that best answers each question.

R

17. The Edinburgh Festival Fringe is the world's greatest arts festival. Last year's Fringe, featuring 34,265 performances of over 2,200 shows in 256 different venues, broke all previous records. An estimated 18,901 performers took to the stage, and a whopping total of 1,989,235 tickets were sold – 21-percent increase on the previous record, set the year before. Thirty-seven percent of the shows had their world premiere performances, and 465 shows were absolutely free. This year's festival promises to be even bigger. Don't miss out on the largest arts festival on Earth.

Q: Which is correct about the Edinburgh Festival Fringe according to the advertisement?
(a) Almost nineteen thousand people attended it last year.
(b) Ticket sales for the last festival reached an all-time high.
(c) Last year's festival featured a total of 256 performers.
(d) It costs spectators nothing to see any of its shows.

- The Edinburgh Festival Fringe is the world's greatest arts festival.
- Last year's Fringe, featuring 34,265 performances of over 2,200 shows in 256 different venues, broke all previous records.

...

This year's festival promises to be even bigger. Don't miss out on the largest arts festival on Earth.

- (a) Almost nineteen thousand people attended it last year.
  작년에 거의 19,000명이 참석했다.
- **(b) Ticket sales for the last festival reached an all-time high.**
  작년 티켓 판매는 역대급으로 높았다.

...

Q 지문과 선택지를 한 문장씩 꼼꼼히 비교해봤는데,
왜 일치하는 선택지가 안 보일까요?

수강생들은 강의를 수강해주세요 → 강의 수강

 그 이유는 질문에 있어요!

Which is correct about the Edinburgh Festival Fringe **according to** the advertisement?

단순히 지문에 '나온 말'이 아니라,

'지문과 통하는 (according to) 말'을 고르는 거에요.

✓ 지문과 선택지를 **한 문장씩 비교하면서** 읽으면 틀려요!
문장 순서대로 선택지가 배열된 것도 아니고,
한 문장의 내용이 한 선택지에 나오는 것도 아니니까요.

✓ 지문과 같은 순서로 일치하는 표현이나 단어가 쓰이지 않았더라도,
지문의 **내용과 정확하게 일치하는** 선택지가 정답이에요.

~, a whopping total of 1,989,235 **tickets were sold** ~ ~ **increase** ~ record, ~ .

(b) Ticket sales for the last festival reached an all-time high.

✓ 순서나 단어보단 **문장의 의미**가 훨씬 더 중요해요.
포인트를 보면 **다시 읽지 않아도** 문장의 의미를 바로 떠올릴 수 있으니,
포인트를 통해 정답 선택지를 고를 수 있어요.

증가 → 티켓 판매 ↑

 **Ticket sales** for the last festival reached an **all-time high.**

각 STEP을 따라 독해 코렉트 유형 풀이법을 이해해 보세요.

STEP 01 질문 확인

Which is correct about the Edinburgh Festival Fringe according to the advertisement?

질문을 먼저 읽고, 일반 코렉트 문제인지 구체적 코렉트 문제인지 확인하세요.

STEP 02 포인트 도출

각 문장의 포인트를 도출해보세요.

[포인트]

The Edinburgh Festival Fringe is the world's greatest arts festival.

에딘버러 페스티벌 Fringe는 세계에서 가장 큰 예술 축제입니다. → 1 엄청난 축제

ㄴ 단어유추 **대문자로 시작하는 고유명사이므로, 그냥 'F로 끝나는 어떤 축제'인가 보구나 정도만 알고 넘어가면 됨**

Last year's Fringe, featuring 34,265 performances of over 2,200 shows in 256 different venues, broke all previous records.

지난해 프린지에서는 2,200개 이상의 작품이 256개의 다른 장소에서 34,265번 공연되었는데, 이는 예전 기록을 모두 깨뜨린 것이었습니다. → 2 기록 경신

An estimated 18,901 performers took to the stage, and a whopping total of 1,989,235 tickets were sold – 21-percent increase on the previous record, set the year before.

약 18,901명의 공연자들이 무대에 섰으며, 티켓은 무려 1,989,235장이 판매되었는데, 이는 그 전 해에 세워진 기존 최고 기록에서 21퍼센트나 늘어난 것이었습니다. → 3 증가

Thirty-seven percent of the shows had their world premiere performances, and 465 shows were absolutely free.

전체 작품 중 37퍼센트가 처음 공연 되었으며, 465개의 작품은 완전 무료로 공연되었습니다. → 4 일부 처음 일부 무료

This year's festival promises to be even bigger.

올해의 축제는 이보다 더 클 가능성이 있습니다. → 5 올해 더 커짐

Don't miss out on the largest arts festival on Earth.

세계에서 가장 큰 예술 축제를 놓치지 마세요. → 6 꼭 와!

correct한지만 판단하면 되니까 접점을 도출할 필요는 없습니다.

STEP 03 ↔ 비교

각 포인트와 선택지를 비교하여 정답인지 판단하세요.

(a) Almost nineteen thousand people attended it last year.
작년엔 거의 19,000명이 참석했다.

18,901은 almost nineteen thousand가 맞지만, 공연자의 수를 나타내므로 오답 **(포인트3)**
*정확한 참석자 수는 나와있지 않지만, 약 190만장의 티켓이 판매되었다는 걸로 보아 참석자 수를 예측할 수 있다.

✓ **(b) Ticket sales for the last festival reached an all-time high.**
작년 티켓 판매가 최고 기록이다.

'increase on the previous record'와 표현이 일치하진 않지만, 이전 기록을 깼다는 걸 'all-time high'라고 돌려 말한 정답 **(포인트3)**

(c) Last year's festival featured a total of 256 performers.
작년에 256명의 공연자가 있었다.

256개의 장소에서 공연을 했다는 것이므로 오답 **(포인트2,3)**

(d) It costs spectators nothing to see any of its shows. 오답자 **66%** 선택
공연은 전부 공짜다.

공연 중 일부만 무료였으므로 오답**(포인트4)**
*오답 선택지도 돌려 말하는 경우가 있으므로, 돌려 말한 선택지라고 무조건 정답으로 선택하지 않도록 주의해야 한다.

독해 코렉트 유형 풀이법 STEP 1~3를 따라서, 아래 문제를 풀어보세요.

22. For most people, the idea of sailing in Greece seems like a dream. Now you can make it a reality with Greco Yachts. With over 20 years in the yachting sector, our agency has the experience and knowledge to ensure your sailing experience will be carefree and enjoyable. Our friendly staff can answer any question you may have and will be happy to share their knowledge of the Greek islands. We offer skippered yachts, full-crew luxury yachts and flotillas. What sets us apart from the competition is that we will not charge you commission for our services. We receive our pay from the owners, who maintain their yachts to the highest standards and love taking people.

R

Q: What type of business does Greco Yachts operate?
(a) Selling luxury yachts to potential owners
(b) Providing sailing instruction to tourists
(c) Helping customers find trained crews to sail their yachts
(d) Serving as an agent between customers and yacht owners

아래 모범풀이와 비교하여, 각 step 별로 내 실수를 교정해보세요.

STEP 01 질문 확인

What type of business does Greco Yachts operate?

지문 내용 중 **특정 부분에 대해서만** 묻는 '구체적 코렉트' 문제입니다.

사업의 종류에 대해 묻고 있으니,
지문을 읽을 때 **Greco Yachts가 어떤 사업인지**에만 집중하면 됩니다.

STEP 02 포인트 도출

[포인트]

For most people, the idea of sailing in Greece seems like a dream.
대부분의 사람들에게 그리스에서의 항해는 꿈 같은 생각입니다. → 1 꿈 같은 일

Now you can make it a reality with Greco Yachts.
이제 당신은 그레코 요트와 함께 그것을 현실로 만들 수 있습니다. → 2 현실로!

With over 20 years in the yachting sector, our agency has the experience and knowledge to ensure your sailing experience will be carefree and enjoyable.
요트 업계에서 20년 이상 활동한 저희 회사는 당신의 항해 경험이 걱정 없고, 즐거운 것이 되도록 보증할 경험과 지식을 가지고 있습니다. → 3 우리 경험 → 항해 즐겁게

Our friendly staff can answer any question you may have and will be happy to share their knowledge of the Greek islands.
저희의 친절한 직원들은 당신의 어떤 질문에도 답할 수 있고, 그리스 섬들에 대한 지식도 기꺼이 말씀드릴 겁니다. → 4 직원이 도와줌

We offer skippered yachts, full-crew luxury yachts and flotillas.
저희는 skippered 요트, 전 승무원이 탑승한 호화 요트, 그리고 flotillas를 제공합니다. → 5 다양한 요트 제공
ㄴ 단어유추 제공하는 '요트의 종류' 정도로 유추 가능
ㄴ 단어유추 제공하는 '요트의 종류' 정도로 유추 가능

What sets us apart from the competition is that we will not charge you commission for our services.
저희가 경쟁업체들과 차별화되는 점은 서비스에 대해 저희는 수수료를 받지 않는다는 것입니다. → 6 고객 수수료 ㄴㄴ

We receive our pay from the owners, who maintain their yachts to the highest standards and love taking people.
저희는 소유주한테서만 돈을 받는데 그들은 요트를 최고의 수준으로 관리하며, 사람들을 바다에 데려가는 것을 좋아하는 사람들입니다. → 7 주인이 냄

STEP 03 ↔ 비교

(a) Selling luxury yachts to potential owners
그리스에서 고객들에게 호화 요트를 판매한다.

요트가 있는 주인과 고객을 연결하기 때문에, 판매가 아닌 대여 서비스 **(포인트6, 포인트7)**

(b) Providing sailing instruction to tourists **오답자 80% 선택**
그리스에서 관광객들에게 항해 지침을 제공한다.

요트를 대여하면 직원이 요트와 관련된 정보나 지식을 준다고 언급되긴 했지만, **(포인트4)**
공식적으로 관광객에게 항해 지침을 제공하여 돈을 버는 서비스는 아니므로 오답

(c) Helping customers find trained crews to sail their yachts
고객들이 요트 항해에 필요한 훈련된 선원들을 찾도록 도와준다.

훈련된 선원과 고객을 연결하는 것이 아니라, 요트 주인과 고객을 연결하는 서비스 **(포인트6, 포인트7)**

✓ **(d) Serving as an agent between customers and yacht owners**
고객과 요트 소유주 사이의 중개인 역할을 한다.

'고객에게 not charge하고, receive pay from the owners'라고 지문과 동일한 표현을 쓰진 않았지만,
요트 주인과 고객을 연결하는 중개 서비스라고 돌려 말했으므로 정답 **(포인트6, 포인트7)**

풀이법 요약

STEP 01 질문 확인

STEP 02 포인트 도출

STEP 03 ↔ 비교

이제 이 풀이법을 연습문제에 적용해보세요!

연습문제	소요시간
총 5문제	약 2~3시간

10강 독해 파트3 코렉트 | 연습문제 1번

앞서 배운 STEP대로, 문제를 한번에 이어서 풀어주세요.

The Arkansas Barbeque Association (ABA) is a new association that is destined to become one of the finest groups in the barbeque world. The ABA includes everyone from award-winning cooking team captains to retirees who love to attend and judge barbeque cook-offs. To join, please click on the "Become a member" button on this page. If you would like to become an ABA-trained Certified Judge, we would be happy to send you information on our next class, location and fees.

Q: Which of the following is correct about the ABA according to the advertisement?

(a) It has been an international barbeque leader for a long time.

(b) Its barbeque competition judges are usually retirees.

(c) It trains people to become barbeque competition judges.

(d) It requires all those wishing to become members to take a class.

이번에는 각 STEP별로 문제를 풀어보세요

STEP 01 질문 확인

Q: Which of the following is correct about the ABA according to the advertisement?

물어보는 바

STEP 02 포인트 도출

The Arkansas Barbeque Association (ABA) is a new association that is destined to become one of the finest groups in the barbeque world.

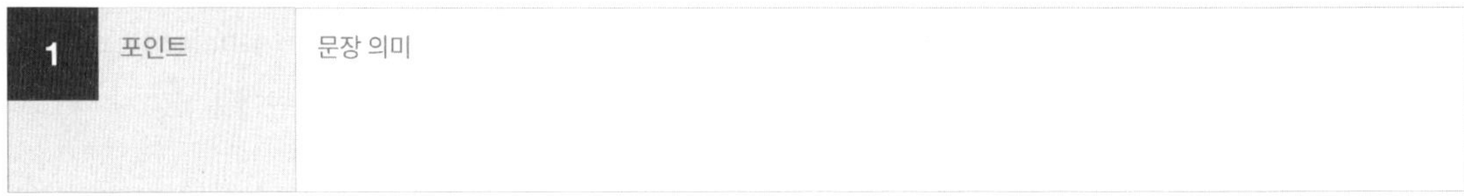

The ABA includes everyone from award-winning cooking team captains to retirees who love to attend and judge barbeque cook-offs.

To join, please click on the "Become a member" button on this page.

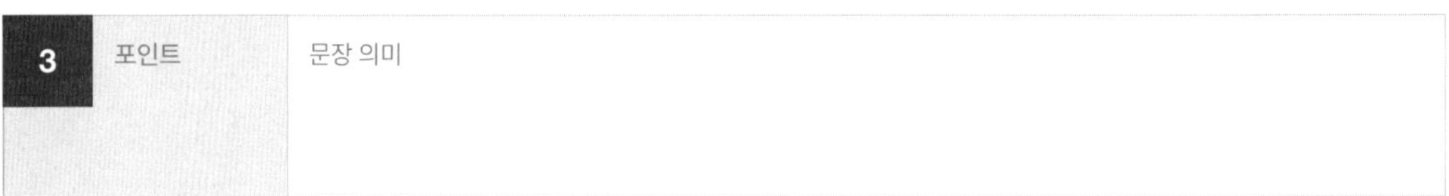

If you would like to become an ABA-trained Certified Judge, we would be happy to send you information on our next class, location and fees.

STEP 03 ↔ 비교

각 선택지를 해당되는 포인트와 비교하여 일관되는지 판단해보세요.

(a) It has been an international barbeque leader for a long time.

이유	해당되는 포인트
문장 의미	

(b) Its barbeque competition judges are usually retirees.

이유	해당되는 포인트
문장 의미	

(c) It trains people to become barbeque competition judges.

이유	해당되는 포인트
문장 의미	

(d) It requires all those wishing to become members to take a class.

이유	해당되는 포인트
문장 의미	

정답 (c)

내가 틀린 이유를 추정해본다면?

모범풀이와 비교하여, 이전 단계에서 틀린 점을 모두 수정해보세요.

모범풀이 바로가기

앞서 배운 STEP대로, 문제를 한번에 이어서 풀어주세요.

The two largest challenges in installing carpets by yourself are avoiding seams and matching different flooring products. By following the methods of professionals, however, you can learn to minimize these problems. When a carpet shows the placement of seam tape, it is referred to as "peaking" and is particularly noticeable in looped-style carpets. To reduce this problem, try not to run seams perpendicular to doorway openings and avoid buying looped-style carpets if possible. When two different flooring products meet, it is called a "transition". Professional installers match the surface heights of various flooring products to minimize these.

Q: Which of the following carpet installing methods does the author recommend?

(a) To match surface heights to hide seams
(b) To use seam tape to reduce peaking
(c) To refrain from purchasing looped-style carpets
(d) To open doorway in order to solve transition problems

이번에는 각 STEP별로 문제를 풀어보세요

STEP 01 질문 확인

Q: Which of the following carpet installing methods does the author recommend?

물어보는 바

STEP 02 포인트 도출

The two largest challenges in installing carpets by yourself are avoiding seams and matching different flooring products.

By following the methods of professionals, however, you can learn to minimize these problems.

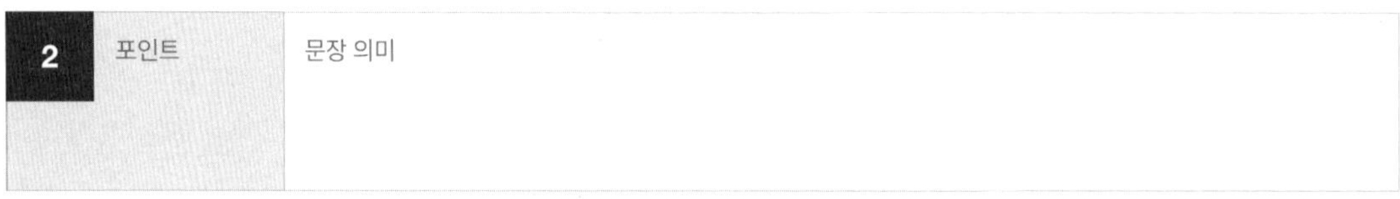

When a carpet shows the placement of seam tape, it is referred to as "peaking" and is particularly noticeable in looped-style carpets.

3 포인트	문장 의미

To reduce this problem, try not to run seams perpendicular to doorway openings and avoid buying looped-style carpets if possible.

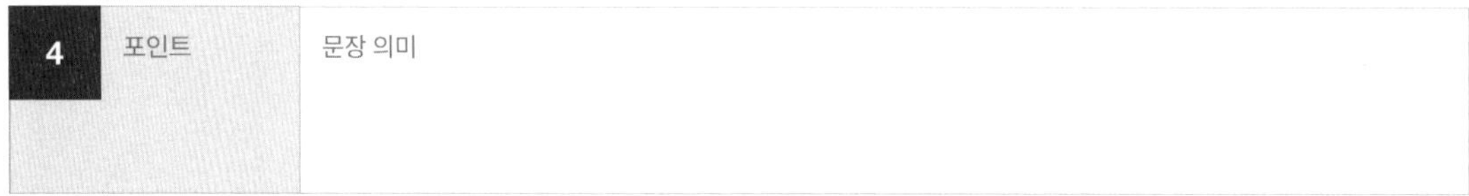

When two different flooring products meet, it is called a "transition".

5 포인트	문장 의미

Professional installers match the surface heights of various flooring products to minimize these.

6 포인트	문장 의미

STEP 03 ↔ 비교

(a) To match surface heights to hide seams

이유

문장 의미

(b) To use seam tape to reduce peaking

이유

문장 의미

(c) To refrain from purchasing looped-style carpets

이유

문장 의미

(d) To open doorway in order to solve transition problems

이유

문장 의미

정답 (c)

내가 틀린 이유를 추정해본다면?

모범풀이와 비교하여, 이전 단계에서 틀린 점을 모두 수정해보세요.

모범풀이 바로가기

독해 파트3 코렉트 | 연습문제 3번

앞서 배운 STEP대로, 문제를 한번에 이어서 풀어주세요.

The divergence of American literature from writing in England and Europe was emphasized by William Dean Howells, who was not only a popular novelist but an instructor in literary realism to other American writers. Accordingly, he championed his friend, the realist writer Henry James, against European advocates of Romanticism in what came to be called the "Realism Wars." James proved himself worthy of Howells' backing, writing with such psychological penetration, subtlety of narrative, and complex technical deftness that he is now recognized by critics as one of the great masters of fiction.

Q: Which of the following is correct about Howells according to the passage?

(a) His support for James now seems inexplicable to most critics.
(b) He and European Romanticists were at odds in the "Realism Wars."
(c) He was a critic and teacher despite his lack of success as a novelist.
(d) He supported James while remaining critical of his realistic literary style.

이번에는 각 STEP별로 문제를 풀어보세요

STEP 01 질문 확인

Q: Which of the following is correct about Howells according to the passage?

물어보는 바

STEP 02 포인트 도출

The divergence of American literature from writing in England and Europe was emphasized by William Dean Howells, who was not only a popular novelist but an instructor in literary realism to other American writers.

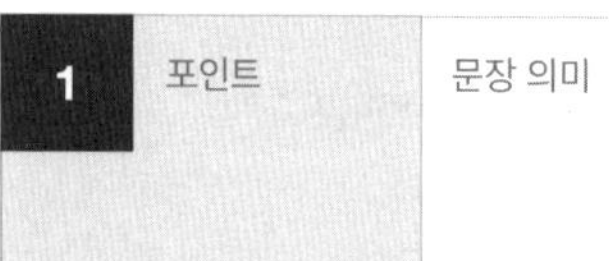

1 포인트 문장 의미

Accordingly, he championed his friend, the realist writer Henry James, against European advocates of Romanticism in what came to be called the "Realism Wars."

2 포인트 문장 의미

James proved himself worthy of Howells' backing, writing with such psychological penetration, subtlety of narrative, and complex technical deftness that he is now recognized by critics as one of the great masters of fiction.

3 포인트 문장 의미

STEP 03 ↔ 비교

각 선택지를 <u>해당되는 포인트와 비교하여</u> 일관되는지 판단해보세요.

(a) His support for James now seems inexplicable to most critics.

이유	해당되는 포인트
문장 의미	

(b) He and European Romanticists were at odds in the "Realism Wars."

이유	해당되는 포인트
문장 의미	

(c) He was a critic and teacher despite his lack of success as a novelist.

이유	해당되는 포인트
문장 의미	

(d) He supported James while remaining critical of his realistic literary style.

이유	해당되는 포인트
문장 의미	

정답 (b)

내가 틀린 이유를 추정해본다면?

모범풀이와 비교하여, 이전 단계에서 틀린 점을 모두 수정해보세요.

모범풀이 바로가기

앞서 배운 STEP대로, 문제를 한번에 이어서 풀어주세요.

The Sundance Film Institute was born in the early 1980s to promote and further the craft of independent filmmakers. The lack of solid educational programs geared to the independent filmmaker was the impetus for the foundation of the institute; only later did the world-famous Sundance Film Festival come about. The main goal was to aid emerging film makers, writers, and actors in developing their craft, outside of the influence of the big studios. Through grants and assistance, the institute helps these artists develop their work, the main goal being to prepare for competition in the Sundance Film Festival.

Q: Why was the institute founded according to the article?

(a) The public started to demand better-quality independent films.
(b) Existing film education programs did not cater to independent filmmakers.
(c) Independent filmmakers wanted a place where they could share their ideas and skills.
(d) The cost of attending film schools was deemed too high for an emerging filmmaker.

이번에는 각 STEP별로 문제를 풀어보세요

STEP 01 **질문 확인**

Q: Why was the institute founded according to the article?

물어보는 바

STEP 02 **포인트 도출**

The Sundance Film Institute was born in the early 1980s to promote and further the craft of independent filmmakers.

The lack of solid educational programs geared to the independent filmmaker was the impetus for the foundation of the institute;

only later did the world-famous Sundance Film Festival come about.

The main goal was to aid emerging film makers, writers, and actors in developing their craft, outside of the influence of the big studios.

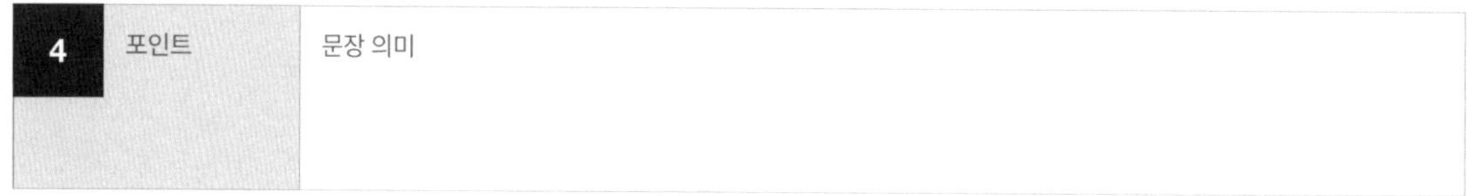

Through grants and assistance, the institute helps these artists develop their work, the main goal being to prepare for competition in the Sundance Film Festival.

5	포인트	문장 의미

STEP 03 ↔ 비교

(a) The public started to demand better-quality independent films.

이유

문장 의미

(b) Existing film education programs did not cater to independent filmmakers.

이유

문장 의미

(c) Independent filmmakers wanted a place where they could share their ideas and skills.

이유

문장 의미

(d) The cost of attending film schools was deemed too high for an emerging filmmaker.

이유

문장 의미

정답 (b)

내가 틀린 이유를 추정해본다면?

모범풀이와 비교하여, 이전 단계에서 틀린 점을 모두 수정해보세요.

모범풀이 바로가기

10강 독해 파트3 코렉트 | 연습문제 5번

앞서 배운 STEP대로, 문제를 한번에 이어서 풀어주세요.

Last Thursday, the city council's ban on smoking in public and semi-private establishments was repealed, as local lawmakers were made aware that the law could be in violation of the state constitution. Specifically, the use of the term "semi-private" raised concerns that the law may violate rights to privacy afforded by the constitution. While the council had voted to enact the law unanimously, backed by strong public support, the repeal has taken immediate effect, and local legislators are currently working on a rewording of the ban.

Q: Which of the following is correct according to the article?

(a) The city council objects to a statewide ban on public smoking.
(b) There are concerns that the law violates citizens' property rights.
(c) The ban was passed despite strong public opposition.
(d) Lawmakers are attempting to draft a new version of the law.

이번에는 각 STEP별로 문제를 풀어보세요

STEP 01 질문 확인

Q: Which of the following is correct according to the article?

물어보는 바

STEP 02 포인트 도출

Last Thursday, the city council's ban on smoking in public and semi-private establishments was repealed, as local lawmakers were made aware that the law could be in violation of the state constitution.

Specifically, the use of the term "semi-private" raised concerns that the law may violate rights to privacy afforded by the constitution.

While the council had voted to enact the law unanimously, backed by strong public support, the repeal has taken immediate effect, and local legislators are currently working on a rewording of the ban.

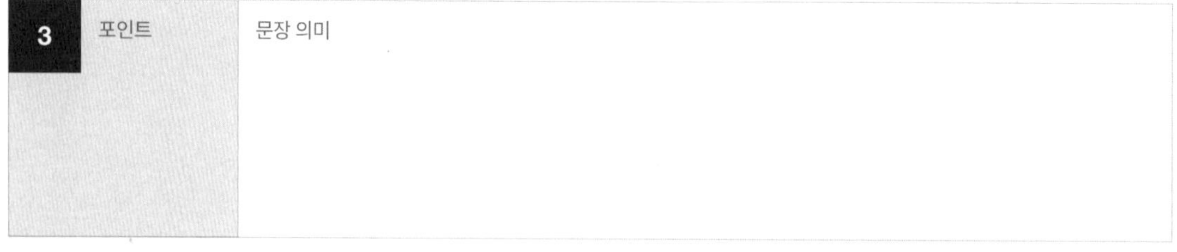

STEP 03 ↔ 비교

(a)	The city council objects to a statewide ban on public smoking.
이유	
문장 의미	

(b)	There are concerns that the law violates citizens' property rights.
이유	
문장 의미	

(c)	The ban was passed despite strong public opposition.
이유	
문장 의미	

(d)	Lawmakers are attempting to draft a new version of the law.
이유	
문장 의미	

정답 (d)

내가 틀린 이유를 추정해본다면?

모범풀이와 비교하여, 이전 단계에서 틀린 점을 모두 수정해보세요.

모범풀이 바로가기

빈출 단어 리스트

10강 독해 파트3 코렉트 문제에 출제되었던 빈출단어를 학습하세요!

10강 — 독해 파트3 코렉트 단어시험

Fill in the vocabulary that best completes each sentence.

whopping　　apart from　　destined to　　champion

inexplicable　　impetus　　grant　　cater to

1. Today there aren't that many "good" restaurants that will ________________ your needs and desires.

2. He gave relentless effort to ________________ the rights of the poor.

3. However, there also appear to be other problems ________________ transparency.

4. An anonymous buyer bought it at a _____________ amount of money over the phone after a few minutes of heated contest among bidders.

5. For recipients, especially non-profits, ________________(e)s can be a crucial part in raising necessary funds.

6. Your creative passion will always be for the bizarre and the ________________.

7. That will be a tremendous ______________ to our progress in meeting the needs of the disabled.

8. Capitalism by its very nature is unstable and is ________________ be replaced.

1. cater to / 2. champion / 3. apart from / 4. whopping / 5. grants / 6. inexplicable / 7. impetus / 8. destined to

청해 Part IV

코렉트 풀이법

11강

청해 파트4 코렉트 유형

풀이법

번호	문항 수	배점	청해 영역 내 비중
33-35번	3개	8-12점	30점 (12.5%)

평소 풀던 방식으로 아래의 문제를 풀어보세요.

Part IV **Question 31~36**

You will now hear six short talks. After each talk, you will be asked to answer a question. Each talk and its corresponding question will be read twice. Then you will hear four options which will be read only once. Based on the given information, choose the option that best answers the question.

L

mp3 바로가기

(a)	(b)	(c)	(d)

마더릿, 얼쓰퀵, p? 5, struck, T, along San 안드레아 폿??

Immedi, reports of, d or injur~

퀘익, aftershocks, across Cali ~

10:15, P, 쎄너드, 7, 파크필드, ~~~~ 2012.

⇔

Q: Which is correct according to the news report?

<u>**(c) A previous earthquake killed two people near Parkfield.**</u>
지난 지진으로 두 사람이 죽었다.

Q 지문을 들리는 대로 전부 받아 적어도 왜 지문과 일치하는 선택지를 고르는 게 어려울까요?

수강생들은 강의를 수강해주세요 → 강의 수강

A 그 이유는 질문에 있어요!

↓

Which is correct according to the news report?

단순히 지문에 '나온 말'이 아니라 '통하는 말'을 고르는 거에요.

✓ 지문을 들리는 대로 **받아 적어 봤자** 틀려요!
지문을 받아 적는다고 자동으로 이해될 수 없고, 적는 것이 듣는 걸 방해할 수도 있어요.

 마더릿, 얼쓰퀵, pre~?5 struck tue ~~~~

✓ **최대한 받아 적었다 하더라도, 가장 많은 단어가 일치하는 선택지는 오답일 확률이 높아요.**

마더릿, 얼쓰퀵, p? 5, struck, T, along San 안드레아 폿??

(a) The earthquake struck along the San Andreas fault around 5 p.m.

✓ 결국 단어보다 **문장의 의미**를 기억하는 게 중요해요. **포인트**를 적어두면 각 문장의 의미를 떠올릴 수 있으니, 선택지를 들을 때 정답을 고를 수 있어요!

→ 과거 지진 2 죽임

(c) A previous earthquake killed two people near Parkfield.

각 STEP을 따라 청해 파트4 코렉트 유형 풀이법을 이해해 보세요.

STEP 01 첫 번째 듣기

문장 개수를 적고, 포인트를 최대한 도출해보세요!
지문을 두 번 들려주지만, 첫 번째 듣기 때 **지문의 소재와 문장 개수**까지는 꼭 파악해야 해요.

1st

마더릿? 플리밀리? 몇 단어를 못 들었지만, 지진은 들었으니 e → 1 e

피해(damage)가 없다는 걸로 듣긴 했는데, 앞 문장을 제대로 파악을 못해서 흐름 이해가 잘 안되네. 일단 d로 표시하자. → 2 d

캘리포니아가 중요한 것 같으니 C로! → 3 c

너무 길어서 제대로 못 들음. 두 번째 때 잘 듣자! → 4

STEP 02 질문 확인

질문을 듣고, 일반 코렉트 문제인지 구체적 코렉트 문제인지 확인하세요.

Q: Which is correct according to the news report?

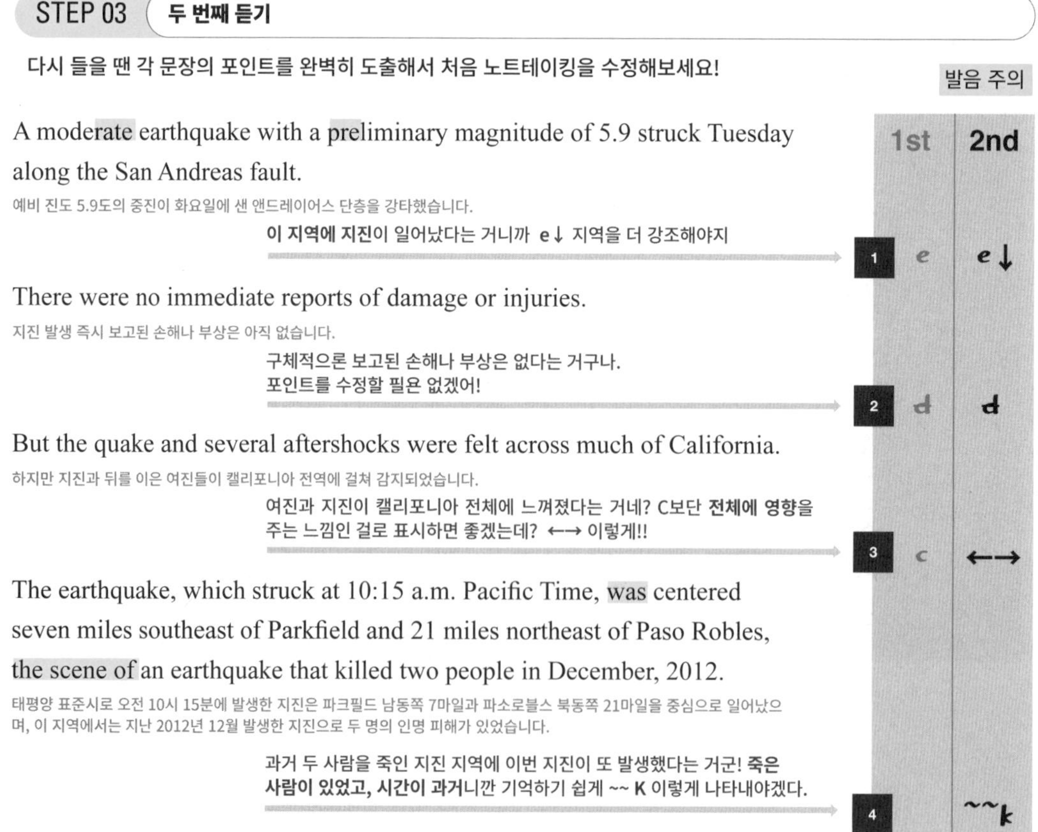

STEP 03 두 번째 듣기

다시 들을 땐 각 문장의 포인트를 완벽히 도출해서 처음 노트테이킹을 수정해보세요!

발음 주의

	1st	2nd

A moderate earthquake with a preliminary magnitude of 5.9 struck Tuesday along the San Andreas fault.
예비 진도 5.9도의 중진이 화요일에 샌 앤드레이어스 단층을 강타했습니다.

이 지역에 지진이 일어났다는 거니까 e↓ 지역을 더 강조해야지 → 1 e e↓

There were no immediate reports of damage or injuries.
지진 발생 즉시 보고된 손해나 부상은 아직 없습니다.

구체적으론 보고된 손해나 부상은 없다는 거구나.
포인트를 수정할 필욘 없겠어! → 2 d d

But the quake and several aftershocks were felt across much of California.
하지만 지진과 뒤를 이은 여진들이 캘리포니아 전역에 걸쳐 감지되었습니다.

여진과 지진이 캘리포니아 전체에 느껴졌다는 거네? C보단 **전체에 영향을** 주는 느낌인 걸로 표시하면 좋겠는데? ←→ 이렇게!! → 3 c ←→

The earthquake, which struck at 10:15 a.m. Pacific Time, was centered seven miles southeast of Parkfield and 21 miles northeast of Paso Robles, the scene of an earthquake that killed two people in December, 2012.
태평양 표준시로 오전 10시 15분에 발생한 지진은 파크필드 남동쪽 7마일과 파소로블스 북동쪽 21마일을 중심으로 일어났으며, 이 지역에서는 지난 2012년 12월 발생한 지진으로 두 명의 인명 피해가 있었습니다.

과거 두 사람을 죽인 지진 지역에 이번 지진이 또 발생했다는 거군! **죽은 사람이 있었고, 시간이 과거**니깐 기억하기 쉽게 ~~ K 이렇게 나타내야겠다. → 4 ~~k

STEP 04 ↔ 비교

각각의 선택지와 해당되는 포인트와 비교하여 소거하세요.

X (a) The earthquake was confined to the San Andreas fault area.
지진은 샌 앤드레이어스 지역에 국한되었다.

San Andreas fault가 나오긴 했지만 **(포인트1)** California '전체에 걸쳐서' 느껴졌다고 했으니 **(포인트3)** 국한된 것은 아님 ***나온말 주의**

△ (b) Several people were injured by Tuesday's earthquake in Parkfield. 오답자 **75%** 선택
파크필드에서 화요일에 일어난 지진으로 몇 명이 부상을 입었다.

이번 지진에선 부상자가 없다고 했으므로 오답 **(포인트2)**

O **(c) A previous earthquake killed two people near Parkfield.**
이전의 지진으로 파크필드 근처에서 두 사람이 사망했다.

'**the scene of an earthquake in December, 2012**'와 일치하진 않지만, 이전 지진이라고 돌려 말한 정답 **(포인트4)**

X (d) The population of Parkfield is decreasing due to frequent quakes.
잦은 지진으로 파크필드의 인구가 줄고 있다.

지문과 인구 감소는 전혀 관련이 없으므로 오답
***배경지식 주의**

청해 파트4 코렉트 유형 풀이법 STEP 1~4를 따라서, 새로운 문제를 풀어보세요.

Part IV **Question 31~36**

You will hear six short talks. After each talk, you will be asked to answer a question. Each talk and its corresponding question will be read twice. Then you will hear four options which will be read only once. Based on the given information, choose the option that best answers the question.

mp3 바로가기

(a)	(b)	(c)	(d)

L

아래 모범풀이와 비교하여, 각 step 별로 내 실수를 교정해보세요.

STEP 01 첫 번째 듣기

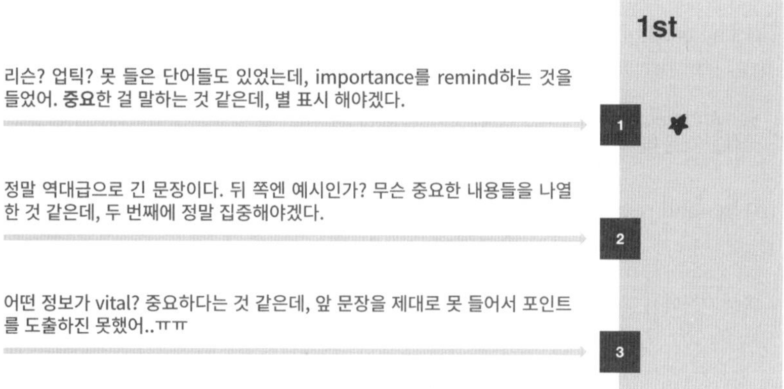

STEP 02 질문 확인

Q: Who will record the employees' working hour?

구체적 코렉트 유형입니다.
두 번째 듣기 때는 누가 업무 시간을 기록하는지 까지만 확인하면 돼요.

STEP 03 두 번째 듣기

발음 주의

	1st	2nd

Due to a recent uptick in accounting errors and customer complaints, we would like to remind employees of the importance of accurate record-keeping.

최근 회계상의 실수와 고객 불만이 늘어나고 있어, 우리는 직원들에게 정확한 기록 관리의 중요성에 대하여 상기시키고자 합니다.

앞 부분에 잘 모르는 내용이 있긴 하지만,
기록을 누가하는지랑은 관련 없으니 패스 가능해!
기록의 중요성을 얘기하는 거였네! **rec★** 이렇게 표시해야지.

1 ★ R★

Please take it upon yourselves to diligently and accurately record the number of hours you work on the project, as well as any additional costs associated with the project that will be charged to customers, such as photocopying, long-distance calling, or outside investigative services.

복사나 장거리 전화 또는 외부 조사 활동과 같이 고객에게 청구하게 될 모든 프로젝트 관련 추가 비용뿐만 아니라, 당신이 프로젝트에 들인 시간을 성실히 그리고 정확하게 기록할 것을 부탁 드립니다.

Yourselves! 스스로 기록하라는 거구나!
기록하라는 거니까 ↙라고 적어둬야지.
뒤에 내용들은 뭘 기록할지에 대한 예시일 뿐이야!

2 U

This information is vital to us so that we can accurately bill our clients, as well as ensure that project costs are kept manageable.

이 자료는 우리가 프로젝트 비용을 관리하기 쉽게 해줄 것이며, 고객에게 정확한 비용을 청구하기 위해서도 매우 중요합니다.

요금 청구나 비용 관리를 하려면 기록이 중요하다! **돈 관련이고,**
중요하니깐 $★그런데 이 문장은 기록을 누가 하는지 관련된 정보는 아니군!

3 $★

STEP 04 ↔ 비교

X (a) their supervisors
그들의 상사

직원 스스로가 기록하므로 오답 **(포인트2)**
***배경지식 주의**

O **(b) employees themselves**
직원 스스로

지문의 '**yourselves**'와 표현이 일치하진 않지만, employees가 듣고 있던 입장이 맞으므로 정답 **(포인트2)**

X (c) their clients
고객사

직원 스스로가 기록하므로 오답 **(포인트2)**
***배경지식 주의** : '고객이 기록을 왜 하나'고 생각해서 오답으로 고르지 않도록 주의할 것. 지문에 의거하여 선택해야 한다.

X (d) project managers
프로젝트 매니저

직원 스스로가 기록하므로 오답 **(포인트2)**
***배경지식 주의**

풀이법 요약

STEP 01 첫 번째 듣기

STEP 02 질문 확인

STEP 03 두 번째 듣기

STEP 04 ↔ 비교

이제 이 풀이법을 연습문제에 적용해보세요!

연습문제	소요시간
총 6문제	약 3~4시간

11강 청해 파트4 코렉트 | 연습문제 1번

앞서 배운 STEP대로, 노트테이킹 + 소거법으로 문제를 풀어주세요.

포인트 개수	노트테이킹

mp3 바로가기

(a)	(b)	(c)	(d)

이번에는 각 STEP별로 문제를 풀어보세요.

STEP 01 **첫 번째 듣기**

STEP 03 **두 번째 듣기**

한 문장씩 들릴 때까지 반복해서 다시 들어보세요.

포인트	이유	문장 의미	안 들리는 부분 한글 발음
1			
2			
3			
4			
5			
6			

* 계속 안 들릴 경우, 속도를 조절해보세요.

STEP 02 **질문 확인**

질문이 물어보는 바:

STEP 04 **↔ 비교**

선택지를 다시 소거해보세요. (처음과 달라졌다면, 그 이유도 함께 써주세요.)

소거법	이유	문장 의미	안 들리는 부분 한글 발음
(a)			
(b)			
(c)			
(d)			

정답 (b)

내가 틀린 이유를 추정해본다면?

스크립트와 비교하여, 이전 단계에서 틀린 점을 모두 수정해보세요!

We do not read poetry the same way we read prose. For one thing, we often read a single, sometimes short, poem and then think about it. If we are reading a newspaper or a novel, however, we might read it for an hour or more. The fact that poems are concise often means that a figure of speech will be used to give an image; then we fill in the bare outlines of the image ourselves. Therefore, reading poems requires more thought than reading prose; we sometimes must complete the picture or the idea ourselves. You might say that the reader of poetry is more active in the process than the reader of prose.

Q: According to the lecture, which is correct about poetry?
(a) It is often not as concise as prose.
(b) It allows the reader to use his imagination.
(c) It is more difficult to understand than prose.
(d) It requires more thought before reading.

모범풀이와 비교하여, 이전 단계에서 틀린 점을 모두 수정해보세요.

모범풀이 바로가기

11강 청해 파트4 코렉트 | 연습문제 2번

앞서 배운 STEP대로, 노트테이킹 + 소거법으로 문제를 풀어주세요.

mp3 바로가기

(a)	(b)	(c)	(d)

이번에는 각 STEP별로 문제를 풀어보세요.

STEP 01 **첫 번째 듣기**

STEP 03 **두 번째 듣기**

한 문장씩 들릴 때까지 반복해서 다시 들어보세요.

포인트	이유	문장 의미	안 들리는 부분 한글 발음
1			
2			
3			
4			
5			

* 계속 안 들릴 경우, 속도를 조절해보세요.

STEP 02 **질문 확인**

질문이 물어보는 바:

STEP 04 **↔ 비교**

선택지를 다시 소거해보세요. (처음과 달라졌다면, 그 이유도 함께 써주세요.)

소거법	이유	문장 의미	안 들리는 부분 한글 발음
(a)			
(b)			
(c)			
(d)			

정답 (d)

내가 틀린 이유를 추정해본다면?

스크립트와 비교하여, 이전 단계에서 틀린 점을 모두 수정해보세요!

To enable cookies in your Communicator web browser, you need to follow these instructions. Go to the Tools menu and select "Internet Options," which you will find at the very bottom. Look for the "Advanced" tab, and then scroll down to find "Cookies" under the "Security" tab. If you are using Version 3 or above, you will see "Allow Sites to Set Cookies," but if you are using an older version, the prompt will read, "Accept All Cookies." Click OK on whichever prompt you receive.

Q: Which is correct about setting up cookies according to the instructions?
(a) The prompt for Version 3 reads "Accept All Cookies".
(b) "Internet Options" is located near the top of the menu.
(c) The "Advanced" tab is found under the "Security" tab.
(d) The first step requires you to open the Tools menu.

모범풀이와 비교하여, 이전 단계에서 틀린 점을 모두 수정해보세요.

모범풀이 바로가기

11강 청해 파트4 코렉트 | 연습문제 3번

앞서 배운 STEP대로, 노트테이킹 + 소거법으로 문제를 풀어주세요.

mp3 바로가기

(a)	(b)	(c)	(d)

이번에는 각 STEP별로 문제를 풀어보세요.

STEP 01 첫 번째 듣기

STEP 03 두 번째 듣기

한 문장씩 들릴 때까지 반복해서 다시 들어보세요.

포인트	이유	문장 의미	안 들리는 부분 한글 발음
1			
2			
3			
4			
5			

* 계속 안 들릴 경우, 속도를 조절해보세요.

STEP 02 질문 확인

질문이 물어보는 바:

STEP 04 ↔ 비교

선택지를 다시 소거해보세요. (처음과 달라졌다면, 그 이유도 함께 써주세요.)

소거법	이유	문장 의미	안 들리는 부분 한글 발음
(a)			
(b)			
(c)			
(d)			

정답 (c)

내가 틀린 이유를 추정해본다면?

스크립트와 비교하여, 이전 단계에서 틀린 점을 모두 수정해보세요!

Let's look now at the composition of Roman legions. At their forefront were the Hastati, comprised of the youngest and newest soldiers, who fought with long spears. They were the first rank to attack, but if they failed, they would be replaced by the next rank, the Principes. These men, who were more experienced, were the equivalent of today's heavy infantry. However, if they were likewise unsuccessful, then the Triarii, the most experienced rank, would kneel on one knee, cover themselves completely with their shields and move forward quickly to overwhelm their enemies.

Q: Which is correct according to the lecture?
(a) Roman legions were comprised of four ranks.
(b) The Principes were similar to light infantry.
(c) The Hastati were the least experienced soldiers.
(d) The Triarii used long spears against their Enemies.

모범풀이와 비교하여, 이전 단계에서 틀린 점을 모두 수정해보세요.

모범풀이 바로가기

11강 청해 파트4 코렉트 | 연습문제 4번

앞서 배운 STEP대로, 노트테이킹 + 소거법으로 문제를 풀어주세요.

mp3 바로가기

(a)	(b)	(c)	(d)

이번에는 각 STEP별로 문제를 풀어보세요.

STEP 01 **첫 번째 듣기**

STEP 03 **두 번째 듣기**

한 문장씩 들릴 때까지 반복해서 다시 들어보세요.

포인트	이유	문장 의미	안 들리는 부분 한글 발음
1			
2			
3			
4			
5			

* 계속 안 들릴 경우, 속도를 조절해보세요.

STEP 02 **질문 확인**

질문이 물어보는 바:

STEP 04 **↔ 비교**

선택지를 다시 소거해보세요. (처음과 달라졌다면, 그 이유도 함께 써주세요.)

소거법	이유	문장 의미	안 들리는 부분 한글 발음
(a)			
(b)			
(c)			
(d)			

정답 (c)

내가 틀린 이유를 추정해본다면?

스크립트와 비교하여, 이전 단계에서 틀린 점을 모두 수정해보세요!

Let's move on to our next topic: obesity. There's no doubt that the obesity epidemic is real and our collective metabolic health has been getting progressively worse. Indeed, today's kids may be the first generation in history whose life expectancy is projected to be less than that of their parents. Researchers are hard at work trying to understand the basic biochemistry behind this epidemic. Countries such as Singapore need to wake up to the importance of healthy diets and regular exercise before this epidemic hits them.

Q: According to this talk, what is being emphasized about Singapore?
(a) Obesity is an epidemic throughout the country.
(b) Life expectancy will be lower than it used to be.
(c) Citizens need to adopt a better balanced diet.
(d) The awareness of obesity-related diseases should increase.

모범풀이와 비교하여, 이전 단계에서 틀린 점을 모두 수정해보세요.

모범풀이 바로가기

11강 청해 파트4 코렉트 | 연습문제 5번

앞서 배운 STEP대로, 노트테이킹 + 소거법으로 문제를 풀어주세요.

mp3 바로가기

(a)	(b)	(c)	(d)

이번에는 각 STEP별로 문제를 풀어보세요.

STEP 01 첫 번째 듣기

STEP 03 두 번째 듣기

한 문장씩 들릴 때까지 반복해서 다시 들어보세요.

포인트	이유	문장 의미	안 들리는 부분 한글 발음
1			
2			
3			
4			

* 계속 안 들릴 경우, 속도를 조절해보세요.

STEP 02 질문 확인

질문이 물어보는 바:

STEP 04 ↔ 비교

선택지를 다시 소거해보세요. (처음과 달라졌다면, 그 이유도 함께 써주세요.)

소거법	이유	문장 의미	안 들리는 부분 한글 발음
(a)			
(b)			
(c)			
(d)			

정답 (d)

내가 틀린 이유를 추정해본다면?

스크립트와 비교하여, 이전 단계에서 틀린 점을 모두 수정해보세요!

The New Age movement has spawned a vast market for products, seminars, and publications, most based on questionable claims. A highly visible contingent of celebrities can be seen on TV endorsing their favorite psychics. Even government leaders employed the services of astrologers to assist them in making important decisions that affected the nation. Even if such highly conspicuous endorsements do not influence the public directly, at the very least they set a tone that embraces and validates paranormal solutions to life's problems, however small or large.

Q: Which is correct according to the talk?
(a) The New Age movement has failed to have much commercial success.
(b) Most celebrities are reluctant to talk about their belief in the paranormal.
(c) Government leaders have denounced the claims of astrologers and psychics.
(d) The endorsement of certain psychics by celebrities helps legitimize the paranormal.

모범풀이와 비교하여, 이전 단계에서 틀린 점을 모두 수정해보세요.

모범풀이 바로가기

11강 청해 파트4 코렉트 | 연습문제 6번

앞서 배운 STEP대로, 노트테이킹 + 소거법으로 문제를 풀어주세요.

mp3 바로가기

(a)	(b)	(c)	(d)

이번에는 각 STEP별로 문제를 풀어보세요.

STEP 01 **첫 번째 듣기**

STEP 03 **두 번째 듣기**

한 문장씩 들릴 때까지 반복해서 다시 들어보세요.

포인트	이유	문장 의미	안 들리는 부분 한글 발음
1			
2			
3			
4			
5			

* 계속 안 들릴 경우, 속도를 조절해보세요.

STEP 02 **질문 확인**

질문이 물어보는 바:

STEP 04 **↔ 비교**

선택지를 다시 소거해보세요. (처음과 달라졌다면, 그 이유도 함께 써주세요.)

소거법	이유	문장 의미	안 들리는 부분 한글 발음
(a)			
(b)			
(c)			
(d)			

정답 (c)

내가 틀린 이유를 추정해본다면?

스크립트와 비교하여, 이전 단계에서 틀린 점을 모두 수정해보세요!

My opponents are right in saying that balancing our state budget is crucial. It doesn't take a PhD in economics to see that we are in a financial crisis. We've done all the easy things, and now it's time to do the tough things. That's why I raised tobacco and alcohol taxes, and why I raised the upper income tax brackets on the highest 4 percent of taxpayers. In return, we will close the budget gap, fully fund education, and help put 123,000 students in college by reducing tuition.

Q: Which is correct according to the speech?
(a) Upper income residents pay 4 percent more in taxes.
(b) The speaker cut taxes on tobacco and alcohol.
(c) The state is having economic problems.
(d) The government provides full tuition for 123,000 students.

모범풀이와 비교하여, 이전 단계에서 틀린 점을 모두 수정해보세요.

모범풀이 바로가기

빈출 단어 리스트

11강 청해 파트4 코렉트 문제에 출제되었던 빈출단어를 학습하세요!

11강 — 청해 파트4 코렉트 단어시험

Fill in the vocabulary that best completes each sentence.

opponent   comprised of   equivalent of   questionable   spawn
embrace   reluctant to   denounce

1. The inland marine industry is wholly ________________ small firms.

2. He is someone with a ________________ past looking for a way to redeem himself.

3. The disclosure of the academic records will only rank schools and ________________ irregularities and corruption at schools to raise the test scores.

4. The criminal was sentenced to two years in prison and fined the ________________ 800,000 Korean won.

5. The Korean society has not fully ________________(e)d the idea of diversity.

6. Many foreign companies have been ________________ do business in North Korea.

7. Angry residents gathered near ground zero to ________________ the government's handling of Sept.

8. It is important in debate to always respond directly to your ________________.

1. comprised of / 2. questionable / 3. spawn / 4. equivalent of / 5. embraced /
6. reluctant to / 7. denounce / 8. opponent

청해 Part III

인퍼 풀이법

12강

청해 파트3 인퍼 유형

풀이법

번호	문항 수	배점	청해 영역 내 비중
29-30번	2개	7-8점	15.3점 (6.4%)

평소 풀던 방식으로 아래의 문제를 풀어보세요.

Part III **Question 21~30**

You will now hear ten complete conversations. For each conversation, you will be asked to answer a question. Before each conversation, you will hear a short description of the situation. After listening to the description and conversation once, you will hear a question and four options. Based on the given information, choose the option that best answers the question.

L

mp3 바로가기

(a)	(b)	(c)	(d)

Q: What can be inferred from the conversation?

(a) Harry will not be able to get to the airport tomorrow.
해리는 내일 공항에 갈 수 없을 것이다.

(b) A blizzard is supposed to hit Boston tomorrow.
내일 보스턴에 눈보라가 칠 예정이다.

(c) Tomorrow's clients need to travel near the airport.
내일 클라이언트는 공항 근처를 여행할 필요가 있다.

(d) Harry has decided to postpone his trip to Boston.
해리는 보스턴 일정을 미루기로 결정했다.

Q 인퍼는 그냥 '더 어려운 코렉트'
문제라고만 생각했는데,
왜 전혀 언급되지도 않은 (c)가 답일까요?

수강생들은 강의를 수강해주세요 → 강의 수강

 그 이유는 질문에 있어요!

What can be inferred from the conversation?

Correct처럼 '맞는 말'이 아니라,
'추론할 수 있는 것'을 고르는 거에요.

M  W

✓ 인퍼 유형을 코렉트 문제처럼 풀면 틀려요!
정답의 내용이 지문 어디에도 **직접 나오지 않기 때문**이에요.

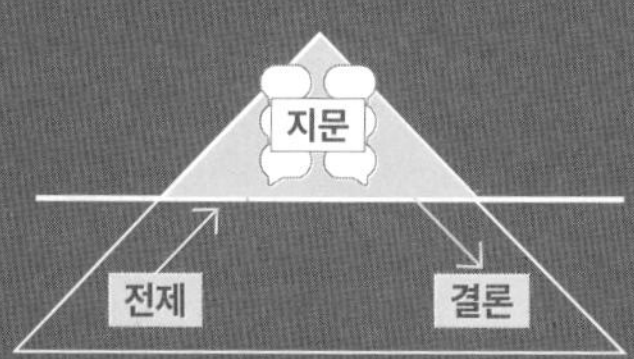

✓ 지문에서 추론할 수 있는 것, 즉 지문의 **전제** 혹은 **결론**이 정답이에요. 지문에 직접 언급되진 않았지만, 지문이 사실이면 **100% 사실**로 인정되는 것들이죠.

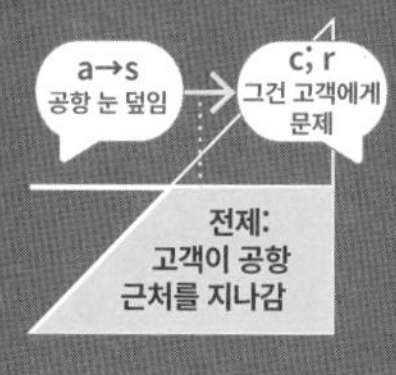

(c) Tomorrow's clients need to travel near the airport.

✓ **포인트**를 통해 문장의 의미를 떠올리고, **문장들 사이에 생략된 '암묵적인 전제 혹은 결론'**을 생각하면 정답 선택지를 고를 수 있어요!

각 STEP을 따라 청해 파트3 인퍼 유형 풀이법을 이해해 보세요.

발음 주의

STEP 01 포인트 노트테이킹

전제 혹은 결론을 찾기 위해선 우선 포인트를 도출해야 해요.
인퍼 유형도 남↔녀만 바꿔서 낚시하는 경우가 많으니, 남녀를 꼭 구분하세요!

W'1: Harry, what time were you planning on leaving for Boston tomorrow?
보스턴으로 언제(what time) 떠나냐는 거니까 **t?** 정도로 기록하자. → W: t?

M'1: I've got a meeting that'll finish around 4, and I was going to drive to the airport right after.
4시 쯤 미팅이 끝나서 그 이후에 간다는 거니까 **4~**라고 써두면 되겠다. → M: 4~

W'2: There's a winter storm coming tomorrow, I think you should try to leave before it hits.
폭풍(storm)오기 전에 떠나는 게 좋을 것 같다는 거니까 **~S** 이렇게! 써둬야지. → W: ~s

M'2: Well, I'm not sure I'll be able to reschedule my meeting. How bad is the storm going to be?
폭풍이 얼마나 심할지 묻는 것이 핵심이므로 **π?** → M: π?

W'3: They said the roads near the airport will be covered with snow by 6 p.m.
공항 근처(a)가 6시면 눈(s)으로 뒤덮인다고 하네. **a→s**로! → W: a→s

M'3: Then that'll create trouble for the clients I'm meeting, too. I'll ask them to reschedule.
클라이언트도 문제가 있을 수 있으니, 스케줄 바꿔보겠다(r)는 것! **c; r** 이렇게 써두자. → M: c; r

W	M
t?	
	4~
~s	
	π?
a→s	
	c; r

STEP 02 질문 확인

Q: What can be inferred from the conversation?

일반적으로 인퍼는 질문이 고정되어 있지만,
구체적 인퍼 문제일 수도 있으니, 꼭 질문을 확인하세요.

W	M
t?	4~
~s	π?
a→s	c; r

STEP 03 전제 or 결론

지문의 전제 혹은 결론을 나타내는 선택지인지 소거하세요.
*배경지식으로 판단하거나 지나치게 일반화하지 않도록 주의하세요.

발음 주의

△ (a) Harry will not be able to get to the airport tomorrow.
해리는 내일 공항에 갈 수 없을 것이다.

수험생 26% 선택
정답보다 더 많이!

눈 덮이기 전에 갈 수도 있으므로, 눈이 덮인다는 것만으로 공항에 못 간다고 단정(will not be able to) 할 수 없으므로 오답 ***과한 유추 주의**
해당 포인트: c; r

△ (b) A blizzard is supposed to hit Boston tomorrow.

내일 보스턴에 눈보라가 휘몰아칠 것이다.

수험생 50% 선택
정답보다 더 많이!

남자가 지금 있는 지역의 날씨를 얘기하고 있다. 보스턴은 남자의 목적지(leaving **for**)이므로 오답

O **(c) Tomorrow's clients need to travel near the airport.**

수험생 22%만 정답

내일 만나기로 한 고객들은 공항 근처로 (travel)해야 한다.

공항이 눈으로 덮이는 것이 고객에게 문제가 될 수 있다고 언급되었으므로, 고객이 공항이 눈으로 덮일 시간에 그 근처를 지나친다는 것은 100% 맞는 전제
해당 포인트: a→s, c; r

△ (d) Harry has decided to postpone his trip to Boston.

남자가 미팅 시간을 바꿔볼 것이긴 하지만, 출장을 변경하기로 결정한 것은 아니므로 오답
해당 포인트: c; r

청해 파트3 인퍼 유형 풀이법 STEP 1~3를 따라서, 새로운 문제를 풀어보세요.

Part III **Question 21~30**

You will now hear ten complete conversations. For each conversation, you will be asked to answer a question. Before each conversation, you will hear short description of the situation. After listening to the description and conversation once, you will hear a question and four options. Based on the given information, choose the option that best answers the question.

사람1	사람2

mp3 바로가기

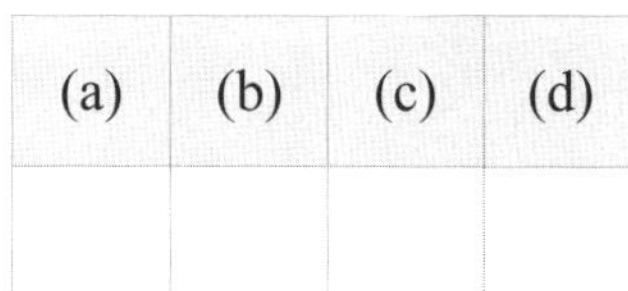

(a)	(b)	(c)	(d)

L

아래 모범풀이와 비교하여, 각 step 별로 내 실수를 교정해보세요.

STEP 01 포인트 노트테이킹

W'1: I just saw a huge line of people on Main Street.
줄 서 있는 거 봤다는 거니까 ———

M'1: Oh, that's because the new Taco World opened today.
Taco World가 오픈했다는 거니까! T!

W'2: Taco World? You mean the big Mexican fast food chain?
멕시코 음식인지 확인하는구나! M?

M'2: That's right. They just set up a franchise in our town.
질문에 확인해주는 것. 그냥 o이면 충분!

W'3: Great! Finally, something different from American and Chinese food.
드디어 미국(A)음식이나 중국(C)음식과 다른 음식점이 생겼다고 감탄하는 거니까 AC

M'3: Yeah, I know. I can't wait to try one of their tacos.
먹어보고 싶다는 것이니까, 간단하게 !

W	M

	T!
M?	
	o
AC	
	!

STEP 02 질문 확인

Q: What can be inferred about Taco World from the conversation?

W	M
---	T!
M?	o
AC	!

STEP 03 전제 or 결론

*배경지식, 일반화 오류 주의

△ (a) Its grand opening caused a big traffic jam. 오답자 75% 선택
타코 월드의 개점은 극심한 교통 체증을 야기했다.

교통 수단이 아닌 사람들이 줄을 선 것이므로, 극심한 교통 체증이 야기된다는 것은 오답
해당 포인트: ———

O **(b) It is the first Mexican restaurant in town.**

타코 월드는 마을에 처음 생긴 멕시코 음식점이다

여자가 드디어 '미국, 중국 음식과 다른' 음식이라고 했으므로, 이 지역에 멕시코 음식점이 없었다는 것은 100% 맞는 전제
해당 포인트: AC

X (c) Its food is only popular with immigrants.

타코 월드의 음식은 이민자들 사이에서만 인기가 있다.

멕시코 음식을 이민자들만 좋아할 거란 것은 배경지식일 뿐 100% 맞는 전제는 아니므로 오답 ***배경지식 주의**

X (d) The man likes it more than Chinese food.

남자는 중국 음식보다 타코 월드의 음식을 더 좋아한다.

먹어보고 싶다고 한 것만으로는 특정 음식보다 더 좋아한다고 단정할 수 없으므로 오답 ***과한 유추 주의**
해당 포인트: AC

풀이법 요약

STEP 01 **포인트 노트테이킹**

STEP 02 **질문 확인**

STEP 03 **전제 or 결론**

이제 이 풀이법을 연습문제에 적용해보세요!

연습문제	소요시간
총 4문제	약 2~4시간

12강 청해 파트3 인퍼 | 연습문제 1번

앞서 배운 STEP대로, 노트테이킹 + 소거법으로 문제를 풀어주세요.

mp3 바로가기

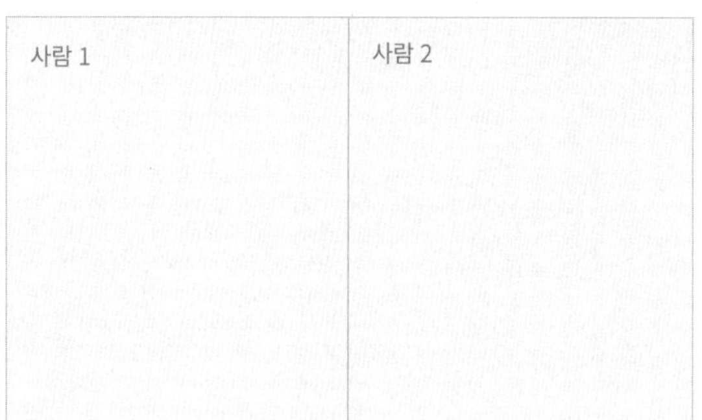

사람 1	사람 2

(a)	(b)	(c)	(d)

이번에는 각 STEP별로 문제를 풀어보세요.

STEP 01 포인트 노트테이킹

한 문장씩 끊어 들으면서 다시 풀어보세요.

포인트	이유	문장 의미	안 들리는 부분 한글 발음
남			
여			
남			
여			
남			
여			

* 계속 안 들릴 경우, 속도를 조절해보세요.

STEP 02 질문 확인

질문이 물어보는 바:

STEP 03 전제 or 결론

선택지도 다시 소거해보세요. (처음과 달라졌다면, 그 이유도 함께 써주세요.)

소거법	이유	문장 의미	안 들리는 부분 한글 발음
(a)			
(b)			
(c)			
(d)			

정답 (a)

내가 틀린 이유를 추정해본다면?

스크립트와 비교하여, 이전 단계에서 틀린 점을 모두 수정해보세요!

Listen to a conversation on campus.
M: I'm here to renew my student ID. Am I in the right place?
W: Yes, you are. Could you fill out the upper part of the form, please?
M: Sure. How long will it take for me to receive it?
W: It takes about a week.
M: A week? But I need it right away to check out books from the library.
W: In that case, I could write you a letter to show at the library.

Q: What can be inferred from the conversation?
(a) The man will be able to check out books.
(b) The man has never had a student ID before.
(c) The woman is unfamiliar with the procedure for renewing an ID.
(d) The woman is going to write a letter to the man.

모범풀이와 비교하여, 이전 단계에서 틀린 점을 모두 수정해보세요.

모범풀이 바로가기

12강 청해 파트3 인퍼 | 연습문제 2번

앞서 배운 STEP대로, 노트테이킹 + 소거법으로 문제를 풀어주세요.

mp3 바로가기

(a)	(b)	(c)	(d)

이번에는 각 STEP별로 문제를 풀어보세요.

STEP 01 포인트 노트테이킹

한 문장씩 끊어 들으면서 다시 풀어보세요.

포인트	이유	문장 의미	안 들리는 부분 한글 발음
남			
여			
남			
여			
남			
여			

* 계속 안 들릴 경우, 속도를 조절해보세요.

STEP 02 질문 확인

질문이 물어보는 바:

STEP 03 전제 or 결론

선택지도 다시 소거해보세요. (처음과 달라졌다면, 그 이유도 함께 써주세요.)

소거법	이유	문장 의미	안 들리는 부분 한글 발음
(a)			
(b)			
(c)			
(d)			

정답 (b)

내가 틀린 이유를 추정해본다면?

스크립트와 비교하여, 이전 단계에서 틀린 점을 모두 수정해보세요!

Listen to two friends exchanging ideas about an issue.
M: What do you think about all this dog cloning business?
W: Well, I can't imagine living without my schnauzer, Mitzy.
M: So you'd actually consider it for her, despite all the potential complications?
W: Are there any bad ones besides the chance of an abbreviated lifespan?
M: No, but that's enough to make me think twice about it.
W: True. Still, I can't rule out the possibility.

Q: What can be inferred from the conversation?
(a) The woman's dog lived a short life.
(b) The woman will consider cloning Mitzy.
(c) The man has several worries about dog cloning.
(d) The man dislikes dogs.

모범풀이와 비교하여, 이전 단계에서 틀린 점을 모두 수정해보세요.

모범풀이 바로가기

12강 청해 파트3 인퍼 | 연습문제 3번

앞서 배운 STEP대로, 노트테이킹 + 소거법으로 문제를 풀어주세요.

mp3 바로가기

사람 1	사람 2

(a)	(b)	(c)	(d)

이번에는 각 STEP별로 문제를 풀어보세요.

STEP 01 포인트 노트테이킹

한 문장씩 끊어 들으면서 다시 풀어보세요.

포인트	이유	문장 의미	안 들리는 부분 한글 발음
여			
남			
여			
남			
여			
남			

* 계속 안 들릴 경우, 속도를 조절해보세요.

STEP 02 질문 확인

질문이 물어보는 바:

STEP 03 전제 or 결론

선택지도 다시 소거해보세요. (처음과 달라졌다면, 그 이유도 함께 써주세요.)

소거법	이유	문장 의미	안 들리는 부분 한글 발음
(a)			
(b)			
(c)			
(d)			

정답 (b)

내가 틀린 이유를 추정해본다면?

스크립트와 비교하여, 이전 단계에서 틀린 점을 모두 수정해보세요!

Listen to a conversation about a TV show.
W: Can you believe what that talk show host just asked?
M: I can't believe they still let him on the air.
W: He should have retired years ago.
M: Remember when you used to watch him all the time?
W: Now I can't stand hearing him. Turn off the television.
M: You've got it. They should really get someone to replace him.

Q: Which would be the best description of the man and woman?
(a) Executives of a television company
(b) Viewers of a TV show
(c) Members of the cast on the air
(d) Critics of a broadcasting station

모범풀이와 비교하여, 이전 단계에서 틀린 점을 모두 수정해보세요.

모범풀이 바로가기

12강 청해 파트3 인퍼 | 연습문제 4번

앞서 배운 STEP대로, 노트테이킹 + 소거법으로 문제를 풀어주세요.

mp3 바로가기

(a)	(b)	(c)	(d)

이번에는 각 STEP별로 문제를 풀어보세요.

STEP 01 포인트 노트테이킹

한 문장씩 끊어 들으면서 다시 풀어보세요.

포인트	이유	문장 의미	안 들리는 부분 한글 발음
여			
남			
여			
남			
여			
남			

* 계속 안 들릴 경우, 속도를 조절해보세요.

STEP 02 질문 확인

질문이 물어보는 바:

STEP 03 전제 or 결론

선택지도 다시 소거해보세요. (처음과 달라졌다면, 그 이유도 함께 써주세요.)

소거법	이유	문장 의미	안 들리는 부분 한글 발음
(a)			
(b)			
(c)			
(d)			

정답 (c)

내가 틀린 이유를 추정해본다면?

스크립트와 비교하여, 이전 단계에서 틀린 점을 모두 수정해보세요!

Listen to a conversation between two colleagues.
W: Excuse me, Roger. Do you have a minute to talk?
M: Sure. I'm assuming that you want to talk about Carolyn again?
W: I'm afraid so. Is she still acting rudely toward the customers?
M: Well, unfortunately, she still tends to be a bit abrupt at times.
W: I see. I think it's time that we finally took firm action.
M: I wish I could disagree. I'll arrange for a transfer.

Q: What can be inferred from the conversation?
(a) The woman is not a supervisor.
(b) The man wants to fire Carolyn.
(c) Carolyn has caused problems before.
(d) Transfers are difficult to arrange.

모범풀이와 비교하여, 이전 단계에서 틀린 점을 모두 수정해보세요.

모범풀이 바로가기

빈출 단어 리스트

12강 청해 파트3 인퍼 문제에 출제되었던 빈출단어를 학습하세요!

12강 — 청해 파트3 인퍼 단어시험

Fill in the vocabulary that best completes each sentence.

immigrant stand replace procedure clone complications
rule out postpone abrupt

1. What causes offence is your manner, which is ________________, rude and ultimately unconstructive.

2. People who said 'ow' or 'ouch' could ________________ the pain five seconds longer than people who did not make the sounds.

3. Half of all people get their tattoos removed even though it is a costly ______________.

4. With more ________________(e)s flowing into the nation, more interracial marriages are happening.

5. If we ________________ humans we can create perfectly matching organs for people.

6. Social networking websites can never ________________ face to face interactions.

7. She later died at the age of 19 due to ________________ from the accident.

8. We can hardly ________________ a possibility of a global tsunami hitting the international financial market.

9. Other people must ___________________ retirement in order to keep their medical insurance.

1. abrupt / 2. stand / 3. procedure / 4. immigrants / 5. clone /
6. replace / 7. complications / 8. rule out / 9. postpone

독해 Part III

인퍼 풀이법

13강

풀이법

번호	문항 수	배점	독해 영역 내 비중
23-25번	3개	7-12점	28.6점 (12%)

평소 풀던 방식으로 아래의 문제를 풀어보세요.

Part III **Question 13~25**

Read the passage, question, and options. Then, based on the given information, choose the option that best answers each question.

R

23. The U.S. Supreme Court has decided that sentencing juveniles to life in prison without possible release is unconstitutional for any crime except murder. The Highest Court in the land declared that sentences of life imprisonment without parole in most juvenile cases were in violation of the ban on cruel and unusual punishment outlined in the Constitution. The landmark declaration came after the case of a teenage boy, who was sixteen when he committed two felonies, was brought to the court. Outside the court, the boy's parents expressed relief that their son would not be America's latest juvenile lifer.

Q: What can be inferred from the passage?

(a) The constitution failed to outline specifics on juvenile crime.
(b) Cases involving juveniles often end up in the Supreme Court.
(c) The boy before the court had not been found guilty of murder.
(d) There are very few juveniles serving life sentences in the U.S.

Q: What can be inferred from the passage?

(c) The boy before the court had not been found guilty of murder.
재판 받기 전의 소년? 법정 앞에 선 소년?은 살인을 저지르지 않았다.

인퍼는 그냥 '더 어려운 코렉트'
문제라고만 생각했는데,
왜 지문에 나오지도 않은 (c)가 정답일까요?

수강생들은 강의를 수강해주세요 → 강의 수강

A 그 이유는 질문에 있어요!

What can be inferred from the passage?

지문에 나온 '맞는 말'이 아니라, '추론할 수 있는 내용'을 고르는 거에요.

✓ 인퍼 유형을 코렉트 유형처럼 풀면 틀려요! 코렉트와 다르게 정답의 내용이 지문 어디에도 **직접 나오지 않기 때문**이에요.

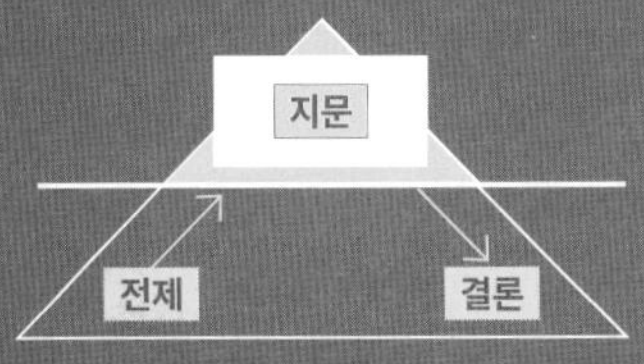

✓ 지문에서 추론할 수 있는 것, 즉 지문의 **전제** 혹은 **결론**이 정답이에요. 지문에 직접 언급되진 않았지만, 지문이 사실이면 **100% 사실로 인정**되는 것들이죠.

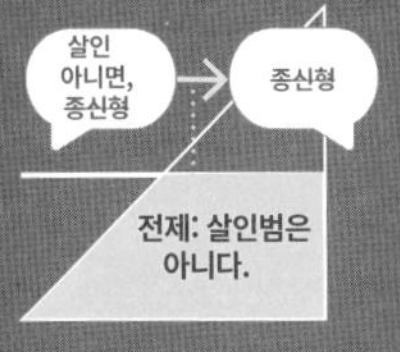

(c) The boy before the court had not been found guilty of murder.

✓ **포인트**를 통해 문장의 의미를 떠올리고, **문장들 사이에 생략된 '암묵적인 전제 혹은 결론'**을 나타내는 정답 선택지를 고를 수 있어요!

각 STEP을 따라 독해 인퍼 유형 풀이법을 이해해 보세요.

STEP 01 질문 확인

What can be inferred from the passage?

인퍼 유형의 질문은 보통 고정되어 있지만,
혹시 구체적 인퍼가 나올 수도 있으니 질문 부터 확인하세요.

STEP 02 포인트 도출

각 문장의 포인트를 도출해보세요.

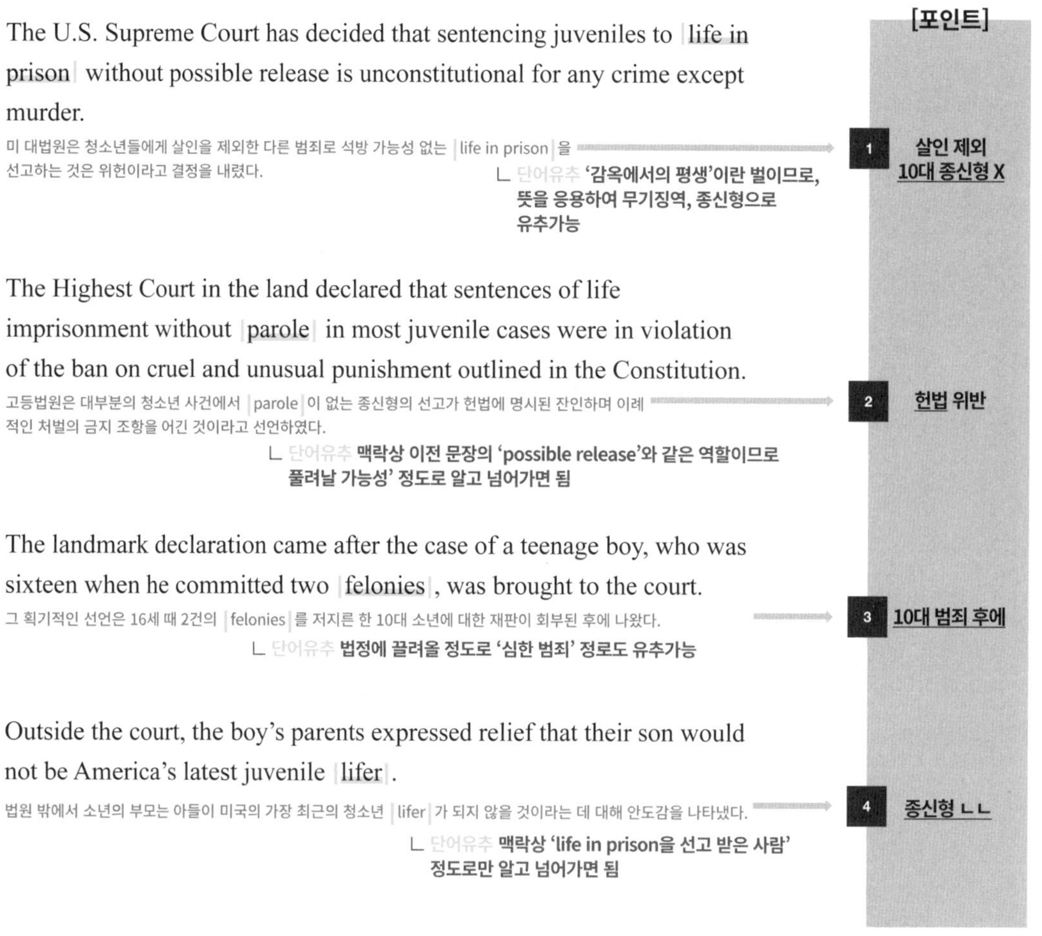

The U.S. Supreme Court has decided that sentencing juveniles to life in prison without possible release is unconstitutional for any crime except murder.

미 대법원은 청소년들에게 살인을 제외한 다른 범죄로 석방 가능성 없는 life in prison 을 선고하는 것은 위헌이라고 결정을 내렸다.

ㄴ 단어유추 **'감옥에서의 평생'이란 벌이므로, 뜻을 응용하여 무기징역, 종신형으로 유추가능**

The Highest Court in the land declared that sentences of life imprisonment without parole in most juvenile cases were in violation of the ban on cruel and unusual punishment outlined in the Constitution.

고등법원은 대부분의 청소년 사건에서 parole 이 없는 종신형의 선고가 헌법에 명시된 잔인하며 이례적인 처벌의 금지 조항을 어긴 것이라고 선언하였다.

ㄴ 단어유추 **맥락상 이전 문장의 'possible release'와 같은 역할이므로 풀려날 가능성' 정도로 알고 넘어가면 됨**

The landmark declaration came after the case of a teenage boy, who was sixteen when he committed two felonies, was brought to the court.

그 획기적인 선언은 16세 때 2건의 felonies 를 저지른 한 10대 소년에 대한 재판이 회부된 후에 나왔다.

ㄴ 단어유추 **법정에 끌려올 정도로 '심한 범죄' 정도로 유추가능**

Outside the court, the boy's parents expressed relief that their son would not be America's latest juvenile lifer.

법원 밖에서 소년의 부모는 아들이 미국의 가장 최근의 청소년 lifer 가 되지 않을 것이라는 데 대해 안도감을 나타냈다.

ㄴ 단어유추 **맥락상 'life in prison을 선고 받은 사람' 정도로만 알고 넘어가면 됨**

[포인트]

1 **살인 제외 10대 종신형 X**

2 **헌법 위반**

3 **10대 범죄 후에**

4 **종신형 ㄴㄴ**

문장들의 전제 or 결론인지만 판단하면 되니
접점을 도출할 필요는 없습니다.

STEP 03 전제 or 결론

지문의 전제 혹은 결론을 나타내는 선택지인지 판단하세요.
*배경지식으로 판단하거나 지나치게 일반화하지 않도록 주의하세요.

(a) The constitution failed to outline specifics on juvenile crime.
헌법은 청소년 범죄에 대한 세부 사항의 개요를 서술하는 데 실패했다.

지문 내용만으로는 헌법에서 다뤄지는 청소년 범죄의 세부사항을 알 수 없으므로 오답 **(포인트 2)**

(b) Cases involving juveniles often end up in the Supreme Court. 오답자 45% 선택
청소년이 연루된 사건들은 종종 대법원에서 결정된다.

지문 내용만으로 청소년 연루 사건을 대법원에서 다룬다고 추론하는 것은 지나친 일반화이므로 오답 **(포인트1)**
***과한 유추 주의**

✓ **(c) The boy before the court had not been found guilty of murder.**
법정에 출두한 그 소년은 살인죄로 유죄 판결을 받지 않았다.

살인을 제외한 경우 종신형을 선고할 수 없다는 결정에 **(포인트1)** 소년의 부모가 안도하고 있으므로 **(포인트4)**
소년이 살인죄가 아니라는 것은 100% 사실인 전제

(d) There are very few juveniles serving life sentences in the U.S.
미국에서 종신형으로 복역 중인 청소년은 거의 없다.

청소년 종신형 선고가 이번에 위헌이 되었다고 해서 이전에 종신형으로 복역중인 청소년에 대해선 알 수 없고,
살인은 여전히 종신형이 선고될 수 있으므로 거의 없다는 것은 지나친 일반화의 오류 **(포인트1)**
***과한 유추 주의**

독해 인퍼 유형 풀이법 STEP 1~3를 따라서, 새로운 문제를 풀어보세요.

25. The nature of art has been described by Richard Wollheim as "one of the most elusive of the traditional problems of human culture." It has been defined as a vehicle for the expression or communication of emotions and ideas, a means for exploring and appreciating formal elements for their own sake, and as mimesis or representation. Leo Tolstoy defined art as an indirect means to communicate ideas from one person to another. Benedetto Croce and R.G. Collingwood advanced the idealist view that art expresses emotions, and that the work of art therefore essentially exists in the mind of the creator.

R

Q: Which statement would the speaker most likely agree with?
(a) Art is best defined as a vehicle for expressing ideas.
(b) Collingwood believes that only artists can explain their art's real meaning.
(c) Tolstoy thought that the value of art was exaggerated.
(d) Richard Wollheim thinks that art causes problems in culture.

아래 모범풀이와 비교하여, 각 step 별로 내 실수를 교정해보세요.

STEP 01 질문 확인

Which statement would the speaker most likely agree with?

지문의 화자가 직접 한 말이 아닌, 동의할만한 것을 묻고 있으므로 인퍼 문제입니다.

STEP 02 포인트 도출

The nature of art has been described by Richard Wollheim as "one of the most elusive of the traditional problems of human culture."

미술의 본질은 리처드 볼하임에 의해 "인간 문명의 전통적 문제 중 가장 규정하기 힘든 것"으로 설명되었다. → 1 W: 규정 어려움

It has been defined as a vehicle for the expression or communication of emotions and ideas, a means for exploring and appreciating formal elements for their own sake, and as mimesis or representation.

미술은 감정과 생각의 표현이나 소통을 위한 vehicle 로써, 형태적 요소 자체와 모방과 표현으로서의 형태적 요소를 탐구하고 감상하는 수단으로써 정의되어 왔다. → 2 표현 & 감상

ㄴ 단어유추 **많이 알고 있는 '운송수단'이란 뜻을 응용하여 감정 표현 및 소통의 '수단' 정도로 유추 가능**

Leo Tolstoy defined art as an indirect means to communicate ideas from one person to another.

레오 톨스토이는 미술을 한 사람이 다른 사람에게 생각을 전달하는 간접적 수단으로 정의했다. → 3 T: 생각 전달

Benedetto Croce and R.G. Collingwood advanced the idealist view that art expresses emotions, and that the work of art therefore essentially exists in the mind of the creator.

베네데토 크로체와 R.G. 콜링우드는 미술이 감정을 표현하며, 따라서 미술 작품은 본질적으로는 만든 사람의 마음속에 존재한다는 이상주의적 관점을 발전시켰다. → 4 CC: 창작자 머릿속

STEP 03 **전제 or 결론**

(a) Art is best defined as a vehicle for expressing ideas. 오답자 75% 선택

미술에 대한 최고의 정의는 생각을 표현하는 수단이라는 것이다.

예술에 대한 다양한 정의를 나열하고 있을 뿐이므로**(포인트2)**, 생각 표현 수단이 최고의 정의인지는 알 수 없다.
*** 배경지식, 상식 주의**

✓ **(b) Collingwood believes that only artists can explain their art's real meaning.**

콜링우드는 미술가들만이 자기 미술작품의 진정한 의미를 설명할 수 있다고 생각한다.

콜링우드는 작품이 창작자의 내면에 존재한다고 생각하기 때문에, 내면에 존재하는 것을 설명할 수 있는 것은 창작자 자신 뿐이라는 것은 콜링우드에겐 100% 사실인 전제가 맞다. **(포인트4)**

(c) Tolstoy thought that the value of art was exaggerated.

톨스토이는 미술의 가치가 과장되었다고 생각했다.

톨스토이가 예술을 소통의 수단이라고 생각한 것만으로는**(포인트3)** 미술의 가치에 대한 그의 생각을 알 수 없으므로 오답

(d) Richard Wollheim thinks that art causes problems in culture.

리처드 볼하임은 미술이 문명에 문제를 일으킨다고 생각한다.

리처드 볼하임이 예술의 정의를 내리기 어렵다고 한 것만으로**(포인트1)** 미술에 대한 그의 부정적인 생각을 알 수 없으므로

풀이법 요약

STEP 01 **질문 확인**

STEP 02 **포인트 도출**

STEP 03 **전제 or 결론**

이제 이 풀이법을 연습문제에 적용해보세요!

연습문제	소요시간
총 3문제	약 2~3시간

13강 독해 파트3 인퍼 | 연습문제 1번

앞서 배운 STEP대로, 문제를 한번에 이어서 풀어주세요.

Before passing over a sodium-enriched energy drink for a jug of water after that hard workout in the heat, it is best to be aware of the dangers of hyponatremia, a deficiency of sodium in the blood. Low sodium levels are often caused either as a side effect of medication or through heavy perspiration during vigorous outdoor exercise. Overconsumption of water in these cases further dilutes the blood's sodium content, and therefore people who exercise often would be best advised to consume more than the general recommended daily allowance of sodium, which can be done through moderate consumption of energy drinks.

Q: What can be inferred from the passage?

(a) Energy drinks may be preferable to water for very active people.
(b) Over-consumption of sodium is not as harmful as many people believe.
(c) Energy drinks can lead to hyponatremia if consumed in excessive amounts.
(d) Heavy perspirers are in higher danger of some conditions such as hypertension.

이번에는 각 STEP별로 문제를 풀어보세요

STEP 01 질문 확인

Q: What can be inferred from the passage?

물어보는 바

STEP 02 포인트 도출

Before passing over a sodium-enriched energy drink for a jug of water after that hard workout in the heat, it is best to be aware of the dangers of hyponatremia, a deficiency of sodium in the blood.

1 포인트	문장 의미

Low sodium levels are often caused either as a side effect of medication or through heavy perspiration during vigorous outdoor exercise.

2 포인트	문장 의미

Overconsumption of water in these cases further dilutes the blood's sodium content, and therefore people who exercise often would be best advised to consume more than the general recommended daily allowance of sodium, which can be done through moderate consumption of energy drinks.

3 포인트	문장 의미

STEP 03 전제 or 결론

(a) Energy drinks may be preferable to water for very active people.

이유
문장 의미

(b) Over-consumption of sodium is not as harmful as many people believe.

이유
문장 의미

(c) Energy drinks can lead to hyponatremia if consumed in excessive amounts.

이유
문장 의미

(d) Heavy perspirers are in higher danger of some conditions such as hypertension.

이유
문장 의미

정답 (a)

내가 틀린 이유를 추정해본다면?

모범풀이와 비교하여, 이전 단계에서 틀린 점을 모두 수정해보세요.

모범풀이 바로가기

앞서 배운 STEP대로, 문제를 한번에 이어서 풀어주세요.

Amid the economic downturn at the end of 2008, many laypeople were re-introduced to an old economic term: Keynesian economics. First developed after World War I, this economic theory maintains that in times of a slowing economy, or even worse, a depression, the best solution is for the government to increase spending, even if tax revenues are down. This can be done by releasing more money into the financial markets, which in turn make it easier for banks to lend money; or the government can increase its spending on things such as defense and infrastructure. This increased spending by the government puts more money in people's pockets, which in turn enables them to spend more on goods and services.

Q: What can be inferred from the passage?

(a) Keynesian economics theory does not work any longer.
(b) Governments may run deficits under the Keynesian approach.
(c) Keynesian economics explains why most recessions occur.
(d) The current economic downturn started right after World War II.

이번에는 각 STEP별로 문제를 풀어보세요

STEP 01 질문 확인

Q: What can be inferred from the passage?

물어보는 바

STEP 02 포인트 도출

Amid the economic downturn at the end of 2008, many laypeople were re-introduced to an old economic term: Keynesian economics.

1 포인트	문장 의미

First developed after World War I, this economic theory maintains that in times of a slowing economy, or even worse, a depression, the best solution is for the government to increase spending, even if tax revenues are down.

2 포인트	문장 의미

This can be done by releasing more money into the financial markets, which in turn make it easier for banks to lend money; or the government can increase its spending on things such as defense and infrastructure.

3 포인트	문장 의미

This increased spending by the government puts more money in people's pockets, which in turn enables them to spend more on goods and services.

4 포인트	문장 의미

STEP 03 전제 or 결론

(a) Keynesian economics theory does not work any longer.

이유

문장 의미

(b) Governments may run deficits under the Keynesian approach.

이유

문장 의미

(c) Keynesian economics explains why most recessions occur.

이유

문장 의미

(d) The current economic downturn started right after World War II.

이유

문장 의미

정답 (b)

내가 틀린 이유를 추정해본다면?

모범풀이와 비교하여, 이전 단계에서 틀린 점을 모두 수정해보세요.

모범풀이 바로가기

앞서 배운 STEP대로, 문제를 한번에 이어서 풀어주세요.

Drivers who are afraid of getting caught on camera running a red light often hit the brakes and get rear-ended by the car behind them. At least two cities prove the case: In Charlotte, North Carolina, and San Diego, California, rear-end crashes went up by 16 and 37 percent respectively over a three-year period after cameras were installed in each city. But city officials, preparing to install the cameras at traffic intersections in other cities around the country, say that even if rear-end collisions go up, it will be far outweighed by the decrease in the more fatal right-angle collisions.

Q: What can be inferred from the passage?

(a) Many citizens are opposed to camera installation.

(b) Right-angle collisions decreased in Charlotte and San Diego.

(c) The cameras will be positioned where they are least likely to be spotted.

(d) Rear-end collisions won't increase in Boston.

이번에는 각 STEP별로 문제를 풀어보세요

STEP 01 질문 확인

Q: What can be inferred from the passage?

물어보는 바

STEP 02 포인트 도출

Drivers who are afraid of getting caught on camera running a red light often hit the brakes and get rear-ended by the car behind them.

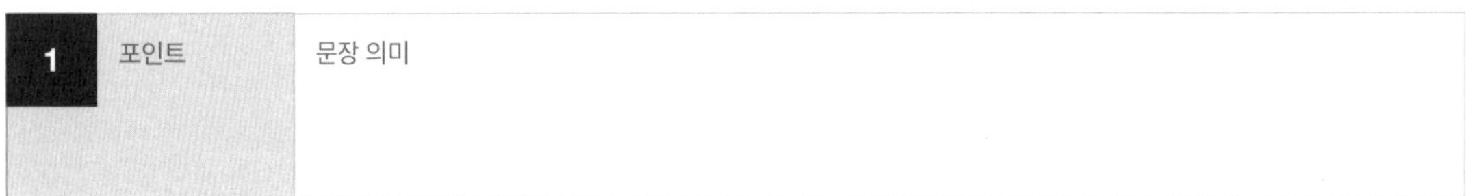

At least two cities prove the case: In Charlotte, North Carolina, and San Diego, California, rear-end crashes went up by 16 and 37 percent respectively over a three-year period after cameras were installed in each city.

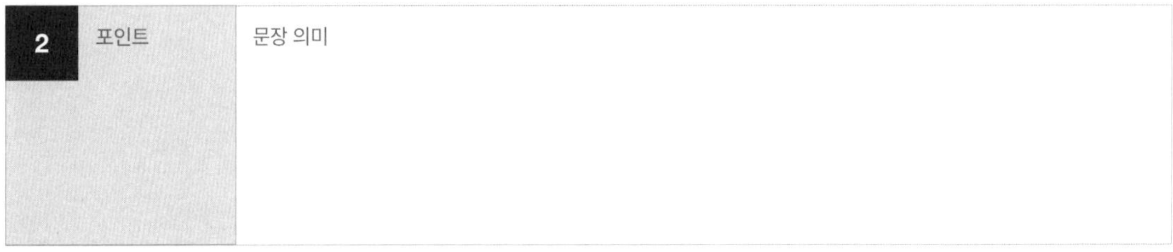

But city officials, preparing to install the cameras at traffic intersections in other cities around the country, say that even if rear-end collisions go up, it will be far outweighed by the decrease in the more fatal right-angle collisions.

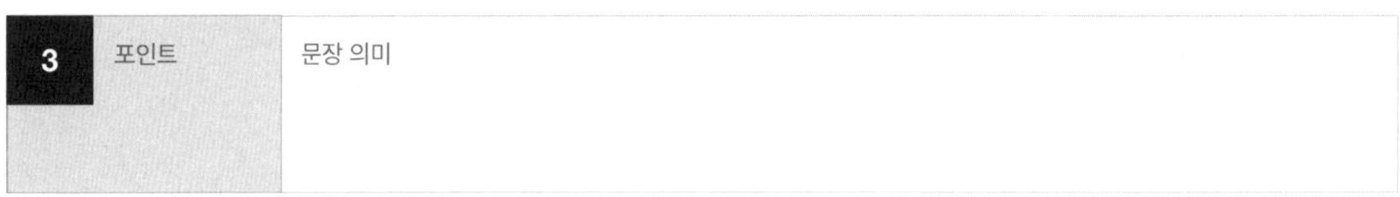

STEP 03 전제 or 결론

(a)	Many citizens are opposed to camera installation.
이유	
문장 의미	

(b)	Right-angle collisions decreased in Charlotte and San Diego.
이유	
문장 의미	

(c)	The cameras will be positioned where they are least likely to be spotted.
이유	
문장 의미	

(d)	Rear-end collisions won't increase in Boston.
이유	
문장 의미	

정답 (b)

내가 틀린 이유를 추정해본다면?

모범풀이와 비교하여, 이전 단계에서 틀린 점을 모두 수정해보세요.

모범풀이 바로가기

빈출 단어 리스트

13강 독해 파트3 인퍼 **문제에 출제되었던 빈출단어를 학습하세요!**

13강 — 독해 파트3 인퍼 단어시험

Fill in the vocabulary that best completes each sentence.

sentence exaggerated vigorous dilute
amid recession outweigh

1. __________________ the low birthrate, toy sellers are finding a rising new market with adults.

2. Due to the economic __________________, many school districts have experienced cuts to their budget.

3. Do the risks __________________ the benefits of our global information network?

4. People often encounter __________________ or unproven claims online.

5. Songs and dances can actually make the films more __________________ and energetic.

6. The prisoner has been pardoned three years of his __________________.

7. Korean is a beautiful language that is being __________________(e)d by a flood of nonstandard words.

1. Amid / 2. recession / 3. outweigh / 4. exaggerated / 5. vigorous / 6. sentence / 7. diluted

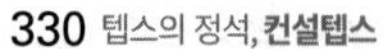

청해 Part IV

인퍼 풀이법

14강

풀이법

번호	문항 수	배점	청해 영역 내 비중
36번	1개	12-14점	13점 (5.4%)

평소 풀던 방식으로 아래의 문제를 풀어보세요.

Part IV Question 31~36

You will now hear six short talks. After each talk, you will be asked to answer a question. Each talk and its corresponding question will be read twice. Then you will hear four options which will be read only once. Based on the given information, choose the option that best answers the question.

L

mp3 바로가기

(a)	(b)	(c)	(d)

Q: What can be inferred from the lecture?

(c) The current doses are too much for healthy people.

현재 투여되는 양이 너무 많다.

Q 인퍼는 그냥 '더 어려운 코렉트' 문제라고만 생각했는데, **왜 지문에 나오지도 않은 (c)가 정답일까요?**

수강생들은 강의를 수강해주세요 → 강의 수강

A 그 이유는 질문에 있어요!

Q: What can be inferred from the lecture?

지문에 나온 맞는 말이 아니라,
'추론할 수 있는 내용'을 고르는 거에요.

✓ 인퍼 유형을 코렉트 유형처럼 풀면 틀려요! 코렉트와 다르게 정답의 내용이 들은 내용 중에서 **나오지 않기 때문**이에요.

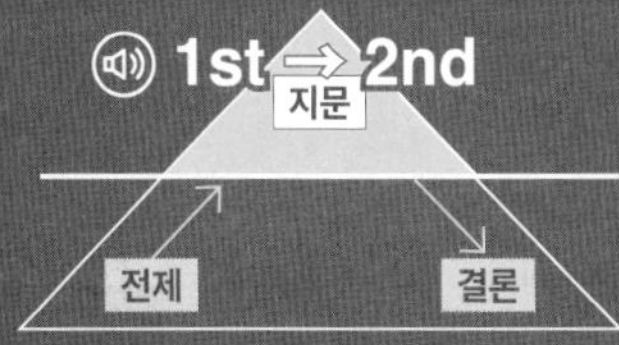

✓ 지문에서 추론할 수 있는 것, 즉 지문의 **전제** 혹은 **결론**이 정답이에요. 지문에 직접 언급되진 않았지만, 지문이 사실이면 **100% 사실**로 인정되는 것들이죠.

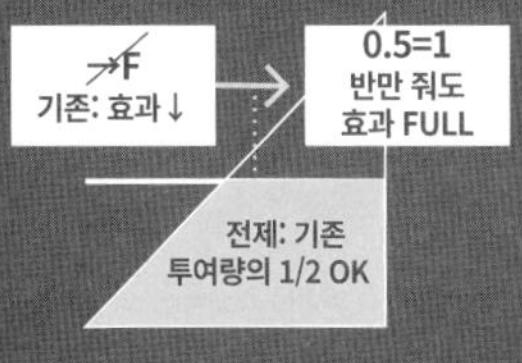

✓ **포인트**를 통해 문장의 의미를 떠올리고, **문장들 사이에 생략된 '암묵적인 전제 혹은 결론'**을 나타내는 정답 선택지를 고를 수 있어요!

각 STEP을 따라 청해 파트4 인퍼 유형 풀이법을 이해해 보세요.

STEP 01 첫 번째 듣기

문장 개수를 적고, 포인트를 최대한 도출해보세요!
지문을 두 번 들려주지만, 첫 번째 듣기 때 <u>지문의 소재와 문장 개수</u>까지는 꼭 파악해야 해요.

1st

문장이 어디까진지.. 헷갈리고 중간에 지펙티브?
Flu와 관련된 연구 같으니까 일단 F로!

1 F

For example로 시작하니까, 예시네! 지펙티브? 또 나왔네.
이게 무슨 뜻인지.. 예시니까 ex로라도 표시해야지…

2 *ex*

백신을 larger number에게? 포인트를 못 뽑겠네.
두 번째 듣기 때 제대로 듣자!

3

STEP 02 질문 확인

일반적으로 인퍼는 질문이 고정되어 있지만,
구체적 인퍼 문제일 수도 있으니, 꼭 질문을 확인하세요.

Q: What can be inferred from the lecture?

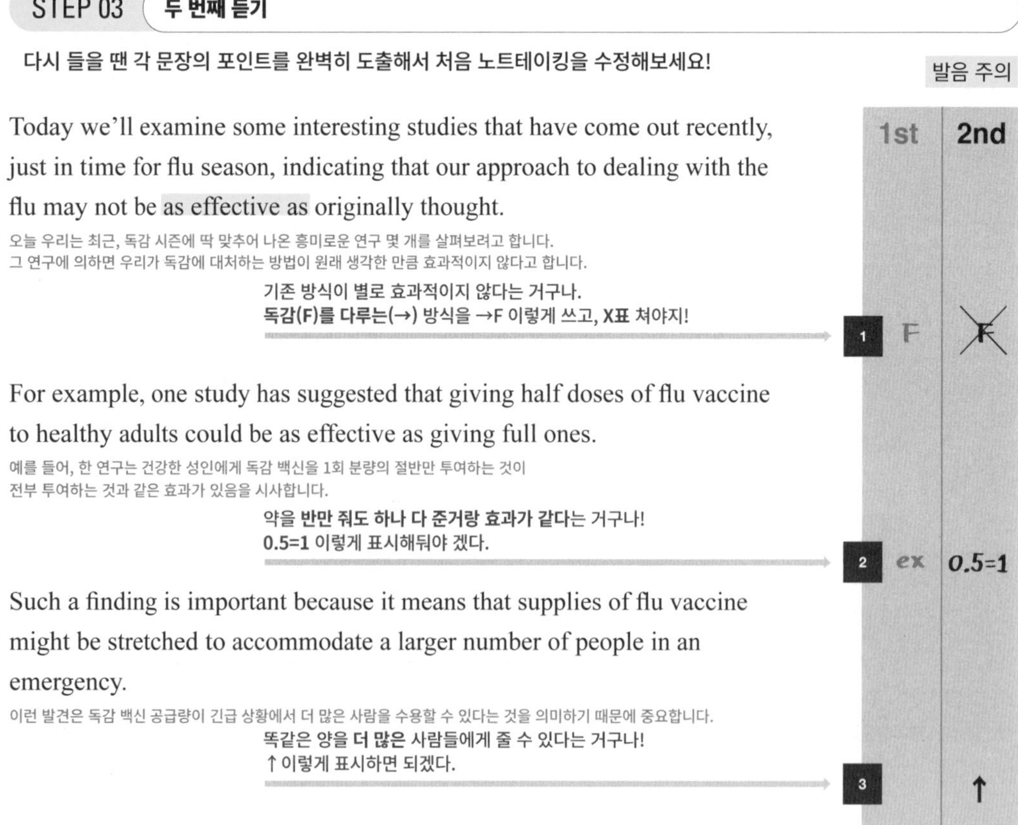

STEP 03 두 번째 듣기

다시 들을 땐 각 문장의 포인트를 완벽히 도출해서 처음 노트테이킹을 수정해보세요!

발음 주의

Today we'll examine some interesting studies that have come out recently, just in time for flu season, indicating that our approach to dealing with the flu may not be as effective as originally thought.

오늘 우리는 최근, 독감 시즌에 딱 맞추어 나온 흥미로운 연구 몇 개를 살펴보려고 합니다.
그 연구에 의하면 우리가 독감에 대처하는 방법이 원래 생각한 만큼 효과적이지 않다고 합니다.

기존 방식이 별로 효과적이지 않다는 거구나.
독감(F)를 다루는(→) 방식을 →F 이렇게 쓰고, **X표** 쳐야지!

For example, one study has suggested that giving half doses of flu vaccine to healthy adults could be as effective as giving full ones.

예를 들어, 한 연구는 건강한 성인에게 독감 백신을 1회 분량의 절반만 투여하는 것이
전부 투여하는 것과 같은 효과가 있음을 시사합니다.

약을 **반만 줘도 하나 다 준거랑 효과가 같다**는 거구나!
0.5=1 이렇게 표시해둬야 겠다.

Such a finding is important because it means that supplies of flu vaccine might be stretched to accommodate a larger number of people in an emergency.

이런 발견은 독감 백신 공급량이 긴급 상황에서 더 많은 사람을 수용할 수 있다는 것을 의미하기 때문에 중요합니다.

똑같은 양을 **더 많은** 사람들에게 줄 수 있다는 거구나!
↑ 이렇게 표시하면 되겠다.

STEP 04 **전제 or 결론**

지문의 전체 혹은 결론을 나타내는 선택지인지 소거하세요.
*배경지식으로 판단하거나 지나치게 일반화하지 않도록 주의하세요.

X (a) High risk groups don't require the full vaccine.
고 위험 그룹은 백신 전량이 모두 필요한 것은 아니다.

건강한 성인에게 백신 전량이 필요 없다고 한 것만으론 고 위험 그룹엔 어떤지 알 수 없으므로 오답 **(포인트2)**
***과한 유추 주의**

△ (b) Fewer people need to be vaccinated for the flu. 오답자 **40%** 선택
독감 예방 접종이 필요한 사람들이 점점 줄고 있다.

건강한 성인 '한 사람'에게 필요한 백신의 양이 줄었다고 해서, 백신이 필요한 사람 수가 어떻게 변했는지 알 수 없으므로 오답 **(포인트2)**
***과한 유추 주의**

O **(c) The current doses are too much for healthy people.**
현재 1회 투여량은 건강한 사람들에게는 너무 많다.

건강한 성인에게 현재 투여량의 반만 투여해도 그 효과가 같다는 것은 그들에게 현재 투여되는 양이 많다는 것이므로 100% 사실인 전제 **(포인트2)**

△ (d) Current vaccines are too expensive to distribute to everyone.
현재 사용되는 백신은 너무 비싸서 모두에게 배분할 수 없다.

기존에 모든 사람에게 배분할 수 없었다고 해서, 그 이유가 비싼 가격 때문이었다고 확신할 수 없으므로 오답 **(포인트3)**

청해 파트4 인퍼 유형 풀이법 STEP 1~4를 따라서, 새로운 문제를 풀어보세요.

Part IV **Question 31~36**

You will hear six short talks. After each talk, you will be asked to answer a question. Each talk and its corresponding question will be read twice. Then you will hear four options which will be read only once. Based on the given information, choose the option that best answers the question.

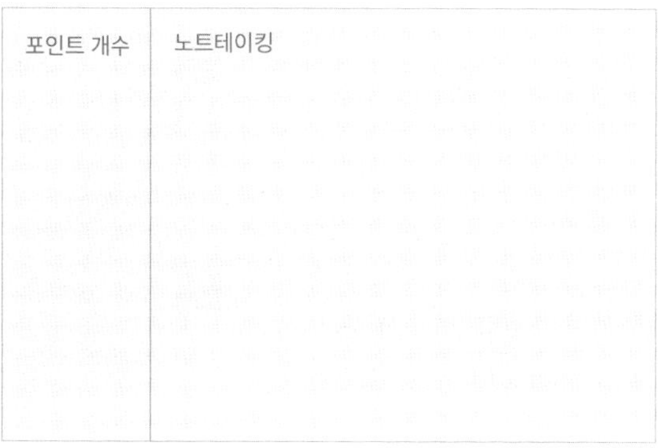

mp3 바로가기

(a)	(b)	(c)	(d)

L

아래 모범풀이와 비교하여, 각 step 별로 내 실수를 교정해보세요.

STEP 01 첫 번째 듣기

1st

Family assistance plan? 제도와 관련된 내용인 듯?
줄여서 FAP이라고 써두자.

1 FAP

이촤? Minimum age? 제도에 제한 나이가 있는 걸까?
제한 나이를 ↓ 이렇게 표시해야겠다.

2 ↓

쉽게 들은 문장. 어떤 나라는 Benefit이 높아진대,
children이 많으면! c↑b↑ 이렇게 표시해야지!

3 b↑c↑

그 benefit은 어른의 직업에 영향을 준다? 는 것 같으니 b→

4 b

문장이 너무 길어서 제대로 못 들음. 두 번째 때 집중하자!

5

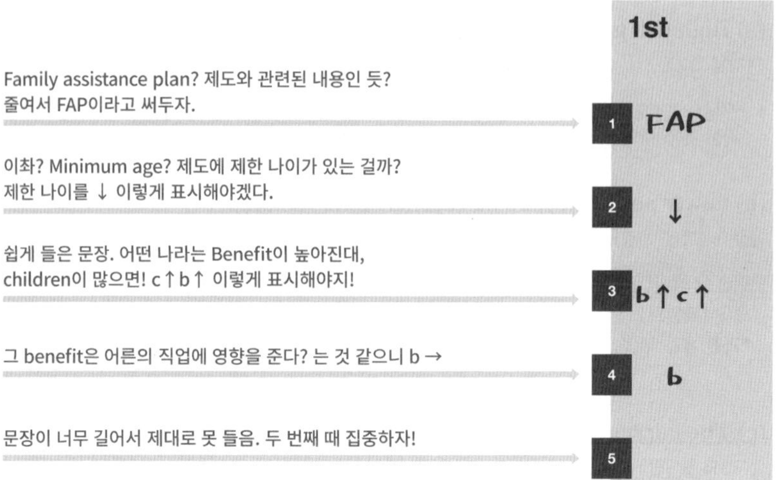

STEP 02 질문 확인

Q: What can be inferred from the family assistance?

STEP 03 두 번째 듣기

발음 주의

	1st	2nd

Family assistance plans are designed to provide a guaranteed minimum income for those who may remain entirely outside the work force.

가족 원조 프로그램은 노동인구에서 완전히 배제된 사람들에게 최소한의 수입을 보장해주기 위해 마련되었다.

제도 이름보단 어떤 제도인지가 더 중요하군.
일 못하는 사람들(w x)에게 최소 소득($)을 보장하는 제도네.

1 FAP | $→W̶

Families are granted a specific payment for each child below a minimum age.

가정의 최저연령 이하 어린이는 각각 특정액을 제공받는다.

나이 제한이 아니라, 최소 나이 이하의 어린이는
특정 돈을 받는다는 거였어! **어린이에 따라** 받으니까 ≒c 이렇게!

2 ↓ | ≒c

In some countries the benefits increase with the addition of more children.

일부 국가에서는 아이가 늘어날 때마다 급여액이 늘어난다.

처음부터 잘 들었어!

3 b↑c↑ | b↑c↑

The amount of benefits often depends on whether adults in the family are employed and on how much they earn.

급여액은 종종 가족 중 성인이 직업을 가지고 있는가 여부와 수입에 따라 다르다.

집의 어른이 **직업이 있는지(e), 얼마 버는지($)**에 따라
받는 돈이 달라지는구나!

4 b | e, $

The chief argument offered against family assistance is that it often deters people from working and may lead to a permanently unemployed underclass in successive generations.

가족 원조 프로그램을 반대하는 주요 주장은 이로 인해 사람들이 일하는 것을 단념하게 되면서
지속적으로 일자리가 없는 하층계급을 대물림하게 된다는 것이다.

이 제도 때문에 일을 계속 안 하게 한다고 반대하네! W~에 x표시!

5 | W~

STEP 04 **전제 or 결론**

△ (a) Its goal is to help people move from welfare to work. **오답자 58% 선택**

가족 원조 프로그램의 목표는 사람들을 복지대상에서 직업인으로 이동시키는 것이다.

노동에서 제외된 사람들에게 최소수입을 보장한다는 것만으로 이들을 다시 노동하게 하려는 목적인지는 100% 확신할 수 없다. **(포인트1) *배경지식 & 상식 주의**

X (b) It is likely to be abolished in many social welfare systems soon.

가족 원조 프로그램은 많은 사회복지 시스템에서 곧 폐지될 것으로 보인다.

반대 의견을 제시한 것만으로 폐지될 것이라는 것을 알 수는 없으므로 오답 **(포인트5)**
***과한 유추 주의**

O **(c) It can be terminated for a family if their income rises sufficiently.**

가족의 수입이 충분히 늘어나게 되면 그 가족에게는 가족 원조 프로그램이 중단될 수 있다.

가족의 수입에 따라 급여액이 달라지고 **(포인트4)**, 수입이 없는 사람들을 대상으로 하는 제도이므로 **(포인트1)** 가족의 수입이 최소 수입보다 많아지면, 프로그램이 중단될 수 있다는 것은 100% 사실인 전제

X (d) It is administered locally rather than nationally in many countries.

프로그램은 많은 나라에서 전국적이기보다 지역중심적으로 운영된다.

프로그램을 관할하는 주체가 지역인지 국가인지는 전혀 나오지 않았으므로 추론할 수 없음

풀이법 요약

STEP 01 **첫 번째 듣기**

STEP 02 **질문 확인**

STEP 03 **두 번째 듣기**

STEP 04 **전제 or 결론**

이제 이 풀이법을 연습문제에 적용해보세요!

연습문제	소요시간
총 4문제	약 3~5시간

14강 청해 파트4 인퍼 | 연습문제 1번

앞서 배운 STEP대로, 노트테이킹 + 소거법으로 문제를 풀어주세요.

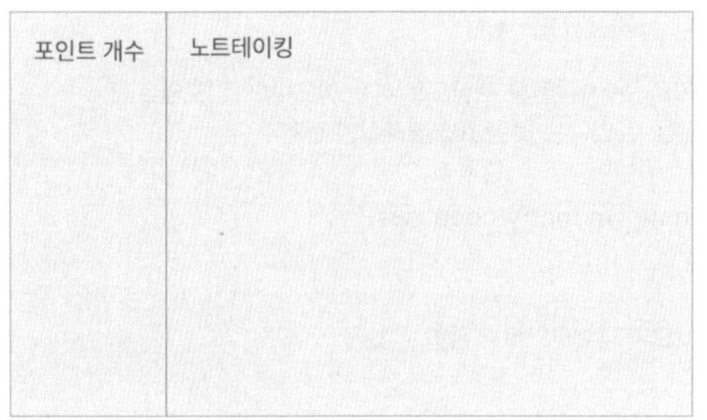

포인트 개수	노트테이킹

mp3 바로가기

(a)	(b)	(c)	(d)

이번에는 각 STEP별로 문제를 풀어보세요.

STEP 01 **첫 번째 듣기**

STEP 03 **두 번째 듣기**

한 문장씩 들릴 때까지 반복해서 다시 들어보세요.

포인트	이유	문장 의미	안 들리는 부분 한글 발음
1			
2			
3			
4			
5			
6			
7			

* 계속 안 들릴 경우, 속도를 조절해보세요.

STEP 02 **질문 확인**

질문이 물어보는 바:

STEP 04 **전제 or 결론**

선택지를 다시 소거해보세요. (처음과 달라졌다면, 그 이유도 함께 써주세요.)

소거법	이유	문장 의미	안 들리는 부분 한글 발음
(a)			
(b)			
(c)			
(d)			

정답 (b)

내가 틀린 이유를 추정해본다면?

스크립트와 비교하여, 이전 단계에서 틀린 점을 모두 수정해보세요!

Eating disorders and obesity have radically increased in the past twenty years. We eat while walking, driving, and working. We eat a lot more out, spending almost fifty percent of the money spent on food away from home. It is difficult to avoid sugar, fat, and salt when eating out. However, environments can change. Not that long ago we saw people smoking everywhere, just as we see people eating everywhere today. We can change the way we deal with eating disorders, as well.

Q: What can be inferred from the talk?
(a) People eat out because it is convenient.
(b) Anti-smoking campaigns have been successful.
(c) People who smoke and have eating disorders suffer from diabetes.
(d) Many people think that a thin body is ideal.

모범풀이와 비교하여, 이전 단계에서 틀린 점을 모두 수정해보세요.

모범풀이 바로가기

14강 청해 파트4 인퍼 | 연습문제 2번

앞서 배운 STEP대로, 노트테이킹 + 소거법으로 문제를 풀어주세요.

mp3 바로가기

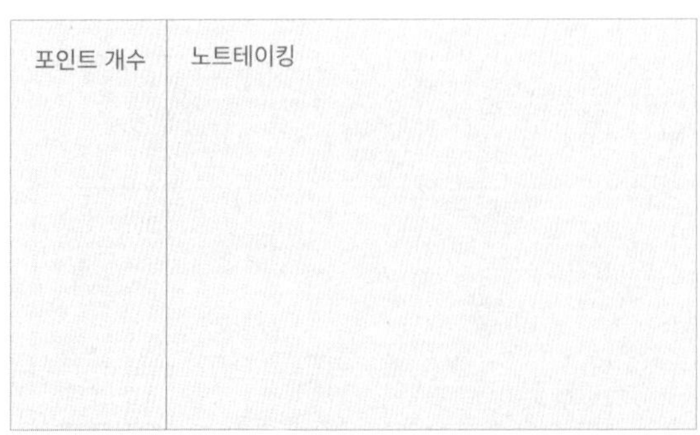

(a)	(b)	(c)	(d)

이번에는 각 STEP별로 문제를 풀어보세요.

STEP 01 **첫 번째 듣기**

STEP 03 **두 번째 듣기**

한 문장씩 들릴 때까지 반복해서 다시 들어보세요.

포인트	이유	문장 의미	안 들리는 부분 한글 발음
1			
2			
3			
4			

* 계속 안 들릴 경우, 속도를 조절해보세요.

STEP 02 **질문 확인**

질문이 물어보는 바:

STEP 04 **전제 or 결론**

선택지를 다시 소거해보세요. (처음과 달라졌다면, 그 이유도 함께 써주세요.)

소거법	이유	문장 의미	안 들리는 부분 한글 발음
(a)			
(b)			
(c)			
(d)			

정답 (c)

내가 틀린 이유를 추정해본다면?

스크립트와 비교하여, 이전 단계에서 틀린 점을 모두 수정해보세요!

It surprises many people to learn that bones are not just a protective and supportive structure for the body. Although they do have this function, they are very dynamic organs that are constantly changing shapes to adapt to daily forces. Even more importantly, bones store crucial nutrients, minerals, and fats and produce blood cells that nourish the body and play a crucial role in protecting the body against infection. These various functions make the bones in the human body essential to our daily existence.

Q: What can be inferred from the talk?
(a) Each bone includes connective and muscle tissues.
(b) Human bones function differently from bones in other species.
(c) People usually consider only one of the functions of bones.
(d) Protecting internal organs is the most important function of bones.

모범풀이와 비교하여, 이전 단계에서 틀린 점을 모두 수정해보세요.

모범풀이 바로가기

14강 청해 파트4 인퍼 | 연습문제 3번

앞서 배운 STEP대로, 노트테이킹 + 소거법으로 문제를 풀어주세요.

mp3 바로가기

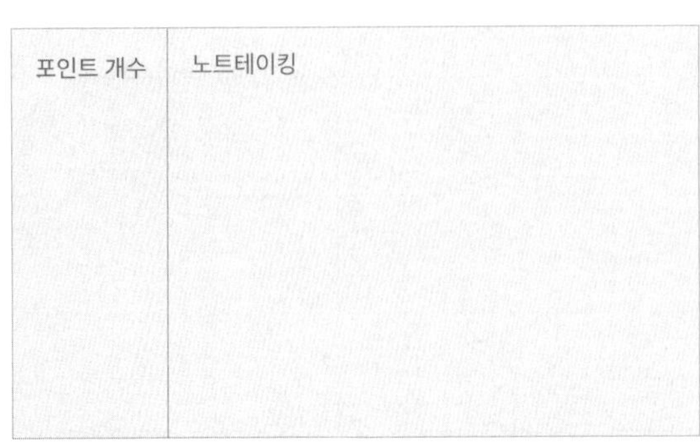

포인트 개수	노트테이킹

(a)	(b)	(c)	(d)

이번에는 각 STEP별로 문제를 풀어보세요.

STEP 01 첫 번째 듣기

STEP 03 두 번째 듣기

한 문장씩 들릴 때까지 반복해서 다시 들어보세요.

포인트	이유	문장 의미	안 들리는 부분 한글 발음
1			
2			
3			
4			

* 계속 안 들릴 경우, 속도를 조절해보세요.

STEP 02 질문 확인

질문이 물어보는 바:

STEP 04 전제 or 결론

선택지를 다시 소거해보세요. (처음과 달라졌다면, 그 이유도 함께 써주세요.)

소거법	이유	문장 의미	안 들리는 부분 한글 발음
(a)			
(b)			
(c)			
(d)			

정답 (b)

내가 틀린 이유를 추정해본다면?

스크립트와 비교하여, 이전 단계에서 틀린 점을 모두 수정해보세요!

In a recent talk, child psychologist Rebecca Harper discussed how the kind of praise parents give children can actually affect their performance. She cited several studies which pointed to the surprising effect that praising a child can have. Essentially, when children are repeatedly told how "great" and "special" they are, they build up a high level of self-esteem. Unfortunately, according to the study, this high level of self-esteem may interfere with their ability to perform well on difficult tasks by as much as 30 percent compared to children who didn't receive such regular praise.

Q: What can be inferred from the talk?
(a) Parents are reluctant to follow Rebecca Harper's advice.
(b) Rebecca Harper thinks children should not be praised excessively.
(c) Psychologists disagree with Rebecca Harper's finding on praise.
(d) Many children are seeing psychologists for help in school.

모범풀이와 비교하여, 이전 단계에서 틀린 점을 모두 수정해보세요.

모범풀이 바로가기

14강 청해 파트4 인퍼 | 연습문제 4번

앞서 배운 STEP대로, 노트테이킹 + 소거법으로 문제를 풀어주세요.

mp3 바로가기

(a)	(b)	(c)	(d)

이번에는 각 STEP별로 문제를 풀어보세요.

STEP 01 첫 번째 듣기

STEP 03 두 번째 듣기

한 문장씩 들릴 때까지 반복해서 다시 들어보세요.

포인트	이유	문장 의미	안 들리는 부분 한글 발음
1			
2			
3			
4			

* 계속 안 들릴 경우, 속도를 조절해보세요.

STEP 02 질문 확인

질문이 물어보는 바:

STEP 04 전제 or 결론

선택지를 다시 소거해보세요. (처음과 달라졌다면, 그 이유도 함께 써주세요.)

소거법	이유	문장 의미	안 들리는 부분 한글 발음
(a)			
(b)			
(c)			
(d)			

정답 (b)

내가 틀린 이유를 추정해본다면?

스크립트와 비교하여, 이전 단계에서 틀린 점을 모두 수정해보세요!

These days, parents are looking further afield in search of names for their children. As America joins the global village, more names are crossing the ocean in record numbers. The most popular of these exotic names are those that are distinctive in meaning and sound familiar in the English-speaking world. Here's a list of such names that have made the widest appeal.

Q: What is the speaker going to talk about next?
(a) A global influence on American culture.
(b) Examples of popular foreign names in America.
(c) Famous American names in history.
(d) Things to consider when naming one's children.

모범풀이와 비교하여, 이전 단계에서 틀린 점을 모두 수정해보세요.

모범풀이 바로가기

빈출 단어 리스트

14강 — 청해 파트4 인퍼 단어시험

Fill in the vocabulary that best completes each sentence.

indicate　　work force　　deter　　successive

successful　　exotic　　adapt to　　radically　　cite

1. You always need to ________________ your sources. No exceptions.

2. They said that the rising temperature can ____________ future changes in the weather.

3. He also encouraged children to develop productive habits to lead happy, ________________ lives.

4. When we consider the numbers of that ________________, we can start to see why so many products are made in China.

5. Stereotypes can ________________ us from making friends with people who are different from us.

6. To bust the paradigm a ________________ different approach is needed.

7. Today, many ________________ wild animals, such as bat-like flying foxes, colorfully beaked birds, and monkeys live within the cave structure.

8. He hopes that he will be able to secure three ________________ gold medals in the four Olympic Games.

9. I steadily developed my physical strength to ________________ space life.

1. cite / 2. indicate / 3. successful / 4. work force / 5. deter / 6. radically /
7. exotic / 8. successive / 9. adapt to

독해 Part IV

긴지문 풀이법

15강

번호	문항 수	배점	독해 영역 내 비중
26-35번	10개	4-11점	72.3점 (30%)

평소 풀던 방식으로 아래의 문제를 풀어보세요.

R

Part IV **Question 26~35**

Read the passage, questions, and options. Then, based on the given information, choose the option that best answers each question.

Question 26-27

THE DAILY ECONOMIST SEARCH

International Politics Environmental Technology Culture Sports

Serious Dry Monsoon Season

by Marcus Morris

Stories of devastated farmers and even agribusiness corporations due to the so-called 'dry monsoon' are cropping up during the season in which monsoon is customarily expected. This is an unprecedented event for which global warming is attributed as the cause. The phenomenon of global warming increasingly poses a threat to the survivability of various forms of ecosystems. It has taken a disastrous toll on the number of polar bears and penguins suffer a similar fate with a drastically dwindling worldwide population.

Recently in the US, in keeping with an overarching social goal of solving this issue, a convention for invigorating efforts on green energy development was held with all the governors from each state in attendance. Development of green energy is seen as an integral component of dealing with global warming and accordingly, activist movements are emerging in various countries. However, it need be said that success of these projects hinges on measures to foster an intimate and international cooperative relationship and joint development ventures.

26. Q: What is the main idea of the second paragraph?

(a) It is ideal for there to be a plentiful amount of rainfall in the monsoon season.
(b) The United States' endeavors on green energy development are spreading around the globe.
(c) The damage from 'dry monsoon' due to global warming is devastating to various countries.
(d) Notwithstanding the efforts of individual nations, international collaboration is essential to tackle global warming.

27. Q: Which is correct according to the passage?

(a) Joint development projects for green energy are currently underway.
(b) The issue of global warming is detrimental to the ecology of animals.
(c) The cause of 'dry monsoon' lies in the problem of environmental pollution.
(d) A convention to invigorate green energy development will be held soon in the US.

Q: What is the main idea of the second paragraph?

(d) Notwithstanding the efforts of individual nations, international collaboration is essential to tackle global warming.

Q: Which is correct according to the passage?

(b) The issue of global warming is detrimental to the ecology of animals.

Q 지문이 기니까 제일 어렵고,
아예 새로운 유형인 줄 알았는데
왜 파트3와 별로 다르지 않을까요?

수강생들은 강의를 수강해주세요 → 강의 수강

A 그 이유는 질문에 있습니다!

What is the main idea of the **second paragraph**?
Which is correct according to the passage?

파트3와 질문이 거의 똑같으니까
당연히 풀이법도 유사합니다.

✓ 앞 유형들보다 지문이 훨씬 기니까 어려운 것처럼 보이지만, 그냥 길이 2배, 문제 수 2배, 배점도 2배라서 **파트3 2문제**를 푸는 것과 같습니다.
***즉, 1문제의 난이도나 배점은 동일합니다.**

Q1: ~ 2nd paragraph?
Q2 : ~ correct ~?

✓ 두 **질문의 조합**은 정해져 있지 않고, **한 문단**에 관해서만 물을 수도 있으니 지문을 읽기 전 **꼭 질문 먼저** 확인해야 해요.

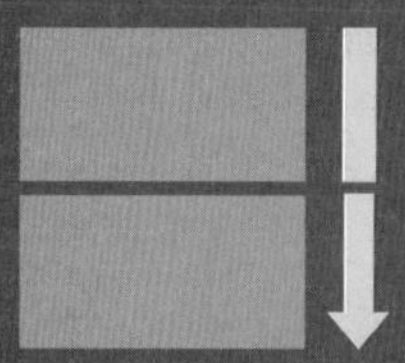

A1: 2nd 문단 접점
A2: ↔ 비교

✓ 그 후, 질문에 따라 **가장 적합한 풀이법**을 적용하면 정답을 선택할 수 있어요.

각 STEP을 따라 긴 지문 유형 풀이법을 이해해 보세요.

STEP 01 질문 확인

질문의 조합이 정해져 있지 않으니, 지문을 읽기 전 질문부터 확인해야 해요.
특히, 한 문단과 관련된 질문에 주의하세요!

26. What is the main idea of the second paragraph?

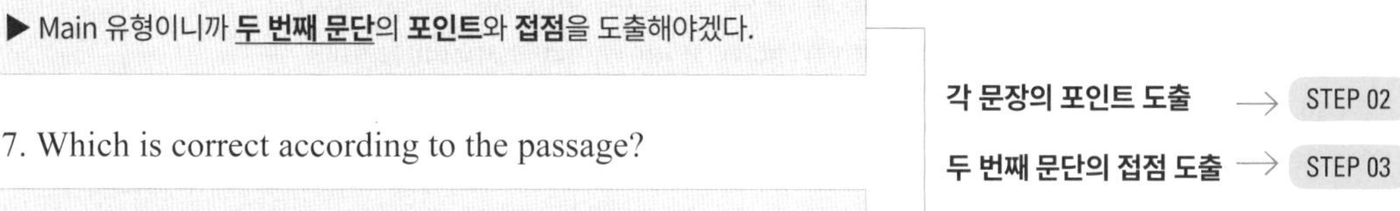

27. Which is correct according to the passage?

▶ Correct 유형이니까 **각 문장**의 **포인트**를 도출하면 되겠다!

STEP 02 포인트 도출

26 Q 는 Main 유형이고, 27 Q는 Correct 유형이니까 **각 문장의 포인트**를 도출해야 합니다.

[1st paragraph]

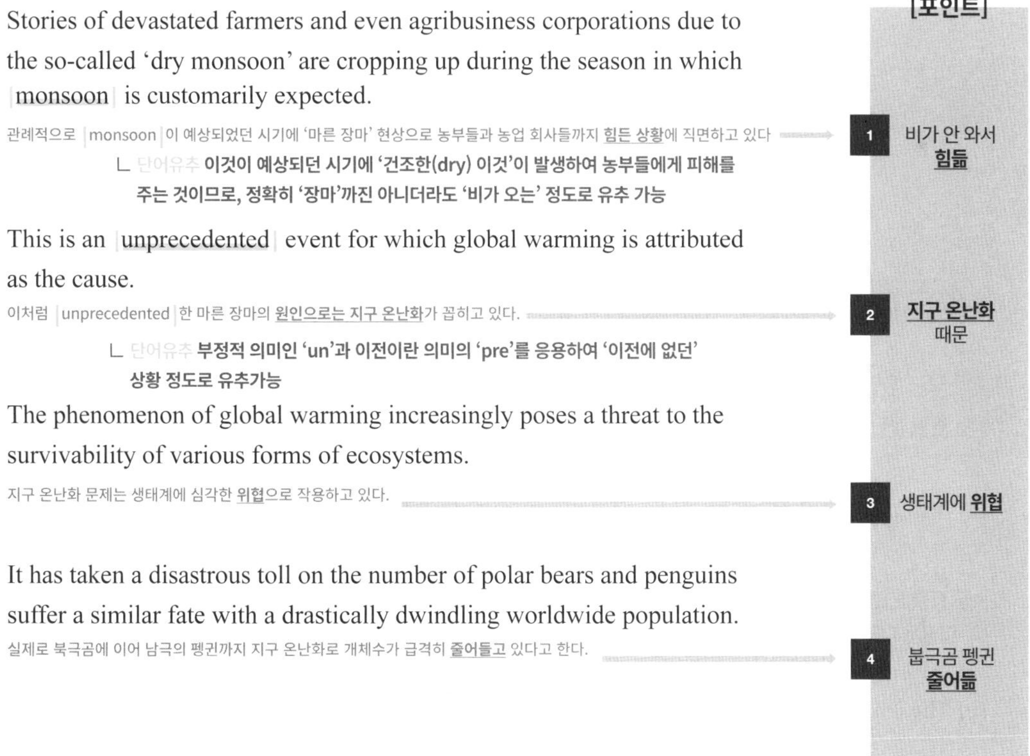

Stories of devastated farmers and even agribusiness corporations due to the so-called 'dry monsoon' are cropping up during the season in which monsoon is customarily expected.

관례적으로 monsoon이 예상되었던 시기에 '마른 장마' 현상으로 농부들과 농업 회사들까지 힘든 상황에 직면하고 있다

ㄴ 단어유추 **이것이 예상되던 시기에 '건조한(dry) 이것'이 발생하여 농부들에게 피해를 주는 것이므로, 정확히 '장마'까진 아니더라도 '비가 오는' 정도로 유추 가능**

This is an unprecedented event for which global warming is attributed as the cause.

이처럼 unprecedented한 마른 장마의 원인으로는 지구 온난화가 꼽히고 있다.

ㄴ 단어유추 **부정적 의미인 'un'과 이전이란 의미의 'pre'를 응용하여 '이전에 없던' 상황 정도로 유추가능**

The phenomenon of global warming increasingly poses a threat to the survivability of various forms of ecosystems.

지구 온난화 문제는 생태계에 심각한 위협으로 작용하고 있다.

It has taken a disastrous toll on the number of polar bears and penguins suffer a similar fate with a drastically dwindling worldwide population.

실제로 북극곰에 이어 남극의 펭귄까지 지구 온난화로 개체수가 급격히 줄어들고 있다고 한다.

[2nd paragraph]

Recently in the US, in keeping with an overarching social goal of solving this issue, a convention for invigorating efforts on green energy development was held with all the governors from each state in attendance.

최근 미국에서는 이러한 지구 온난화 문제를 해결하기 위해 각 도시의 governors 가 모여 친환경 에너지 개발 확대를 결의하는 회의가 열렸다.

ㄴ 단어유추 govern으로 시작하니까 '정부 관련 어떤 직책인 사람' 정도로만 알고 넘어가면 됨

[포인트]

5 친환경 에너지 회의

Development of green energy is seen as an integral component of dealing with global warming and accordingly, activist movements are emerging in various countries.

친환경에너지 개발이 지구 온난화 문제를 해결하는 열쇠가 될 수 있기 때문에 다양한 국가의 환경 운동도 일어나고 있다.

6 → 환경 운동

However, it need be said that success of these projects hinges on measures to foster an intimate and international **cooperative** relationship and joint development ventures.

하지만 이 프로젝트의 성공은 긴밀한 국제적 협력과 그린에너지의 공동 개발 등에 달려있다.

7 국제 협력 중요

STEP 03 **접점 도출**

26 Q이 두 번째 문단의 main idea를 묻는 질문이므로,
두 번째 문단의 접점만 도출하면 됩니다.

[접점]

5 - 6 - 7

모두 협력하자!

STEP 04 **첫 번째 문제 풀기**

26. Q: What is the main idea of the second paragraph?

두 번째 문단의 접점을 돌려 말한 선택지가 답이 됩니다.

(a) It is ideal for there to be a plentiful amount of rainfall in the monsoon season.

장마 기간에는 충분한 양의 비가 내리는 것이 바람직하다.

첫 번째 문단에 monsoon이 언급되기는 했지만, 두 번째 문단 접점 '같이 협력하자!'에는 해당되지 않으므로 오답
*** 언급된 디테일 주의 / 문단 착각 주의**

(b) The United States' endeavors on green energy development are spreading around the globe.

미국의 그린에너지 개발 노력이 전세계로 확대되고 있다.

미국 내에서 '전국적'으로 이 노력을 하고 있지만 **(포인트5)** 그게 '전세계적'으로 퍼지고 있는지는 알 수 없으므로 오답
*** 언급된 디테일 주의**

(c) The damage from 'dry monsoon' due to global warming is devastating to various countries.
지구온난화로 인해 마른 장마 등의 피해가 심각하다.

(a)와 마찬가지로, 첫 번째 문단에 언급이 되기도 한 내용이지만, 두 번째 문단 접점에 해당되지 않으므로 오답
*** 언급된 디테일 주의 / 문단 착각 주의**

✓ **(d) Notwithstanding the efforts of individual nations, international collaboration is essential to tackle global warming.**
지구 온난화를 막기 위해서는 각 국가들의 노력도 중요하지만, 전세계적인 협력이 필요하다.

'international cooperative relationship'을 international collaboration으로 돌려 말한 선택지이며, 전세계가 협력해야 한다는 2번째 문단 접점과 일치하므로 정답

STEP 05 두 번째 문제 풀기

27. Q: Which is correct according to the passage?

선택지와 각 문장의 **포인트들을 비교**하면 정답을 찾을 수 있어요.

(a) Joint development projects for green energy are currently underway.
친환경 에너지 공동개발은 이미 시행되고 있다.

친환경 에너지 관련 회의가 개최되었을 뿐(포인트5) 공동 개발이 지금 시행되고 있는지는 불확실하므로 오답

✓ **(b) The issue of global warming is detrimental to the ecology of animals.**
지구 온난화 문제는 동물들의 생태계에도 부정적인 영향을 끼친다.

'threat to ecosystems'를 detrimental to ecology of animals 로 돌려 말한 선택지이므로 정답**(포인트3,4)**

(c) The cause of 'dry monsoon' lies in the problem of environmental pollution. **오답자 70% 선택**
마른 장마의 원인은 환경오염 때문이다.

지문에서는 마른 장마가 '기후 변화' 때문이라고 했을 뿐 **(포인트2)** '환경 오염'은 언급된 적 없으므로 오답
*** 배경지식 주의**

(d) A convention to invigorate green energy development will be held soon in the US.
지구 온난화 심화에 발 맞추어 미국에서 조만간 에너지 개발 결의 회의가 열릴 것이다.

회의는 이미 개최되었으므로 오답 **(포인트5)**

➡ 독해 긴 지문 유형 풀이법 STEP 1~5를 따라서, 새로운 문제를 풀어보세요.

Question 28-29

R

The Springfield Times SEARCH

Editorial: Wage difference between Black and White

Read full article

Comments **sweetnsour373** 21min(s) ago

Your July 23rd editorial covering the wage discrimination between African Americans and Caucasian Americans is markedly misleading. The op-ed piece was based on the research report provided by the US Census Bureau on differences in wages which asserts the existence of a 30% gap in wages earned by these two racial groups on average. However, there is a logical fallacy in connecting this statistical output to a claim about discrimination based on race. It is imperative to be vigilant of the social repercussions following these kinds of claim especially in potentially instigating a deeper racial divide.

The aforementioned research was primarily an analysis on the overall average wages of different races, and not predicated on the premise of performing the same tasks. A correlation study between wages and factors that influence wages including type of work, hours at work, level of education was conducted at UC University. The study points out the difference in wages between black and white Americans, with these variables held equal, was a mere 0.3%. The takeaway from this is that wage difference cannot be attributed directly to difference of race, but rather can be pinpointed to disparity in other factors that can impact wages. Thus, human rights movements of the kind you exhort based on faulty reasoning will serve only to intensify discord within our society.

28. Q: Why does the commenter refute the editorial?

(a) Because possession of a diploma is the biggest factor behind the income gap.
(b) Because difference in wage normally culminates from economic situations.
(c) Because it has been proven that race itself is irrelevant to the wage disparity.
(d) Because a human rights movement could eradicate the underlying cause of discrimination.

29. Q: Which statement would the author most likely agree with?

(a) The content in the editorial in question has been verified through various research.
(b) There exists a 30% gap in wages on average between Caucasians and African-Americans even when the education level is held equal.
(c) The study conducted at UC University on wage difference between races is misguided.
(d) Racial disparity in pay can be overcome by bridging the gap in the relevant factors instead of political campaigns.

아래 모범풀이와 비교하여, 각 step 별로 내 실수를 교정해보세요.

STEP 01 질문 확인

28. Q: Why does the commenter refute the editorial?

▶ 구체적 correct 유형: **왜 반대**하는지 묻고 있으니, **그 이유**에만 집중해야 겠다!

29. Q: Which statement would the author most likely agree with?

▶ Infer 유형이니까 **전체 지문**의 **포인트**를 도출하면 되겠다!

각 문장의 포인트 도출

STEP 02 포인트 도출

Q1은 구체적 Correct 유형이고, Q2는 Infer 유형이니까 **각 문장의 포인트**를 도출해야 합니다.

[1st paragraph]

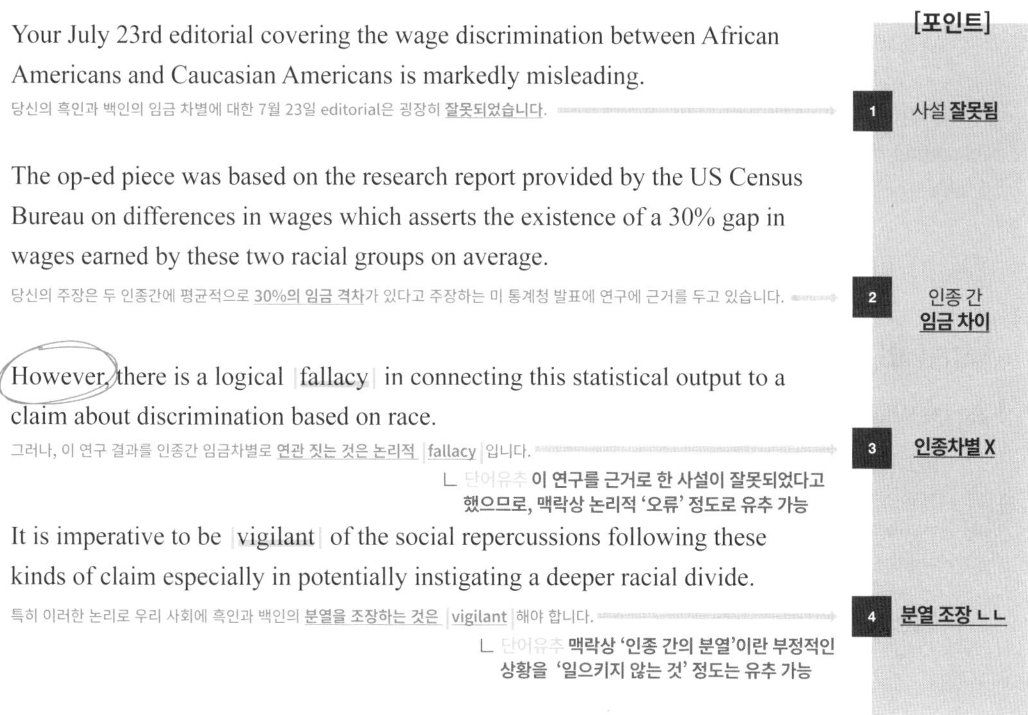

Your July 23rd editorial covering the wage discrimination between African Americans and Caucasian Americans is markedly misleading.

당신의 흑인과 백인의 임금 차별에 대한 7월 23일 editorial은 굉장히 잘못되었습니다.

The op-ed piece was based on the research report provided by the US Census Bureau on differences in wages which asserts the existence of a 30% gap in wages earned by these two racial groups on average.

당신의 주장은 두 인종간에 평균적으로 30%의 임금 격차가 있다고 주장하는 미 통계청 발표에 연구에 근거를 두고 있습니다.

However, there is a logical fallacy in connecting this statistical output to a claim about discrimination based on race.

그러나, 이 연구 결과를 인종간 임금차별로 연관 짓는 것은 논리적 fallacy 입니다.

ㄴ 단어유추 **이 연구를 근거로 한 사설이 잘못되었다고 했으므로, 맥락상 논리적 '오류' 정도로 유추 가능**

It is imperative to be vigilant of the social repercussions following these kinds of claim especially in potentially instigating a deeper racial divide.

특히 이러한 논리로 우리 사회에 흑인과 백인의 분열을 조장하는 것은 vigilant 해야 합니다.

ㄴ 단어유추 **맥락상 '인종 간의 분열'이란 부정적인 상황을 '일으키지 않는 것' 정도는 유추 가능**

[포인트]

1 사설 **잘못됨**

2 인종 간 **임금 차이**

3 **인종차별 X**

4 **분열 조장 ㄴㄴ**

[2nd paragraph]

The aforementioned research was primarily an analysis on the overall average wages of different races, and not predicated on the premise of performing the same tasks.

먼저 이 연구는 단순한 인종 별 평균 임금에 대한 분석이기 때문에 동일 업무에 대해 동일한 임금이 주어진 것인지는 predicated 하지 않습니다. → 5 동일 업무 ㄴㄴ

ㄴ 단어유추 **이 연구가 단순히 평균 임금을 다룬 것이므로, 격차 요인으로 동일한 업무까지 '고려하지 않았다' 정도로 유추 가능**

A correlation study between wages and factors that influence wages including type of work, hours at work, level of education was conducted at UC University.

UC UNIVERSITY에선 근무형태, 근무시간, 학력과 같이 임금에 영향을 줄 수 있는 요소들과 임금 간의 상관관계를 연구했습니다. → 6 다른 요인 연구

The study points out the difference in wages between black and white Americans, with these variables held equal, was a mere 0.3%.

연구 결과에 따르면, 동일한 수준의 이러한 요인을 지니고 있는 흑인과 백인의 임금차이는 통계적으로 0.3%차이에 불과합니다. → 7 같으면 차이 X

The takeaway from this is that wage difference cannot be attributed directly to difference of race, but rather can be pinpointed to disparity in other factors that can impact wages.

여기서 알 수 있는 것은 임금 격차의 원인이 직접적으로 인종 차이 때문이라고 할 수는 없고, 다른 요인들의 차이가 임금에 영향을 미칠 수 있다는 것입니다. → 8 다른 요인 차이

Thus, human rights movements of the kind you exhort based on faulty reasoning will serve only to intensify discord within our society.

즉, 오히려 당신이 잘못된 근거를 바탕으로 exhort 하는 인권운동은 우리 사회에 갈등 심화만 야기할 뿐입니다. → 9 갈등 심화

ㄴ 단어유추 **사설의 작성자가 '추구하는' 인권운동 정도로 유추가능**

[포인트]

구체적 코멘트 & 인퍼 질문이니까 접점을 도출할 필요는 없습니다.

STEP 03 **첫 번째 문제 풀기**

28. Q: Why does the commenter refute the editorial?

왜 반대하는지(포인트8,9)를 나타내는 선택지가 정답입니다.

(a) Because possession of a diploma is the biggest factor behind the income gap.

학위가 임금 격차의 가장 큰 원인이기 때문에

> 학위(**포인트6**)이 임금 차이에 영향을 주는 변수 중 하나로 언급(**포인트8**)되긴 했지만, 가장 큰 원인인지는 알 수 없음

(b) Because difference in wage normally culminates from economic situations.

임금 격차는 주로 경제 상황에 의해 발생하기 때문에

> 경제 상황이 임금 차이로 이어진다는 내용은 전혀 언급되지 않았음

✓ **(c) Because it has been proven that race itself is irrelevant to the wage disparity.**

인종 자체가 임금 차이와 무관하기 때문에

> **'wage difference'**를 wage disparity로, **'cannot be attributed'**를 irrelevant로 돌려 말한 선택지이므로 정답

(d) Because a human rights movement could eradicate the underlying cause of discrimination.
인권 운동이 차별의 근본적인 원인을 제거할 수 있기 때문에

인권 운동은 갈등만 유발한다고 했으므로 오답 **(포인트9)**

STEP 04 **두 번째 문제 풀기**

29. Q: Which statement would the author most likely agree with?

지문의 전제 혹은 결론을 나타내는 선택지가 답입니다.

(a) The content in the editorial in question has been verified through various research.
사설의 내용은 여러 연구에 의해 증명된 내용이다

이 editorial이 the United States Census Bureau 연구를 기반으로 했다는 것만으로는 **(포인트2)**
다른 여러 연구로 증명되었는지 까지는 알 수 없으므로 오답 *** 과한 유추 주의**

(b) There exists a 30% gap in wages on average between Caucasians and African-Americans even when the education level is held equal.
흑인과 백인의 임금은 학력이 동일한 경우에도 평균적으로 30%의 임금차이를 보인다.

오답자 75% 선택

학력 등의 변수가 동일하면 임금차이는 거의 없다고 직접 언급되었으므로 오답 **(포인트7)**

(c) The study conducted at UC University on wage difference between races is misguided.
UC 대학의 인종간 임금 격차 연구는 잘못된 연구이다.

Commenter가 잘못됐다고 한 연구는 the United States Census Bureau 연구이므로 오답 **(포인트6)**

✓ **(d) Racial disparity in pay can be overcome by bridging the gap in the relevant factors instead of political campaigns.**
인종간 임금 격차는 인권 운동이 아닌 임금에 영향을 미치는 요인의 차이를 제거하는 방식으로 극복할 수 있다.

'human rights movement'를 political campaigns로 돌려 말한 선택지.
인종간의 임금 격차는 나는데 **(포인트2)** 그 원인이 영향을 미치는 요인들에 있으므로**(포인트7)**
이 요인들의 차이를 제거하면 임금 격차가 줄어든다는 것은 100% 사실인 결론

풀이법 요약

STEP 01 **질문 확인**

STEP 02 **포인트 도출 (+ 접점 도출)**

STEP 03 **첫 번째 문제 풀기**

STEP 04 **두 번째 문제 풀기**

이제 이 풀이법을 연습문제에 적용해보세요!

연습문제	소요시간
5지문 10문제	약 4-8시간

독해 파트4 긴지문 | 연습문제 1~2번

앞서 배운 STEP대로, 문제를 한번에 이어서 풀어주세요.

The Springfield Times SEARCH

Professor Smith on Biodiversity

Have you heard of the term biodiversity? Biodiversity pertains to the diversity of all organisms that exist on earth including all animals and plants. However, according to the United Nations, the emergence of some nations not in compliance with terms stipulated in the 2016 Intergovernmental Treaty on Pollution Regulation has contributed to climate change and devastation of nature, which in turn have deteriorated global biodiversity. In the past 10 years, an annual average of 5,000 animals and plants has been disappearing from the face of Earth.

Accordingly, this year, the UN has devised the 2nd Biodiversity Preservation Plan, an ambitious ten-year scheme, in effect from 2020 to 2030. Furthermore, the UN audaciously led the initiative in signing an international agreement last year to reduce pollution. May 22nd was also designated by the UN as the International Biodiversity Day, on which special events are performed to raise awareness. In an attempt to counter climate change, states have vigorously adopted domestic measures including the enactment of laws and ordinances on environmental protection and construction of ecological parks. Notwithstanding the importance of action, involvement and cooperation of the UN in conjunction with each nation, participation at the individual level is a pre-requisite for success. Individual compliance with relevant rules would go a long way in preserving the biodiversity and thus safeguarding the overall well-being of our planet.

1. Q: Which is correct according to the passage?

(a) The primary contributing factor of reduced biodiversity is climate change.

(b) In pursuit of biodiversity, agreements at the governmental level are more important than individual efforts.

(c) Biodiversity refers to a certain type of surviving species of animal.

(d) Intergovernmental arrangements are required for the protection of biodiversity.

2. Q: What can be inferred from the passage?

(a) Enactment of various laws and regulations will be ineffective in preventing the degradation of nature.

(b) Existing plans for conserving biodiversity have largely been unsuccessful.

(c) May 22nd is the only form of international event related to biodiversity.

(d) A clause on constructing ecological parks is stipulated in a UN treaty.

STEP 01 질문 확인

1. Q: Which is correct according to the passage?

물어보는 바

2. Q: What can be inferred from the passage?

물어보는 바

STEP 02 포인트 도출

Have you heard of the term biodiversity?

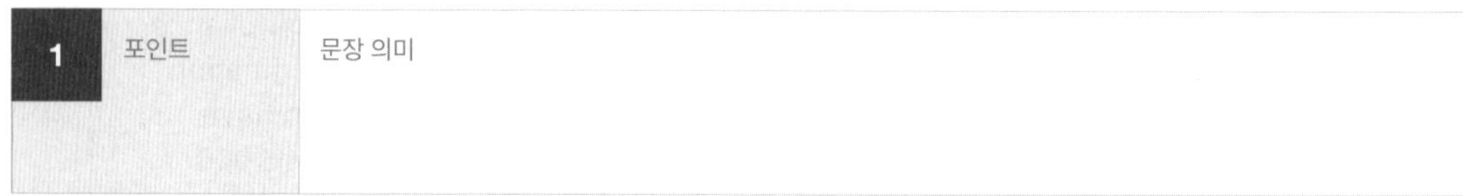

Biodiversity pertains to the diversity of all organisms that exist on earth including all animals and plants.

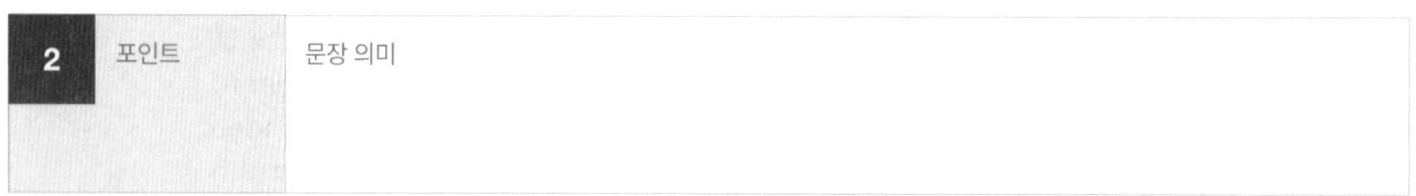

However, according to the United Nations, the emergence of some nations not in compliance with terms stipulated in the 2016 Intergovernmental Treaty on Pollution Regulation has contributed to climate change and devastation of nature, which in turn have deteriorated global biodiversity.

3	포인트	문장 의미

In the past 10 years, an annual average of 5,000 animals and plants has been disappearing from the face of Earth.

Accordingly, this year, the UN has devised the 2nd Biodiversity Preservation Plan, an ambitious ten-year scheme, in effect from 2020 to 2030.

5	포인트	문장 의미

Furthermore, the UN audaciously led the initiative in signing an international agreement last year to reduce pollution.

May 22nd was also designated by the UN as the International Biodiversity Day, on which special events are performed to raise awareness.

In an attempt to counter climate change, states have vigorously adopted domestic measures including the enactment of laws and ordinances on environmental protection and construction of ecological parks.

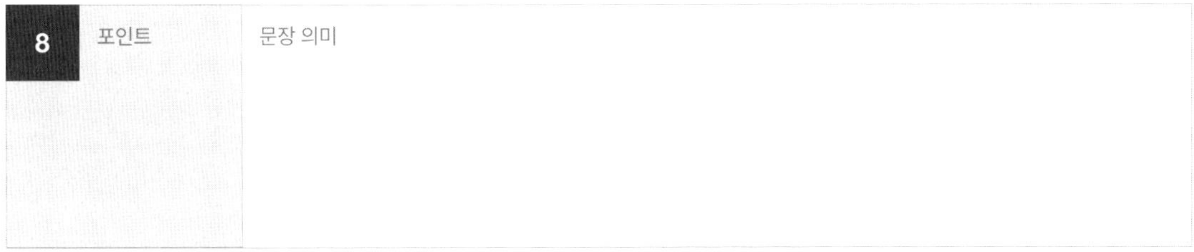

Notwithstanding the importance of action, involvement and cooperation of the UN in conjunction with each nation, participation at the individual level is a pre-requisite for success.

Individual compliance with relevant rules would go a long way in preserving the biodiversity and thus safeguarding the overall well-being of our planet.

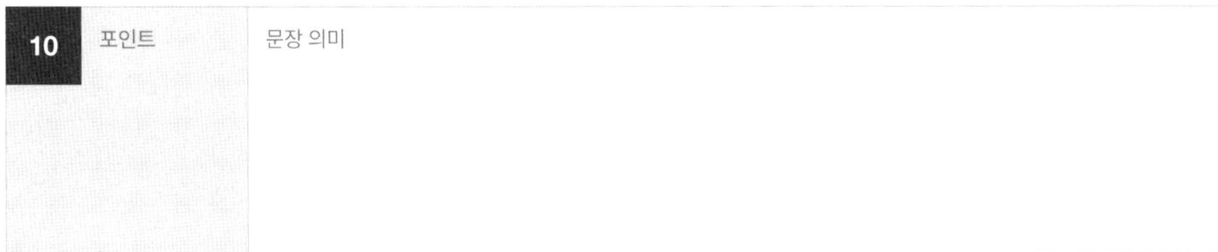

STEP 03 첫 번째 문제 풀기

1. Q: Which is correct according to the passage?

(a) The primary contributing factor of reduced biodiversity is climate change.

이유

문장 의미

(b) In pursuit of biodiversity, agreements at the governmental level are more important than individual efforts.

이유

문장 의미

(c) Biodiversity refers to a certain type of surviving species of animal.

이유

문장 의미

(d) Intergovernmental arrangements are required for the protection of biodiversity.

이유

문장 의미

STEP 04 두 번째 문제 풀기

2. Q: What can be inferred from the passage?

(a) Enactment of various laws and regulations will be ineffective in preventing the degradation of nature.

이유

문장 의미

(b) Existing plans for conserving biodiversity have largely been unsuccessful.

이유

문장 의미

(c) May 22nd is the only form of international event related to biodiversity.

이유

문장 의미

(d) A clause on constructing ecological parks is stipulated in a UN treaty.

이유

문장 의미

정답 1.(d) 2. (b)

내가 틀린 이유를 추정해본다면?

모범풀이와 비교하여, 이전 단계에서 틀린 점을 모두 수정해보세요.

모범풀이 바로가기

앞서 배운 STEP대로, 문제를 한번에 이어서 풀어주세요.

≡ THE DAILY ECONOMIST SEARCH

International | Politics | Business | Technology | Culture | Sports

Election Results 2018

By Heath Hembree, Staff Reporter

Class, generation, policy, ideology are some of the prominent factors affecting elections, and the fate of candidates is decided by an amalgamation of these variables. While 'policy' was traditionally viewed as the most critical among the various factors in splitting the votes in the US, in this election, 'generation' was the dominating keyword. This shift in focus from 'policy' to 'generation', or to any other factor for that matter, is highly irregular.

Granted, generational gap in the form of the younger generation in their 20s and 30s voting liberal while those in their 50s and over making conservative picks was a common occurrence up till now. However, this election was noteworthy in that people in their 40s, the so-called 'middle power' with decisive influence right between the two generations, chose to vote liberal marking the defeat of conservatives. Undervalued in impact during previous elections, the middle and younger generations have demonstrated higher voter turnout and a more conspicuous political leaning, thus rightfully deserving attention in the political arena.

3. Q: What is mainly discussed in the passage?

(a) The impact of the dynamic between different age brackets on the recent election
(b) The reason the younger and middle generations have had limited impacts on elections
(c) How people in their 40s may provide a solution to the issue of generational divide
(d) The level of influence policies brought forth by each candidate can have on election results

4. Q: What is the most influential factor identified in the recent election discussed in the passage?

(a) People in their 40s advocated a specific policy direction.
(b) The conservatives' political stance was not enticing enough to the 'middle power'.
(c) People with moderate views in politics recorded low voter turnout.
(d) A shift in stance had taken place among younger liberals.

STEP 01 **질문 확인**

3. Q: What is mainly discussed in the passage?

물어보는 바

4. Q: What is the most influential factor identified in the recent election discussed in the passage?

물어보는 바

STEP 02 **포인트 도출 (+ 접점 도출)**

Class, generation, policy, ideology are some of the prominent factors affecting elections, and the fate of candidates is decided by an amalgamation of these variables.

While 'policy' was traditionally viewed as the most critical among the various factors in splitting the votes in the US, in this election, 'generation' was the dominating keyword.

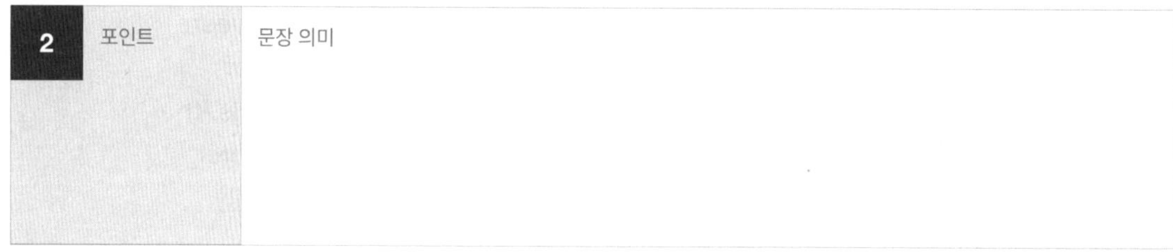

This shift in focus from 'policy' to 'generation', or to any other factor for that matter, is highly irregular.

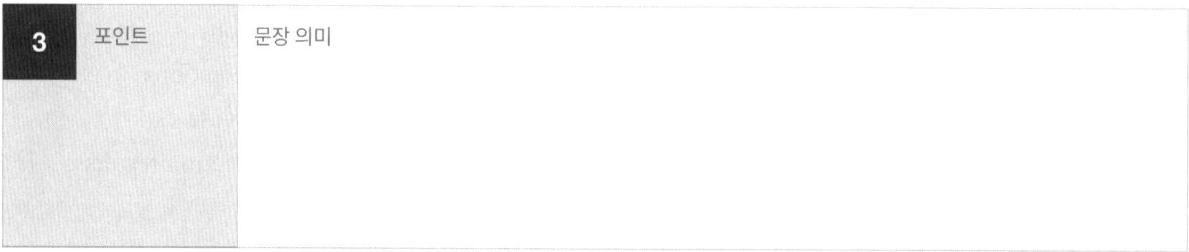

Granted, generational gap in the form of the younger generation in their 20s and 30s voting liberal while those in their 50s and over making conservative picks was a common occurrence up till now.

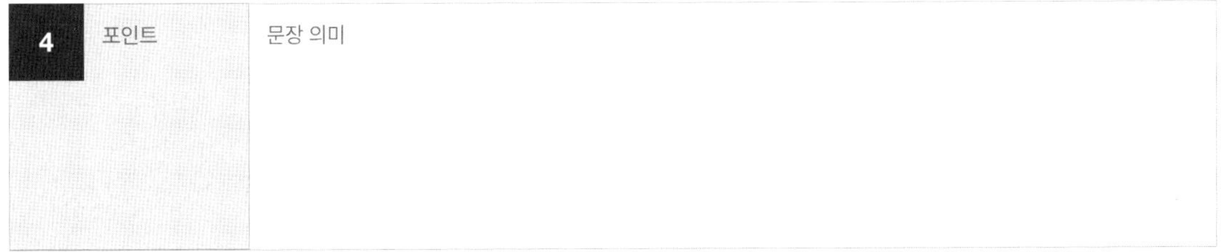

However, this election was noteworthy in that people in their 40s, the so-called 'middle power' with decisive influence right between the two generations, chose to vote liberal marking the defeat of conservatives.

Undervalued in impact during previous elections, the middle and younger generations have demonstrated higher voter turnout and a more conspicuous political leaning, thus rightfully deserving attention in the political arena.

포인트들의 접점을 도출해보세요.

STEP 03 첫 번째 문제 풀기

3. Q: What is mainly discussed in the passage?

(a) The impact of the dynamic between different age brackets on the recent election

이유

문장 의미

(b) The reason the younger and middle generations have had limited impacts on elections

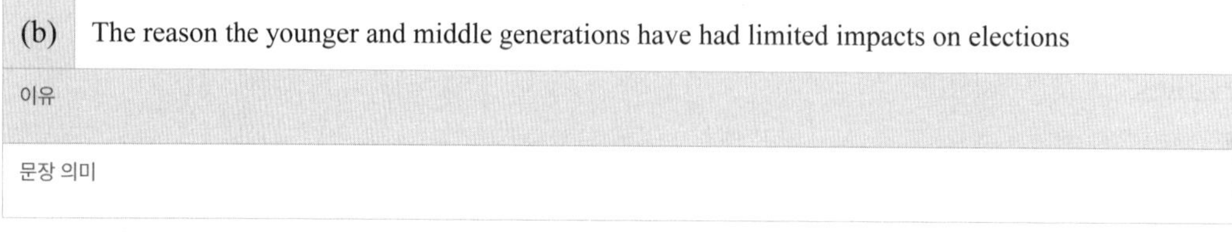

이유

문장 의미

(c) How people in their 40s may provide a solution to the issue of generational divide

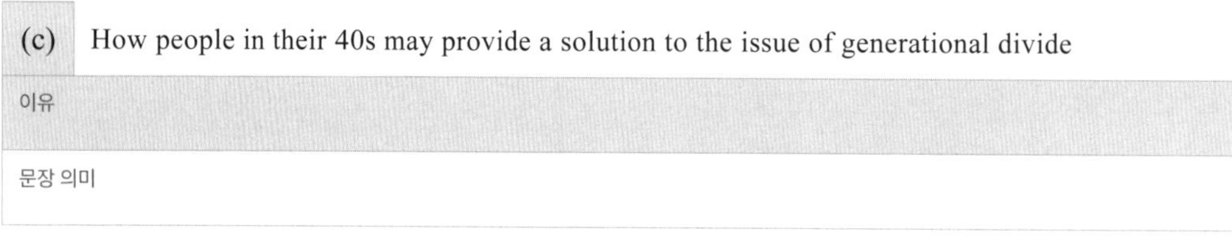

이유

문장 의미

(d) The level of influence policies brought forth by each candidate can have on election results

이유

문장 의미

STEP 04 두 번째 문제 풀기

4. Q: What is the most influential factor identified in the recent election discussed in the passage?

(a) People in their 40s advocated a specific policy direction.

이유

문장 의미

(b) The conservatives' political stance was not enticing enough to the 'middle power'.

이유

문장 의미

(c) People with moderate views in politics recorded low voter turnout.

이유

문장 의미

(d) A shift in stance had taken place among younger liberals.

이유

문장 의미

정답 3.(a) 4. (b)

내가 틀린 이유를 추정해본다면?

모범풀이와 비교하여, 이전 단계에서 틀린 점을 모두 수정해보세요.

모범풀이 바로가기

15강 독해 파트4 긴지문 | 연습문제 5~6번

앞서 배운 STEP대로, 문제를 <u>한번에 이어서</u> 풀어주세요.

Harry

Since it was my first time staying at a guesthouse, I was both worried and excited. I was so anxious to find out who my roommate would be and whether I would get along with him. But thanks to you and what you did for me, I had a blast even though it was just for a day. To be able to acquaint myself with someone I had just met and explore Seattle's famous tourist attraction, the Sunset Beach, was pleasantly memorable for me. Hope you enjoy the remainder of your trip. Let's get together again when we can!

03:25

Robert

It's been so long since I took a break from work for a vacation and I also had an amazing time with you at the guesthouse. Sure it was just for one night but hanging out at the house and sightseeing around Seattle with you are all great memories I will cherish. I hope you have a great rest of the day and a pleasant time in Washington. I'll probably wrap up my vacation in Boston today because of something I have to take care of tomorrow. Like you said, hope to see you again soon.

03:29

write a message

5. Q: What is the main topic of the conversation?

(a) Short-term cohabitation in a guest house

(b) Visits together to tourist attractions such as the Sunset Beach

(c) Hopes for the guesthouse they plan to visit in the near future

(d) Each other's travel plans and expectations

6. Q: Which of the following is correct according to the passage?

(a) Both Harry and Robert will travel to Boston together.

(b) Harry and Robert visited the beach together in Washington D.C.

(c) This was Harry's first time visiting Seattle.

(d) Harry and Robert spent one night together in a guest house.

STEP 01 질문 확인

5. Q: What is the main topic of the conversation?

물어보는 바

6. Q: Which of the following is correct according to the passage?

물어보는 바

STEP 02 포인트 도출 (+ 접점 도출)

Since it was my first time staying at a guesthouse, I was both worried and excited.

I was so anxious to find out who my roommate would be and whether I would get along with him.

But thanks to you and what you did for me, I had a blast even though it was just for a day.

3 포인트	문장 의미

To be able to acquaint myself with someone I had just met and explore Seattle's famous tourist attraction, the Sunset Beach, was pleasantly memorable for me.

4 포인트	문장 의미

Hope you enjoy the remainder of your trip. Let's get together again when we can!

5 포인트	문장 의미

It's been so long since I took a break from work for a vacation and I also had an amazing time with you at the guesthouse.

Sure it was just for one night but hanging out at the house and sightseeing around Seattle with you are all great memories I will cherish.

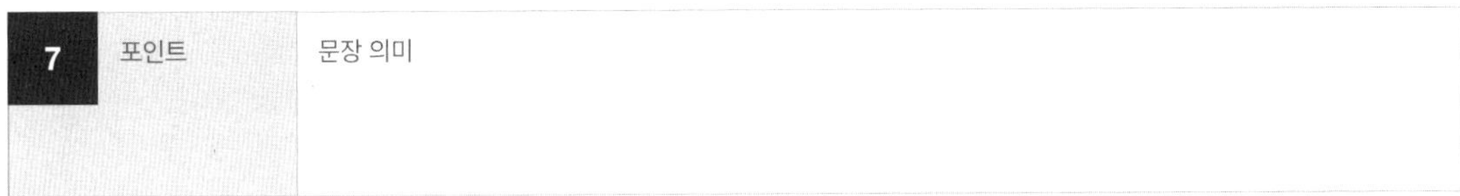

I hope you have a great rest of the day and a pleasant time in Washington.

I'll probably wrap up my vacation in Boston today because of something I have to take care of tomorrow.

Like you said, hope to see you again soon.

포인트들의 접점을 도출해보세요.

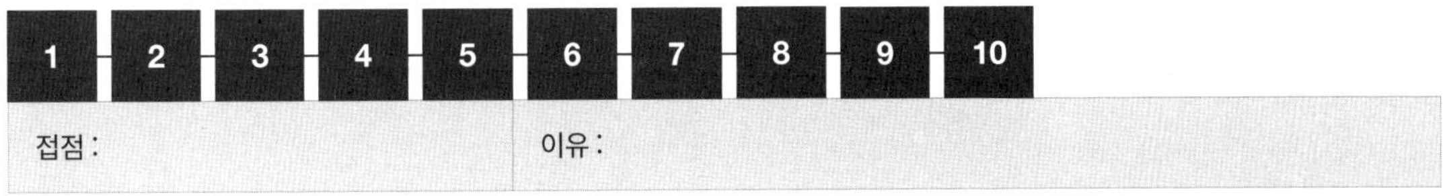

STEP 03 첫 번째 문제 풀기

5. Q: What is the main topic of the conversation?

(a) Short-term cohabitation in a guest house

이유

문장 의미

(b) Visits together to tourist attractions such as the Sunset Beach

이유

문장 의미

(c) Hopes for the guesthouse they plan to visit in the near future

이유

문장 의미

(d) Each other's travel plans and expectations

이유

문장 의미

STEP 04 두 번째 문제 풀기

6. Q: Which of the following is correct according to the passage?

(a) Both Harry and Robert will travel to Boston together.

이유	해당되는 포인트
문장 의미	

(b) Harry and Robert visited the beach together in Washington D.C.

이유	해당되는 포인트
문장 의미	

(c) This was Harry's first time visiting Seattle.

이유	해당되는 포인트
문장 의미	

(d) Harry and Robert spent one night together in a guesthouse.

이유	해당되는 포인트
문장 의미	

정답 5.(a) 6. (d)

내가 틀린 이유를 추정해본다면?

모범풀이와 비교하여, 이전 단계에서 틀린 점을 모두 수정해보세요.

모범풀이 바로가기

➡ **앞서 배운 STEP대로, 문제를 한번에 이어서 풀어주세요.**

The Bloomfield Times

OPINION

Editorial: Corporate Tax Rate

READERS' COMMENTS

MONEYLIKEMONEY 5 hour(s) ago

I read your piece on page 11 of Top News in the December 13th issue. You had emphatically argued against the government's stance of lowering the corporate tax rate based on the claim that such policy has not demonstrated substantial trickle-down effects in the past. You had also stated that the corporate tax rate should actually be raised from 20% to 30%. However, cases of neighboring countries, simulation-based empirical studies and the trend to which corporate taxes around the globe are leaning, all attest to the falsity of your claim. Malaysia's recent corporate tax raise prompted foreign businesses to relocate to countries with lower tax rates in place. Domestic corporations have also resorted to mass layoffs in response to the raise.

Moreover, you cited the National Institute for Economic Policy's recent research, which concluded that previous reductions in corporate tax rates failed to bring about trickle-down effects, to support your argument for raising the rate. However, the 20% rate currently applied in our country is in line with the percentage widely acknowledged as optimal in enabling the co-existence between citizens, firms, and the government of a nation, and a higher rate could translate to a substantial blow to corporate competitiveness. Worldwide, nations are increasingly clamoring to attract factories and plants of foreign firms. Heretofore, this was also one of the focal points of our country's fiscal policy and going against this trend would expose our nation to possibilities of foreign companies exiting. Raising the corporate tax rate simply because the current rate does not generate a sizeable gain in trickle-down effects cannot justify a potentially detrimental economic impact it can incur.

7. Q: What is the main idea of the passage?

(a) The corporate tax rate needs to be lowered to attract factories of foreign firms.

(b) Levying higher tax rates on corporations in the nation is undesirable at present.

(c) Lowering the corporate tax rate is desired in order to enhance corporate competitiveness.

(d) It has been empirically proven that lowering the corporate tax rate does not bring about trickle-down effects.

8. Q: Which statement would the commenter most likely agree with?

(a) Malaysia enjoyed a rise in tax revenues after increasing its corporate tax rate.

(b) The commenter agrees with the contributor's view of raising the corporate tax rate.

(c) Lowering the corporate tax rate can deliver a severe blow to corporate competitiveness.

(d) Corporate tax rates serve as key criteria for firms seeking overseas plant destinations.

STEP 01 질문 확인

7. Q: What is the main idea of the passage?

물어보는 바

8. Q: Which statement would the commenter most likely agree with?

물어보는 바

STEP 02 포인트 도출 (+ 접점 도출)

I read your piece on page 11 of Top News in the December 13th issue.

1	포인트	문장 의미

You had emphatically argued against the government's stance of lowering the corporate tax rate based on the claim that such policy has not demonstrated substantial trickle-down effects in the past.

2	포인트	문장 의미

You had also stated that the corporate tax rate should actually be raised from 20% to 30%.

3	포인트	문장 의미

However, cases of neighboring countries, simulation-based empirical studies and the trend to which corporate taxes around the globe are leaning, all attest to the falsity of your claim.

4	포인트	문장 의미

Malaysia's recent corporate tax raise prompted foreign businesses to relocate to countries with lower tax rates in place.

5	포인트	문장 의미

Domestic corporations have also resorted to mass layoffs in response to the raise.

Moreover, you cited the National Institute for Economic Policy's recent research, which concluded that previous reductions in corporate tax rates failed to bring about trickle-down effects, to support your argument for raising the rate.

However, the 20% rate currently applied in our country is in line with the percentage widely acknowledged as optimal in enabling the co-existence between citizens, firms, and the government of a nation, and a higher rate could translate to a substantial blow to corporate competitiveness.

Worldwide, nations are increasingly clamoring to attract factories and plants of foreign firms.

Heretofore, this was also one of the focal points of our country's fiscal policy and going against this trend would expose our nation to possibilities of foreign companies exiting.

Raising the corporate tax rate simply because the current rate does not generate a sizeable gain in trickle-down effects cannot justify a potentially detrimental economic impact it can incur.

포인트들의 접점을 도출해보세요.

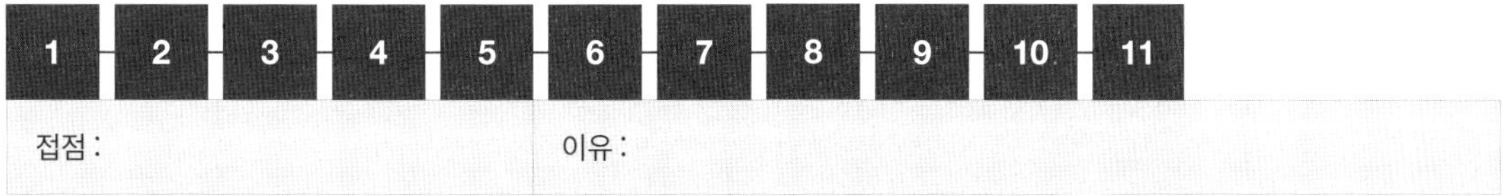

STEP 03 첫 번째 문제 풀기

7. Q: What is the main idea of the passage?

(a)	The corporate tax rate needs to be lowered to attract factories of foreign firms.
이유	
문장 의미	

(b)	Levying higher tax rates on corporations in the nation is undesirable at present.
이유	
문장 의미	

(c)	Lowering the corporate tax rate is desired in order to enhance corporate competitiveness.
이유	
문장 의미	

(d)	It has been empirically proven that lowering the corporate tax rate does not bring about trickle-down effects.
이유	
문장 의미	

STEP 04 두 번째 문제 풀기

8. Q: Which statement would the commenter most likely agree with?

(a) Malaysia enjoyed a rise in tax revenues after increasing its corporate tax rate.

이유

문장 의미

(b) The commenter agrees with the contributor's view of raising the corporate tax rate.

이유

문장 의미

(c) Lowering the corporate tax rate can deliver a severe blow to corporate competitiveness.

이유

문장 의미

(d) Corporate tax rates serve as key criteria for firms seeking overseas plant destinations.

이유

문장 의미

정답 7.(b) 8. (d)

내가 틀린 이유를 추정해본다면?

모범풀이와 비교하여, 이전 단계에서 틀린 점을 모두 수정해보세요.

모범풀이 바로가기

앞서 배운 STEP대로, 문제를 한번에 이어서 풀어주세요.

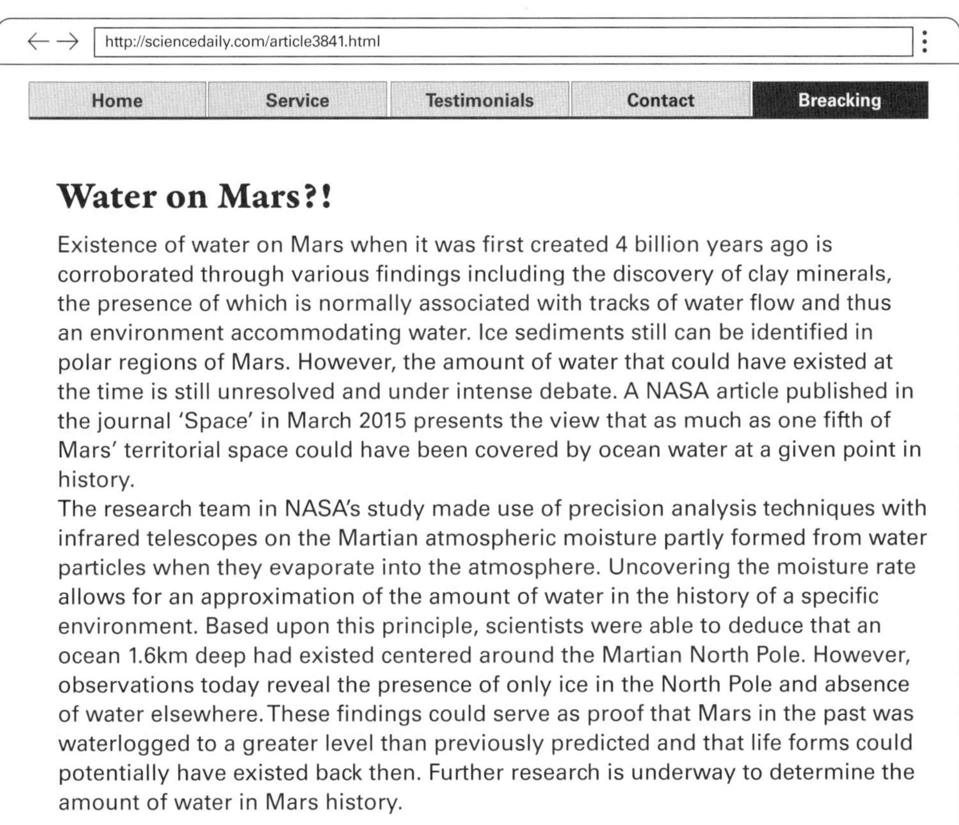

http://sciencedaily.com/article3841.html

Home | Service | Testimonials | Contact | Breacking

Water on Mars?!

Existence of water on Mars when it was first created 4 billion years ago is corroborated through various findings including the discovery of clay minerals, the presence of which is normally associated with tracks of water flow and thus an environment accommodating water. Ice sediments still can be identified in polar regions of Mars. However, the amount of water that could have existed at the time is still unresolved and under intense debate. A NASA article published in the journal 'Space' in March 2015 presents the view that as much as one fifth of Mars' territorial space could have been covered by ocean water at a given point in history.

The research team in NASA's study made use of precision analysis techniques with infrared telescopes on the Martian atmospheric moisture partly formed from water particles when they evaporate into the atmosphere. Uncovering the moisture rate allows for an approximation of the amount of water in the history of a specific environment. Based upon this principle, scientists were able to deduce that an ocean 1.6km deep had existed centered around the Martian North Pole. However, observations today reveal the presence of only ice in the North Pole and absence of water elsewhere. These findings could serve as proof that Mars in the past was waterlogged to a greater level than previously predicted and that life forms could potentially have existed back then. Further research is underway to determine the amount of water in Mars history.

9. Q: Which is correct according to the passage?

(a) Life forms have existed on Mars in the past.

(b) Studies on Mars are currently being carried out.

(c) Clay minerals do not serve as credible evidence for the presence of water.

(d) The oceans of Mars have entirely disappeared except for in the North Pole.

10. Q: Where did water exist and flow on Mars according to the research?

(a) In the atmosphere

(b) Southern hemisphere

(c) Northern hemisphere

(d) The equator

STEP 01 질문 확인

9. Q: Which is correct according to the passage?

물어보는 바

10. Q: Where did water exist and flow on Mars according to the research?

물어보는 바

STEP 02 포인트 도출

Existence of water on Mars when it was first created 4 billion years ago is corroborated through various findings including the discovery of clay minerals, the presence of which is normally associated with tracks of water flow and thus an environment accommodating water.

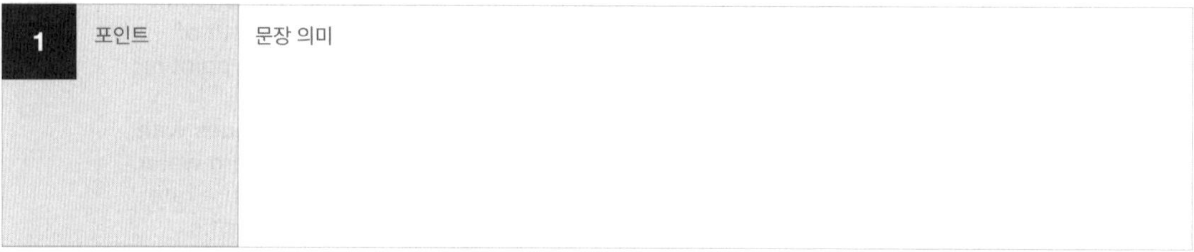

Ice sediments still can be identified in polar regions of Mars.

However, the amount of water that could have existed at the time is still unresolved and under intense debate.

A NASA article published in the journal 'Space' in March 2015 presents the view that as much as one fifth of Mars' territorial space could have been covered by ocean water at a given point in history.

4	포인트	문장 의미

The research team in NASA's study made use of precision analysis techniques with infrared telescopes on the Martian atmospheric moisture partly formed from water particles when they evaporate into the atmosphere.

Uncovering the moisture rate allows for an approximation of the amount of water in the history of a specific environment.

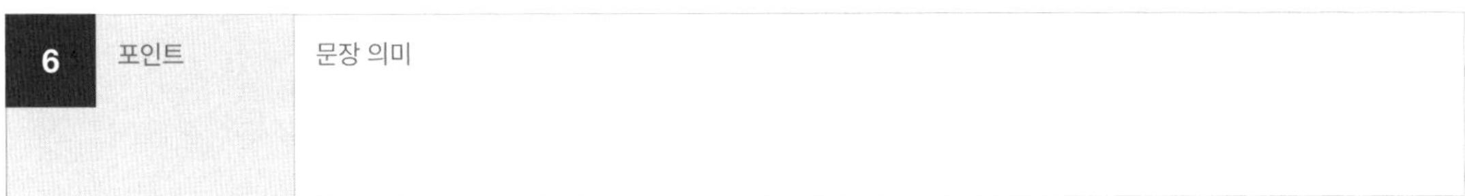

Based upon this principle, scientists were able to deduce that an ocean 1.6km deep had existed centered around the Martian North Pole.

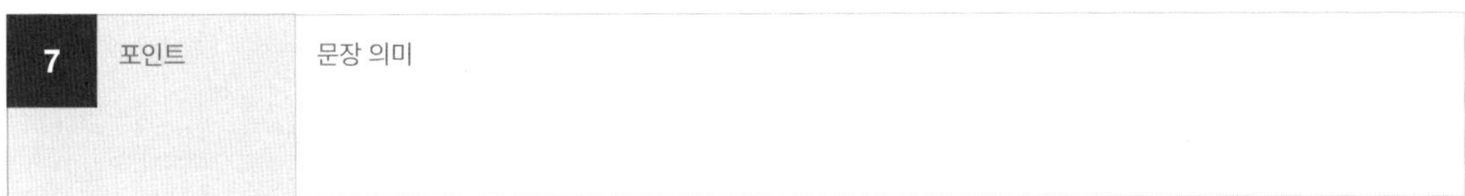

However, observations today reveal the presence of only ice in the North Pole and absence of water elsewhere.

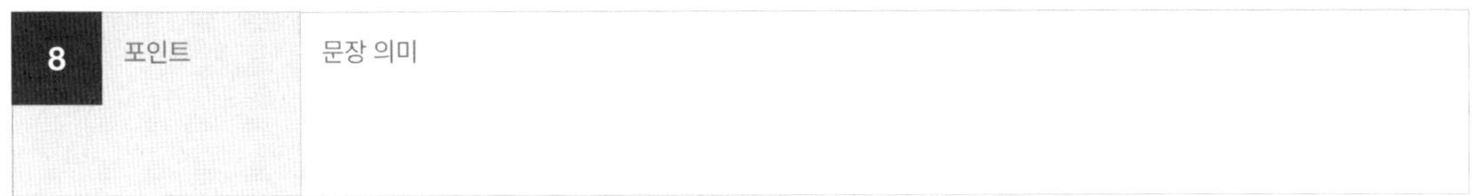

These findings could serve as proof that Mars in the past was waterlogged to a greater level than previously predicted and that life forms could potentially have existed back then.

Further research is underway to determine the amount of water in Mars history.

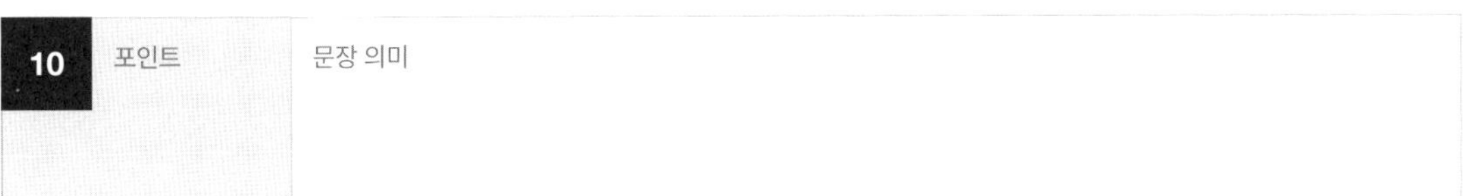

STEP 03 첫 번째 문제 풀기

9. Q: Which is correct according to the passage?

(a)	Life forms have existed on Mars in the past.
이유	해당되는 포인트
문장 의미	

(b)	Studies on Mars are currently being carried out.
이유	해당되는 포인트
문장 의미	

(c)	Clay minerals do not serve as credible evidence for the presence of water.
이유	해당되는 포인트
문장 의미	

(d)	The oceans of Mars have entirely disappeared except for in the North Pole.
이유	해당되는 포인트
문장 의미	

STEP 04 두 번째 문제 풀기

10. Q: Where did water exist and flow on Mars according to the research?

(a) In the atmosphere

이유

문장 의미

(b) Southern hemisphere

이유

문장 의미

(c) Northern hemisphere

이유

문장 의미

(d) The equator

이유

문장 의미

정답 9.(b) 10. (c)

내가 틀린 이유를 추정해본다면?

모범풀이와 비교하여, 이전 단계에서 틀린 점을 모두 수정해보세요.

모범풀이 바로가기

빈출 단어 리스트

15강 독해 파트4 긴 지문 문제에 출제되었던 빈출단어를 학습하세요!

15강 — 독해 파트4 긴지문 단어시험

Fill in the vocabulary that best completes each sentence.

disparity intimate crop up pre-requisite pinpoint
vigilant stance deteriorate misleading biodiversity

1. Make a list of anticipated problems or situations and try to identify them when they inevitably ___________________.

2. Experts say that young Americans today do not socialize in small, ___________________ groups like their parents.

3. Companies, like individuals, have this right so long as they do not promote false or ___________________ information.

4. Experts stressed the need to remain ___________________ over food safety.

5. The charger has the ability to ___________________ the exact location of a mobile phone through a given frequency and recharge it from an electrical outlet.

6. Especially, he talked about the ___________________ between the haves and the have nots.

7. Our body's sensory systems will start to ___________________ as we get older.

8. One of the most important factors for overall ocean health is ocean ___________________.

9. Overseas market expansion is not a choice, but a ___________________ for our sustainable growth.

10. What is your ___________________ on the Free Trade Agreement (FTA) with the U.S.?

1. crop up / 2. intimate / 3. misleading / 4. vigilant / 5. pinpoint / 6. disparity / 7. deteriorate
8. biodiversity / 9. pre-requisite / 10. stance

청해 Part V

긴지문 풀이법

16강

청해 파트5 긴지문 유형

풀이법

번호	문항 수	배점	청해 영역 내 비중
37-40번	4개	7-11점	33점 (13.7%)

평소 풀던 방식으로 아래의 문제를 풀어보세요.

L

Part V **Question 37~40**

You will now hear two longer talks. After each talk, you will be asked to answer two questions. Each talk and its corresponding questions will be read twice. However, the four options for each question will be read only once. Based on the given information, choose the option that bet answers each question.

mp3 바로가기

Q. 37.

(a)	(b)	(c)	(d)

Q. 38.

(a)	(b)	(c)	(d)

37. Q: What is the main topic of the talk?

(a) An announcement on the schedule of upcoming sets of training for national emergency

38. Q: When is the CBR drill set to take place?

(b) October 2nd 2PM

Q 지문이 기니까 제일 어렵고,
아예 새로운 유형인 줄 알았는데
왜 파트4와 별로 다르지 않을까요?

수강생들은 강의를 수강해주세요 → 강의 수강

그 이유는 질문에 있습니다!

What is the main topic of the talk?
When is the CBR drill set to take place?

파트4와 질문이 거의 똑같으니까 당연히 풀이법도 유사합니다.

✓ 앞 유형들보다 지문이 훨씬 기니까 어렵게 느껴지지만, 그냥 길이 2배, 문제 수 2배, 배점도 2배라서 **파트4 2문제**를 푸는 것과 같습니다.
*오히려 길이가 파트4의 2배보단 짧을 때가 많아서 **파트4보다 쉬워지는 추세**입니다.

Q1: ~ main topic ~?
Q2 : ~ CBR drill ~?

✓ 두 질문의 **조합**이 정해져 있지 않으니, 두 번째 듣기 전에 나오는 **질문에 반드시 집중**해야 해요. 두 번째 듣기 때 **어디에 집중해야 하는지** 더 명확하게 알 수 있어요!

A1: 2nd 문단 접점
A2: ↔ 비교

✓ 선택지를 들을 땐 도출한 포인트로 문장의 의미를 떠올리고, 질문에 **가장 적합한 풀이법**을 적용하면 정답을 선택할 수 있어요.

아래 모범풀이와 비교하여, 각 step 별로 내 실수를 교정해보세요.

STEP 01 첫 번째 듣기

문장 개수를 적고, 포인트를 최대한 도출해보세요!
첫 번째 듣기 때 지문의 소재와 문장 개수까지는 꼭 파악해야 해요.

1st		
drill(d)? 정확히 모르겠지만, 들었으니까 적어둬야지	1	d
earthquake 이바큐? 지진(e) 내용인가?	2	e
안내 방송 중에 please proceed(p)! 어딘가로 가라는 것 같은데?	3	p
이번엔 tornado(t).. 자연재해 관련 내용이 계속 나오는구나!	4	t
이건 쉽게 들었어! 내일부터 3일간! 하루 하나씩!	5	3
앗.. 엄청 길고, 전문용어.. 두 번째 듣기 때 집중!	6	
all work 서스펜디..? 모두 일(w)을 하라는 건가?	7	w
failure, delay… 부정적인 단어들. '안 따르면 안 된다!' 이런 경고 같음!	8	f
intentionally interfere! 방해하면 안 된다고 다시 한 번 경고하는 것 같음!	9	i (X)

STEP 02 질문 확인

질문의 조합이 정해져 있지 않으니 집중해서 들어야 해요.

37. Q: What is the main topic of the talk?

▶ Main 유형이니까 **전체 지문**의 **포인트**와 **접점**을 도출해야겠다.

38. Q: When is the CBR drill set to take place?

▶ **CBR drill이 언제인지** 묻고 있으니, CBR drill과 그 시간에만 집중하면 되겠다.

각 문장의 포인트와 전체 지문의 접점 도출

STEP 03 **두 번째 듣기**

다시 들을 땐 각 문장의 포인트를 완벽히 도출해서 처음 노트테이킹을 수정해보세요!

발음 주의

	1st	2nd

From today, October 1st, **emergency response** drills will be in session over the next **4 days** and your cooperation will be highly regarded.

오늘 10.1일 부터 4일간 긴급상황 대응 drills 가 진행될 예정입니다.

ㄴ 단어유추 **맥락상 긴급 상항에 대비하는 '행사, 훈련' 정도로만 알고 넘어가도 됨**

긴급 상황 대비(e) drills가 4일 간 열리네.
날짜를 묻는 구체적 질문도 있으니, 포인트를 e 4로 수정해야겠다.

1 | d | e 4

Today's fixture will commence at 11 o'clock with training on **earthquake** evacuation for around 30 minutes.

30분 정도의 지진 대피 훈련이 오늘 11시에 예정되어 있습니다.

지진 대피 훈련을 하는 거였구나!

2 | e | e

Following the initial announcement kicking off the drill, please **proceed** to the designated venue swiftly.

훈련을 시작하는 공지에 따라서, 정해진 장소로 신속하게 이동하십시오.

지정된 장소로 이동하라는 것이니까 포인트는 그대로!

3 | p | p

In the afternoon, a **tornado** evacuation drill will take place at 3 o'clock.

오후에는, 토네이도 대비 훈련이 3시에 있습니다.

CBR drill이 아니니까, 구체적인 정보는 필요 없겠네.
토네이도 대피 훈련이니까 포인트는 그대로 t!

4 | t | t

From tomorrow, one training session per day will be conducted for 3 straight days.

내일부터, 하루에 한 세션씩 3일 연속으로 훈련이 진행됩니다.

처음 들을 때, 정확히 들었음!

5 | 3 | 3

2nd of October will be on war-time chemical, biological, radiological threats, or the so-called CBR drill, 3rd on air defense, 4th on a mixture of natural disaster and wartime readiness drills.

오늘 오후 3시에는 대형 토네이도 대피 훈련이 진행될 예정입니다.

앗! CBR 드릴이 나왔다. 10/2라는 거네.
나머지 전문용어들은 다 다른 훈련에 대한 설명이니까 넘어가야지!

6 | | 10/2

All these three will commence at **2 in the afternoon** and all work being carried out at the time should be suspended immediately following the announcement for the sessions.

세 가지 훈련 모두 오후 2시에 진행될 예정이며, 방송이 나오면 하던 일을 멈추시고 훈련에 성실히 참여해주시길 바랍니다.

훈련(CBR 드릴 포함) 모두 **오후 2시**에 시작하는구나!
중요한 정보였네! 그리고 하던 일 멈추고 잘 따르라는 것!

7 | 2pm | 2pm

Please be aware that failure to show up results in fines and your non-cooperation may lead to delay in overall proceedings.

훈련에 참가하지 않은 인원들은 벌금형에 처해질 수 있고, 비협조로 인해 전체 진행이 지연될 수 있습니다.

벌금(f), 지연(d)! 경고하는 것이 맞았음!

8 | f | f,d

And be advised, those that intentionally interfere with the drills may be taken into custody for |obstruction| of official proceedings.

또한 훈련을 의도적으로 방해하는 경우 공무 집행 |obstruction|으로 체포될 수 있으니 이점 유념하시기 바랍니다.

ㄴ 단어유추 **맥락상 체포 당할 만큼 행사에 '피해를 주는 행위' 정도로만 알고 넘어가면 됨**

방해하지 말라고 한 번 더 **경고하네 i(X)**

	1st	2nd
9	X	X

37. Q이 지문의 **main topic**을 묻는 질문이므로 지문의 접점을 도출해야 해요. — 훈련 일정

STEP 04 **첫 번째 문제 풀기**

37. Q: What is the main topic of the talk?

지문의 접점을 돌려 말한 선택지가 답이 됩니다.
***언급된 디테일 주의**

O **(a) An announcement on the schedule of upcoming sets of training for national emergency**
민방위 훈련 일정 공지

날짜, 시간, 지정장소, 불이익 등 훈련 전반에 대해 안내하고 있는 지문의 내용을 'schedule'로 돌려 말한 선택지이므로 정답
*** schedule(일정)에는 시간 뿐 아니라 장소, 활동 내용 등도 포함됨**

X (b) An announcement on an official call for assembly of participants in the CBR drill
화생방 훈련 참가자 소집 공지

CBR 드릴이 언급되긴 했지만, 참가자를 모집하는 공지가 아닐 뿐더러, 지문 전체의 접점에 해당하지 않으므로 오답
*** 언급된 디테일 주의**

X (c) An announcement on the venues for the emergency response drills
민방위 훈련 장소 공지

장소도 언급되긴 했지만, 구체적인 장소를 공지하진 않았고, 시간이나 날짜 등 일정과 밀접하게 관련된 지문의 접점을 location이 포괄할 수 없으므로 오답

X (d) An announcement on punitive measures taken for obstruction during emergency drills
훈련 방해자 처벌 규정 공지

처벌 규정이 언급되긴 했지만, 지문의 일부에 국한된 내용이라 접점과 일치하지 않으므로 오답
*** 언급된 디테일 주의**

STEP 05 두 번째 문제 풀기

38. Q: When is the CBR drill set to take place?

X (a) October 1st 11AM
10/1 오전 11시

O **(b) October 2nd 2PM**
10/2 오후 2시

10/2 2PM이므로 정답 **(포인트6, 7)**

X (c) October 4th 2PM
10/4 오후 2시

X (d) October 2nd 11AM
10/2 오전 11시

청해 긴지문 유형 풀이법 STEP 1~5를 따라서 새로운 문제를 풀어보세요.

Part V **Question 37~40**

You will now hear two longer talks. After each talk, you will be asked to answer two questions. Each talk and its corresponding questions will be read twice. However, the four options for each question will be read only once. Based on the given information, choose the option that bet answers each question.

포인트 개수	노트테이킹

Q 39.

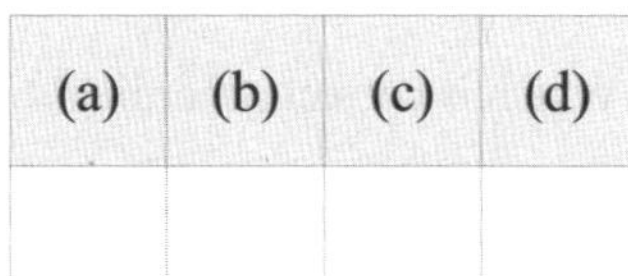

Q 40.

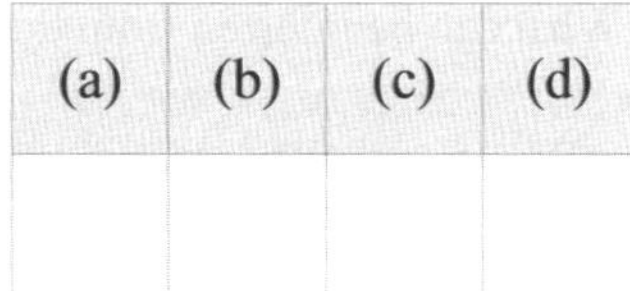

mp3 바로가기

L

아래 모범풀이와 비교하여, 각 step 별로 내 실수를 교정해보세요.

STEP 01 첫 번째 듣기

1st

	내용		1st
	Flextime 고유명사 같은데, 이게 주제구나! F라고 써둬야겠다.	1	F
	Flexible, employees can select… 등 직원이 일하는 시간을 고를 수 있다(s)는 것 같아.	2	s
	엄청 길고.. 전문 용어가 많네. 두 번째에 집중!	3	
	앞부분은 제대로 못 들었지만, 뒤쪽 in the real world? 현실을 강조하는 듯(r)	4	r
	complete freedom을 확실히 들었어! '완전 자유(f)'	5	f
	아쉽게도 restrictions(r)가 있다는 건 완전한 자유는 아니라는 것이구나.	6	r
	좀 복잡하지만, for instance로 시작하는 문장이니까, 앞에 나온 restriction의 예시 아닐까?	7	i
	satisfaction 들었다. Flexible한 덕에 삶의 만족도를 높여준다는 내용이 아닐까?	8	s

STEP 02 질문 확인

39 Q: Which is correct according to the speaker?

▶ Correct 유형이니까 **각 문장**의 **포인트**를 도출해야겠다.

40 Q: What can be inferred from the passage?

▶ Infer 유형이니까 **각 문장**의 **포인트**를 도출해야겠다.

각 문장의 포인트 도출

STEP 03 **두 번째 듣기**

발음 주의

	1st	2nd

Good afternoon, class! Our topic for discussion today will be on a trending issue these days: **Flextime**.

안녕하세요. Class! 오늘은 최근에 화두가 되는 자율 근무에 대한 이야기를 해보려고 해요.

첫 문장은 놓친 것 없이 잘 들었네! 그대로 F — 1 F F

Flextime refers to a flexible work hour scheduling system through which employees can **select** when their workday starts and ends.

업무시간을 고를 수 있다는 것이 맞았네! 그대로 s — 2 s s

A survey on work types and efficiency of employees was conducted at a research institute on 100 randomly selected firms, and its results indicated that this kind of work mechanism has had a **positive impact** on the overall performance in the workplace.

조사기관에서 임의로 선정한 100개 기업의 근무 형태와 근로 효율에 대해 설문조사 했는데,
조사 결과에 따르면 자율 근무제가 업무 성과에 긍정적인 영향을 미쳤다고 하네요.

긴 내용이지만, 결국 100개 회사에 랜덤으로 조사를 했고,
Flextime이 업무 성과를 올렸다는 것이구나! (↑) — 3 ↑

However, there is a distinct **variance** between a commonly perceived conception of Flextime and the system actually in effect in the real world.

그렇지만 흔히들 생각하는 자율 근무와 현재 시행되는 자율 근무는 다를 수 있어요.

단순히 현실 강조가 아니라, commonly perceived conception(c)과
현실(r) 사이에 차이가 있다는 내용이었어!! — 4 r c↔r

You may be of the impression that Flextime allows **complete freedom** in setting times for getting into and off work.

여러분들이 생각하기에 자율근무는 출퇴근에 완전한 자유를 주는 것 같죠?

출퇴근에 완전한 자유! 맞게 들었다! — 5 f f

Unfortunately, there still are **restrictions** to which employees have to adhere.

하지만, 직원들이 따라야 하는 제약들이 남아있어요.

제약이 있다는 것도 맞게 잘 들었네 — 6 r r

For instance, under the assumption that 8 hours is a standard working hour per day, employees are granted flexibility in setting specific time frames as long as they are within the boundary between **7 in the morning and 10 at night.**

예를 들어, 하루 근무시간인 8시간을 만족한다면 오전 7시에서 오후 10시 사이
언제든지 출퇴근 시간을 선택할 수 있도록 하는 것이죠.

제약의 예시가 맞네!
오전 7시에서 오후 10시라는 제약 안에서의 자유라는 것이구나! — 7 i 7a ~ 10p

It goes without saying that systems like Flextime deserve expanded adoption in workplaces to enhance the level of **satisfaction** in individual employees' lives.

개인들의 삶의 질이 좋아지기 위해서는 이러한 자율 근무제가 더 도입되어야 합니다.

직원들의 삶의 만족을 위해 Flextime이 더 도입되어야 마땅하다는 것!
'만족'이 포인트인 것은 맞는 것 같으니 그대로 적어둬야지! — 8 s s

STEP 04 첫 번째 문제 풀기

39. Q: Which is correct according to the speaker?

O **(a) A gap exists between the public perception of what Flextime is and the actual practice of the system.**
사람들이 일반적으로 인식하는 자율근무와 실제 시행되는 자율근무에는 형태가 차이가 있다.

'commonly perceived conception'를 public perception으로 돌려 말한 정답 **(포인트4)**

△ (b) With Flextime in place, employees can get to work at night and off in the morning. 오답자 66% 선택
자율근무를 도입한 회사는 밤에 출근하고 오전에 퇴근이 가능하다.

오전 7시에서 밤 10시 사이에만 가능하다고 했으므로 오답 **(포인트7)**
***배경지식 주의**

X (c) Even though Flextime is beneficial to employees, the firms that implement it have little to gain.
자율근무는 직원들에게는 득이 되나, 회사에겐 이득이 거의 없다.

회사의 업무성과가 올랐다고 했으므로, 오답 **(포인트3)**

△ (d) 100 firms that have implemented Flextime were surveyed upon in the research.
조사는 자율근무를 실시하는 100개 기업을 대상으로 이루어졌다.

랜덤으로 선정된 100개 회사들이 모두 자율근무를 실시한다고는 언급되지 않았으므로 오답
*** 같은 숫자, 다른 의미로 낚시**

STEP 05 두 번째 문제 풀기

40. Q: What can be inferred from the passage?

△ (a) Flexible adjustment of employees' workhours can guarantee higher quality of life.
시간 활용만 자율화되면 개인들의 삶의 질이 보장될 수 있다. 오답자 46% 선택

만족도 향상에 도움된다고 해서**(포인트8)** 모든 사람들의 삶의 질이 향상되는지 까진 알 수는 없으므로 오답
***과한 유추 주의**

O **(b) Mandatory practices in the workplace are not always conducive to enhanced performance level.**
강제성이 항상 업무 성과를 높이는 것은 아니다.

조사 결과 Flex time을 실시했을 때 업무 성과가 향상되었다는 것은 강압적이지 않은 방법의 사례이므로 (=예외 사례) 정답 **(포인트3)**

X (c) Work schedules that are unlimited in the timeframes are likely to incur damage to companies.
시간 제한이 없는 자율 근무는 회사에 손해를 입힐 것이다. 오답자 46% 선택

제한이 없는 Flextime의 영향은 전혀 언급되지 않았으므로 판단 불가능 = 오답

X (d) Flextime has been a common practice in corporate culture for a long period of time.
자율 근무는 오래 전부터 많은 기업에 도입되었다.

(c)와 마찬가지로 기업에 얼마나 오래 도입되었는지는 전혀 언급되지 않았으므로 판단 불가능 = 오답

풀이법 요약

- STEP 01 첫 번째 듣기
- STEP 02 질문 확인
- STEP 03 두 번째 듣기
- STEP 04 첫 번째 문제 풀기
- STEP 05 두 번째 문제 풀기

이제 이 풀이법을 연습문제에 적용해보세요!

연습문제	소요시간
4지문 8문제	약 6-10시간

16강 청해 파트5 긴지문 | 연습문제 1~2번

앞서 배운 STEP대로, 노트테이킹 + 소거법으로 문제를 풀어주세요.

mp3 바로가기

Q. 37

(a)	(b)	(c)	(d)

Q. 38

(a)	(b)	(c)	(d)

이번에는 각 STEP별로 문제를 풀어보세요.

STEP 01 첫 번째 듣기

STEP 03 두 번째 듣기

들릴 때까지 반복해서 다시 들어보세요.

포인트	이유	문장 의미	안 들리는 부분 한글 발음
1			
2			
3			
4			
5			
6			
7			
8			
9			

* 계속 안 들릴 경우, 속도를 조절해보세요.

STEP 02 **질문 확인**

Q. 37

1 2 3 4 5 6 7 8 9

물어보는 바:	접점:	이유:

Q. 38

물어보는 바:

STEP 04 **첫 번째 문제 풀기**

선택지도 다시 소거해보세요. (처음과 달라졌다면, 그 이유도 함께 써주세요.)

Q. 37

소거법	이유	문장 의미	안 들리는 부분 한글 발음
(a)			
(b)			
(c)			
(d)			

STEP 05 두 번째 문제 풀기

Q. 38

소거법	이유	문장 의미	안 들리는 부분 한글 발음
(a)			
(b)			
(c)			
(d)			

정답 37.(a) 38. (c)

내가 틀린 이유를 추정해본다면?

스크립트와 비교하여, 이전 단계에서 틀린 점을 모두 수정해보세요!

What are the necessary conditions for a 'good city to live in'? Do the conditions only pertain to economic aspects? Economic factors aside, political stability, social welfare, as well as climate and potential threats from natural disasters should all be considered critical in our assessment. These factors can be represented by quantitative data like GDP, but some prove to be elusive in our attempts to quantify into numerical indicators.

One of the more prominent factors of this kind would be the establishment of a sustainable environment. A closer look at some of the cities widely voted as some of the best places to live in allows us to appreciate the importance of the environment. Clean air and eco-friendly practices are significant assets for a city to be associated with the desirable image of 'good city to live in', offering us a clue as to why major cities in the US have customarily not been high up in the rankings. Continued inclination to value high economic growth would likely prevent US cities from joining the top tier on the list. An emphasis on quality of life as opposed to outward appearance of cities should be a focus for the way ahead.

Q 37. What is the main topic of the talk?
(a) Decisive factors for assessing quality of life in cities
(b) The importance of economic conditions
(c) The necessity of quantitative data such as GDP
(d) Obstacles facing major American cities

Q 38. Which factor did the speaker NOT emphasize in making a good city to live in?
(a) Fresh air to breathe
(b) Natural surroundings
(c) Sustainable economic growth
(d) Policies to improve the environment

모범풀이와 비교하여, 이전 단계에서 틀린 점을 모두 수정해보세요.

모범풀이 바로가기

청해 파트5 긴지문 | 연습문제 3~4번

앞서 배운 STEP대로, 노트테이킹 + 소거법으로 문제를 풀어주세요.

포인트 개수	노트테이킹

mp3 바로가기

Q. 39

(a)	(b)	(c)	(d)

Q. 40

(a)	(b)	(c)	(d)

이번에는 각 STEP별로 문제를 풀어보세요.

STEP 01 첫 번째 듣기

STEP 03 두 번째 듣기

들릴 때까지 반복해서 다시 들어보세요.

포인트	이유	문장 의미	안 들리는 부분 한글 발음
1			
2			
3			
4			
5			
6			
7			
8			

* 계속 안 들릴 경우, 속도를 조절해보세요.

STEP 02 질문 확인

Q. 39

물어보는 바:

Q. 40

물어보는 바:

STEP 04 첫 번째 문제 풀기

선택지도 다시 소거해보세요. (처음과 달라졌다면, 그 이유도 함께 써주세요.)

Q. 39

소거법	이유	문장 의미	안 들리는 부분 한글 발음
(a)			
(b)			
(c)			
(d)			

STEP 05 두 번째 문제 풀기

Q. 40

소거법	이유	문장 의미	안 들리는 부분 한글 발음
(a)			
(b)			
(c)			
(d)			

정답 39.(a) 40. (d)

내가 틀린 이유를 추정해본다면?

스크립트와 비교하여, 이전 단계에서 틀린 점을 모두 수정해보세요!

Are you familiar with Happy Hotel, the only 7-star hotel in our country?
Employees at this prestigious accommodation are renowned for their dedicated and independent enthusiasm. Complaints received from customers are normally not transmitted up to management level just for the sake of briefing them.
They are instead responded to instantly by the employee handling the case and then notified up the chain in the form of a report on procedures taken and after-action review.
Decisions rendered by management can even be refined based on the employee's views on how the customer can best be satisfied, as long as the adjustment is reported up the chain of command after being put into action.
This flexibility in customer service is intended to foster a responsible and self-sufficient attitude for the employees and it has resulted in a more driven motivation to provide better services to customers. The fact that Happy Hotel's revenue has risen 15% annually for the last 3 years, despite a recent stagnation in the hotel industry, speaks to this level of commitment.
This example also exemplifies how the degree of trust with which employers value their workers can contribute to the corporations' growth.

Q 39. Which is correct according to the talk?
(a) Earnings at Happy Hotel have consistently been on the rise in recent years.
(b) Excessive allowance of flexibility to employees reduces overall work efficiency levels.
(c) Other corporations also allow employees to notify up the chain after taking action on customer complaints.
(d) Management's decision can be adjusted only if such change is reported up beforehand.

Q 40. Which statement would the author most likely agree with?
(a) The work environment at Happy Hotel may be counterproductive in saving time.
(b) It is likely that other hotels' revenue in our country also rose in the same period.
(c) Shares of the Happy Hotel corporation would likely have been allotted to employees.
(d) Decisions made at management level at other hotels are normally adhered to strictly.

모범풀이와 비교하여, 이전 단계에서 틀린 점을 모두 수정해보세요.

모범풀이 바로가기

청해 파트5 긴지문 | 연습문제 5~6번

앞서 배운 STEP대로, 노트테이킹 + 소거법으로 문제를 풀어주세요.

포인트 개수	노트테이킹

mp3 바로가기

Q. 37

(a)	(b)	(c)	(d)

Q. 38

(a)	(b)	(c)	(d)

이번에는 각 STEP별로 문제를 풀어보세요.

STEP 01 첫 번째 듣기

STEP 03 두 번째 듣기

들릴 때까지 반복해서 다시 들어보세요.

포인트	이유	문장 의미	안 들리는 부분 한글 발음
1			
2			
3			
4			
5			
6			
7			
8			
9			

* 계속 안 들릴 경우, 속도를 조절해보세요.

STEP 02 질문 확인

Q. 37

물어보는 바:

Q. 38

물어보는 바:

STEP 04 첫 번째 문제 풀기

선택지도 다시 소거해보세요. (처음과 달라졌다면, 그 이유도 함께 써주세요.)

Q. 37

소거법	이유	문장 의미	안 들리는 부분 한글 발음
(a)			
(b)			
(c)			
(d)			

STEP 05 두 번째 문제 풀기

Q. 38

소거법	이유	문장 의미	안 들리는 부분 한글 발음
(a)			
(b)			
(c)			
(d)			

정답 37.(a) 38. (c)

내가 틀린 이유를 추정해본다면?

스크립트와 비교하여, 이전 단계에서 틀린 점을 모두 수정해보세요!

Welcome to the preliminary rounds of Season 2 of WHO'SMART, the quiz show that took everyone by storm in a successful run last year. The competition is set to last for 3 months from January; after 60 days of qualifying rounds, elimination rounds will take up the next 30 days. The latter rounds will all be broadcast live on CBS every Thursday night for the entire duration. Among 5000 applicants to the preliminary rounds only 32 will get the nod to participate in the next set of rounds. The preliminary rounds will primarily feature True/False questions, short-answer questions, and multiple-choice questions dealing with themes and genres of all kinds including politics, social issues, science, culture and sports. Be informed that all forms of cheating are strictly prohibited and result in immediate disqualification from the competition. The champion and runner-up will receive cash prizes of $1million and $300,000 respectively; and all participants that reach the knock-out stage will also be granted a one-year internship at the prestigious LOC Corporation, the sponsor of this game show! Shall we begin?

Q 37. Where is this talk most likely taking place?
(a) The site of the competition
(b) A TV broadcasting station
(c) A classroom
(d) LOC corporation

Q 38. Which is correct about the quiz competition?
(a) The preliminary rounds will be broadcast live on CBS.
(b) This is the first iteration of this competition show.
(c) Monetary benefits are rewarded to the last two remaining in the competition.
(d) Participants in the elimination rounds will have to answer True or False questions.

모범풀이와 비교하여, 이전 단계에서 틀린 점을 모두 수정해보세요.

모범풀이 바로가기

청해 파트5 긴지문 | 연습문제 7~8번

앞서 배운 STEP대로, 노트테이킹 + 소거법으로 문제를 풀어주세요.

포인트 개수	노트테이킹

mp3 바로가기

Q. 39

(a)	(b)	(c)	(d)

Q. 40

(a)	(b)	(c)	(d)

이번에는 각 STEP별로 문제를 풀어보세요.

STEP 01 **첫 번째 듣기**

STEP 03 **두 번째 듣기**

들릴 때까지 반복해서 다시 들어보세요.

포인트	이유	문장 의미	안 들리는 부분 한글 발음
1			
2			
3			
4			
5			
6			
7			
8			

* 계속 안 들릴 경우, 속도를 조절해보세요.

STEP 02 질문 확인

Q. 39

물어보는 바:

Q. 40

물어보는 바:

STEP 04 첫 번째 문제 풀기

선택지도 다시 소거해보세요. (처음과 달라졌다면, 그 이유도 함께 써주세요.)

Q. 39

소거법	이유	문장 의미	안 들리는 부분 한글 발음
(a)			
(b)			
(c)			
(d)			

STEP 05 두 번째 문제 풀기

Q. 40

소거법	이유	문장 의미	안 들리는 부분 한글 발음
(a)			
(b)			
(c)			
(d)			

정답 39.(d) 40. (c)

내가 틀린 이유를 추정해본다면?

스크립트와 비교하여, 이전 단계에서 틀린 점을 모두 수정해보세요!

There is a recent surge of corporations ramping up foreign investment injecting massive funds. They are expanding their area of operation by increasing overseas offices and fervently engaging in recruiting experts of foreign nationality in relevant fields. The positive aspects of this type of aggressive business expansion notwithstanding, companies may lose focus and become negligent in cultivating a robust organizational structure within. In this case an analogy of 'building a house of cards' could be apt. A flexible and interactive communication system within a company should be one of the core priorities. A compartmentalized structure without an interactive culture cannot be conducive to true innovation in business management. The voices of those in the field should be transmitted clearly to management level, and the same applies to executives in that their intentions should be relayed back to the field. As a critical factor to respond readily to contingencies, flexibility is largely a function of these efforts to communicate and share information in a timely manner, and thus a foundational source of strength required for corporate survival.

Q 39. Which problem should corporations solve before looking to expand business?
(a) Conflict between labor and management levels
(b) Investments limited to the domestic sector
(c) An overly flexible communication structure
(d) Corporate environment lacking exchange of ideas

Q 40. Which statement would the speaker most likely agree with?
(a) In order to bring about growth, intentions of executives must be prioritized over voices in the field.
(b) Technological development provides the impetus for expansion overseas.
(c) A corporation's success is largely dependent on fluid interactions throughout the organizational structure.
(d) Organizational restructuring to facilitate response to contingencies forms the basis for corporate success.

모범풀이와 비교하여, 이전 단계에서 틀린 점을 모두 수정해보세요.

모범풀이 바로가기

16강 — 청해 파트5 긴 지문 단어시험

Fill in the vocabulary that best completes each sentence.

conducive monetary surge transmit performance
mandatory prestigious negligent accommodation

1. Her golden __________________ in the women's 500 meters stunned the crowd.

2. Making physical education __________________ ensures that even lazy students get some exercise.

3. But when Earth was developing into a terrestrial planet __________________ to life, Venus transformed into a volcanic planet with a surface hot enough to melt steel.

4. The film is nominated for several awards, including the __________________ Oscar Academy Award.

5. It examined travel packages and tours that included airline tickets, __________________ and ground transportation.

6. Some mosquitoes can __________________ specific diseases such as malaria, which occurs in over 100 countries worldwide.

7. On top of a 7 percent tax break, the Commerce Ministry gives __________________ support from an exclusive 400 billion won fund.

8. Vietnam's economic growth led to a __________________ in the number of factories that polluted the environment.

9. Anyone found to have been __________________ in their duties could face criminal charges.

1. performance / 2. mandatory / 3. conducive / 4. prestigious / 5. accommodation / 6. transmit
7. monetary / 8. surge / 9. negligent

빈출 단어 리스트

16강 청해 파트5 긴 지문 문제에 출제되었던 빈출단어를 학습하세요!

어휘 문법 풀이법

17강

어휘 문법 맞는 유형

풀이법

		번호	문항 수	배점	어휘 영역 내 비중
어휘	파트1	1-10번	10개	1-3점	60점 (100%)
	파트2	11-30번	20개		

평소 풀던 방식으로 아래의 문제를 풀어보세요.

Part I **Question 1~10**

Choose the option that best completes each dialogue.

1. A: Did you finish reading the new book by Professor Hawking?
B: Yes. It was awesome, absolutely ____________. I really learned a lot from it.

(a) forthcoming
(b) enlightening
(c) gleaning
(d) beaming

(b) enlightening
계몽적인

(d) beaming ———— 긍정적인 맥락이니까 이것도 맞는 것 같은데..
빛나는

둘 다 긍정적인 단어인데
왜 (b)만 정답일까요?

수강생들은 강의를 수강해주세요 → 강의 수강

 힌트는 Intruction에 있어요.

Part I **Question 1~10**

Choose the option that best completes each dialogue.

같은 느낌의 단어가 아닌,
대화를 '**완성하는**'단어의 쓰임새를 묻고 있어요.

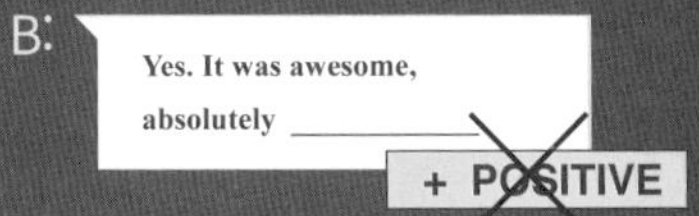

✓ 지문이 긍정적인 맥락이라고 해서 그저 **긍정적인 느낌**의 단어를 고르면 틀려요.

✓ 단순히 긍정/부정 느낌의 단어가 아니라 **지문을 완성**하는 **단 하나의 정답**을 찾아야 해요!

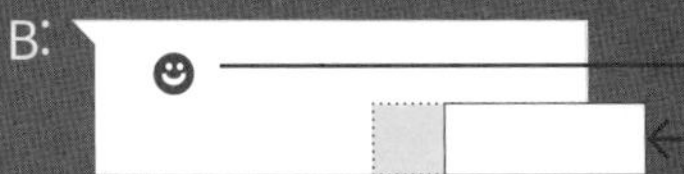

✓ 빈칸을 뺀 나머지 부분에 정답을 하나로 한정하는 **힌트**가 있어요. 그 힌트를 통해 빈칸에 들어갈 **쓰임새를 찾으면** 정답을 고를 수 있어요.

* 평소 정의로만 학습하면 쓰임새를 알기 어려우니 꼭 **예문으로 학습**하세요!

각 STEP을 따라 어휘 맞는 유형 풀이법을 이해해 보세요.

STEP 01 **힌트**

지문에 정답을 한정하는 최소 한 개의 힌트가 있어요.

A: Did you finish reading the new book by Professor Hawking?

호킹 교수의 새 책 다 읽었니?

B: Yes. It was awesome, absolutely ____________.

응 정말 좋았어, 완전 ____________.

I really learned a lot from it.
덕분에 많은 것을 배웠어.

단순히 긍정적인 것이 아니라,
많이 배워서 좋았다는 것이니까 이것이 힌트!

STEP 02 **쓰임새로 판단**

지문의 긍정/부정 맥락으로는 정답을 판단할 수 없으니, 평소에 단어를 쓰임새 위주로 학습해야 해요.

(a) forthcoming

✓ **(b) enlightening**

'많이 배워서 좋았다'는 맥락상 계몽적인이라는 의미가 적합

(c) gleaning

(d) beaming

어휘 맞는 유형 풀이법 STEP 1~2를 따라서, 새로운 문제를 풀어 보세요.

Part II **Questions 11~30**

Choose the option that best completes each sentence.

V

11. Travelers can often ____________ mileage in one account by flying the airline's partner carriers.

(a) compile
(b) amalgamate
(c) consolidate
(d) accrue

아래 모범풀이와 비교하여, 각 step 별로 내 실수를 교정해보세요.

STEP 01 **힌트**

Travelers can often ____________ **mileage** in one account by flying the airline's partner carriers.

여행객은 주로 이용하는 항공사의 협력 항공사를 이용해도 동일한 계좌에 마일리지를 ________ 할 수 있다.

마일리지는 계좌에 쌓거나 모으는 것이므로 이게 힌트!

STEP 02 **쓰임새로 판단**

단어의 한글 정의가 같더라도, 문장에서의 **뉘앙스 차이**로 정답인지 오답인지 판단하기도 해요.

(a) compile

수험생 **75%** 선택
정답보다 더 많이!

보통 자료나 문서 등을 합치다의 쓰임새이므로 오답

(b) amalgamate

보통 단체나 기업을 합치다, 즉 합병시키다의 쓰임새이므로 오답

(c) consolidate

✓ **(d) accrue**

수험생 **16%**만 정답

'**마일리지를 쌓는다**'는 맥락상 빚, 돈 등 통화 가치가 있는 것을 축적하다의 의미가 가장 적합

		번호	문항 수	배점	문법 영역 내 비중
문법	파트1	1-10번	10개	1-3점	43.75점 (73%)
	파트2	11-25번	15개		

평소 풀던 방식으로 아래의 문제를 풀어보세요.

Part I **Questions 1~10**

Choose the option that best completes each dialogue.

G

1. A: How do you think Alex will do on the test next week?
B: He is expecting ____________ it easily.

(a) pass
(b) passing
(c) to pass
(d) to be passed

(b) passing ―――― 동명사, to 부정사는 아는데, 왜 문장에선 항상 헷갈리지?

(c) to pass

Q 모든 문법을 무작정 열심히 공부했는데, 왜 정작 문제에선 틀릴까요?

수강생들은 강의를 수강해주세요 → 강의 수강

A 힌트는 이번에도 Intruction에 있어요.

Part I **Question 1~10**

Choose the option that best completes each dialogue.

무작정 공부한 문법지식이 아닌,

대화를 '완성하는' 문장의 형태를 묻고 있어요.

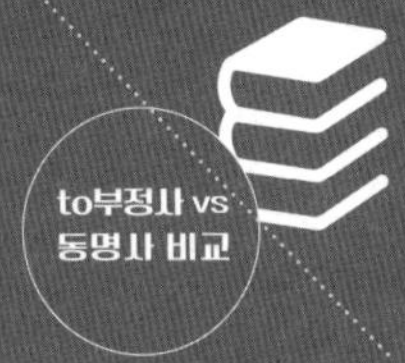

✓ 무작정 **문법 지식만** 쌓으면 틀려요!

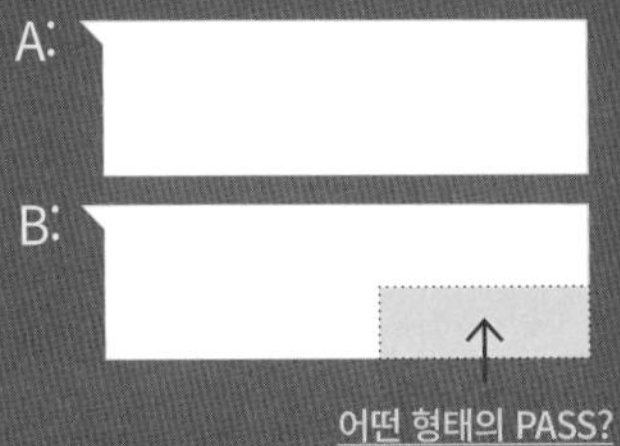

✓ 지문을 **완성하는 형태**가 정답이니까요.
빈칸에 들어가는 단어의 '의미'는 고정되어 있으니,
가장 **적합한 '형태'**만 찾으면 돼요.

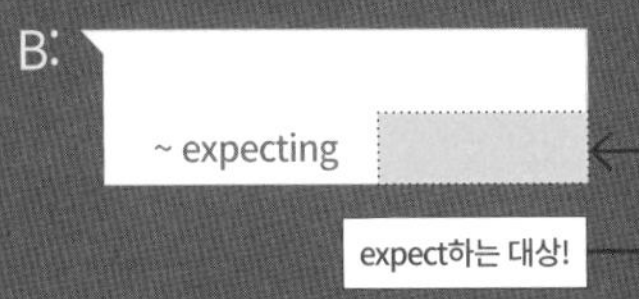

✓ 4지 선다로 나올 수 있는 문법은 **출제범위가 제한적**이에요. 최소 4가지의 형태로 비교될 수 있어야 하니까요. 그러니 모든 문법을 **무작정 암기할 필요가 없습니다!**

* 문법 출제범위는 무료 강의를 참고하세요. →

각 STEP을 따라 문법 맞는 유형을 이해해 보세요.

STEP 01 **역할**

빈칸에 들어갈 형태가 어떤 역할을 하는지 알아야 해요.

A: How do you think Alex will do on the test next week?
알렉스가 다음 시험에서 어떨 것 같아?

B: He is expecting ____________ it easily.
그는 쉽게 ____________할 거라고 예측하고 있어.

→ 역할: 쉽게 '통과할 것' = 예측(expect)의 **대상**

STEP 02 **역할 ↔ 형태**

선택지의 의미는 정해져 있으니, 빈칸의 역할에 알맞은 형태만 찾으면 돼요.

(a) pass

(b) passing

앞으로 발생할 일이 아닌 단순히 통과하기의 의미이므로 부적합

✓ **(c) to pass**

'통과할 것을 예측하는 중이다'는 의미이므로 적합

(d) to be passed

문법 맞는 유형 풀이법 STEP 1~2를 따라서, 새로운 문제를 풀어 보세요.

Part II **Questions 11~25**

Choose the option that best completes each sentence.

G

11. By the time the ship left Singapore, the captain ____________ a motley crew.

(a) accumulates
(b) accumulated
(c) had accumulated
(d) has been accumulating

아래 모범풀이와 비교하여, 각 step 별로 내 실수를 교정해보세요.

STEP 01 역할

By the time the ship left Singapore, the captain __________ a motley crew.

배가 싱가포르르 떠날 즈음까지, 선장은 motley 선원들을 __________.

ㄴ 단어유추 crew를 꾸며주는 수식어 정도로만 알고 넘어가면 됨.

역할: 모으는 행위(accumulate)의 **시점**

STEP 02 역할 ↔ 형태

(a) accumulates

(b) accumulated

오답자 **73%** 선택

배가 떠난 시점이 이미 과거이므로, '**더 이전부터 쭉**' accumulate 해왔다는 의미가 전달되지 않으므로 오류

✓ **(c) Had accumulated**

배가 떠난 시점보다 '더 이전부터 **배가 떠난 시점까지**' accumulate 해왔다는 의미이므로 과거 완료가 적합

(d) Has been accumulating

문법 맞는 유형 풀이법 STEP 1~2를 따라서, 새로운 문제를 풀어 보세요.

Part I **Questions 1~10**

Choose the option that best completes each dialogue.

G

11. A: Did you hear our boss gave John a promotion instead of Sarah?

B: I don't believe it. He __________ such a foolish decision.

(a) better should have known to make than
(b) better should have known than to make
(c) should have known better to make than
(d) should have known better than to make

아래 모범풀이와 비교하여, 각 step 별로 내 실수를 교정해보세요.

STEP 01 역할

A: Did you hear our boss gave John a promotion instead of Sarah?
사장님이 사라 대신 존을 승진시켰다는 얘기 들었니?

B: I don't believe it. He ____________ such a foolish decision.
못 믿겠어. 사장님이 그런 무분별한 결정을 ____________________.

STEP 02 역할 ↔ 형태

어순 문제는 앞에서부터 매 단어가 각각의 역할이 있는지 확인해야 해요.

(a) better should have known to make than

(b) better should have known than to make

ㄴ (a)(b) better는 수식 대상이 없음

(c) should have known better to make than **오답자 75% 선택**

ㄴ to make부터 역할이 없음

✓ **(d) should have known better than to make**

ㄴ 알았어야 했다.

ㄴ (better) should have known을 '더 잘 알았어야 했다'로 꾸며주는 수식어

ㄴ (than) 'to make such a foolish decision하는 것보다'라는 비교

ㄴ (to make) 'such a foolish decision'을 내리는 것

		번호	문항 수	배점	문법 영역 내 비중
문법	파트3	26-30번	5개	2-4점	16.25점 (13.5%)

평소 풀던 방식으로 아래의 문제를 풀어보세요.

Part III Question 26~30

Read each dialogue or passage carefully and identify the option that contains a grammatical error.

G

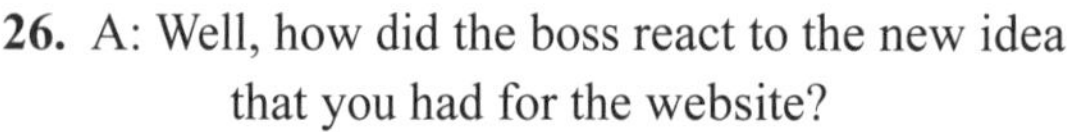

26. A: Well, how did the boss react to the new idea that you had for the website?

(b) B: Sadly, she was completely closedminded. She hated the design what I made.

(c) A: That's typical! Everyone else in the office knows your design is the way to go.

(d) B: It's so frustrating. I just couldn't convince her that we need to try something fresh.

B: Sadly, she was completely closedminded. She hated the design what I made. —— 문장 전체가 오류도 아니고… 어떻게 찾지?

Q 정답을 한 번에 찾을 수 있는 방법이 없을까요?

수강생들은 강의를 수강해주세요 → 강의 수강

안타깝게도 없습니다. 이유는 instruction에 있어요.

Part III **Question 26~30**

Read each dialogue or passage carefully and identify the option that contains a grammatical error.

한 번에 오류가 보이지 않으니,
'문장 속에 숨겨진 오류'를 찾아야 해요.

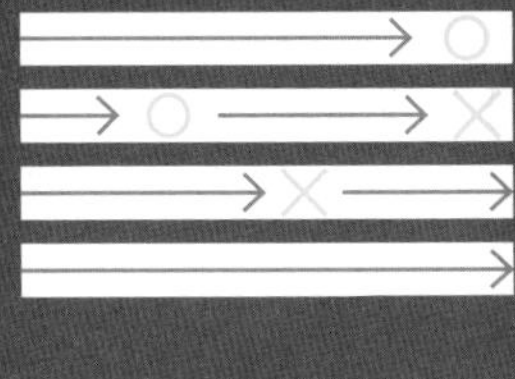

✓ 지문을 읽으면서 오류 가능성이 있는 모든 부분을 **하나씩 체크**하는 방법 밖에 없습니다.

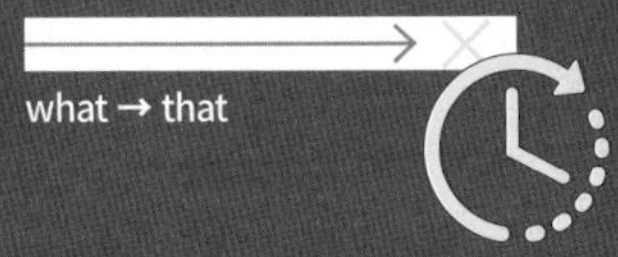

✓ 풀이법은 간단하지만, 한 문제당 체크할 문법 포인트가 10개가 넘으니 다소 **비효율적인 유형**이에요. 4지 선다가 아닌 **10지 선다 이상**인데, 점수 배점이 낮으니까요.

아래 모범풀이와 비교하여 내 실수를 교정해보세요.

STEP 01 **오류 발견**

오류일 수 있는 모든 문법 포인트를 확인하면 오류를 발견할 수 있어요.

(a) A: Well, how did the boss react to the new idea that you had for the website?

(b) B: Sadly, she was completely closedminded. She hated the design **what** I made.

> **오류 발견: what**
> the design을 수식하는 역할이므로, 그 자체가 명사인 what은 부적합

(c) A: That's typical! Everyone else in the office knows your design is the way to go.

(d) B: It's so frustrating. I just couldn't convince her that we need to try something fresh.

STEP 02 **수정**

오류가 있는 문장의 한 단어(어절)만 수정하면 맞는 문장이 됩니다.
내가 발견한 오류가 맞는지 **헷갈릴 땐 머리 속으로** 빠르게 수정해보세요.

> **오류 수정: what → that**
> what 대신 수식하는 절을 이끄는 that 이 적합

문법 틀린 유형 풀이법 STEP 1~2를 따라서, 새로운 문제를 풀어 보세요.

Part III **Question 26~30**

Read each dialogue or passage carefully and identify the option that contains a grammatical error.

28. (a) I can still vividly remember the first economics course I took as a freshman in college. (b) The axiomatic approach of describing people's choices were much different from what we had learned in high school. (c) I came to realize that economics was what I wanted to continue studying throughout my undergrad years. (d) After graduating, I appreciated how much my choice had given me a thorough understanding of human decision-making.

아래 모범풀이와 비교하여 내 실수를 교정해보세요.

STEP 01 **오류 발견**

(a) I can still vividly remember the first economics course I took as a freshman in college.

(b) The axiomatic approach of describing people's choices **were** much different from what we had learned in high school.

> **오류 발견: were**
> 주어인 the axiomatic approach가 단수이므로, 복수 주어에 쓰이는 were는 부적합

(c) I came to realize that economics was what I wanted to continue studying throughout my undergrad years.

(d) After graduating, I appreciated how much my choice had given me a thorough understanding of human decision-making.

STEP 02 **수정**

> **오류 수정: were → was**
> Were 대신 단수 주어에 쓰이는 was가 적합

연습문제	소요시간
총 29문제	약 2-4시간

17강 어휘 맞는 유형 | 연습문제

1.
A: Would you like to join us later for some coffee?
B: I'd love to. Let's ____________ in front of the theater.
(a) separate
(b) make
(c) meet
(d) extend

힌트	
정답	이유

2.
The number of Mexican immigrants coming into the U.S. is at a 35-year low and still ____________, mainly due to the recession.
(a) stumbling
(b) exceeding
(c) mitigating
(d) declining

힌트	
정답	이유

3.
A: Why is the company sending a team to Budapest?
B: It's part of their ____________ plan. They want to open a branch there.
(a) progression
(b) expansion
(c) prosperity
(d) multiplication

힌트	
정답	이유

4.
Candidates for the job vacancy should demonstrate the ability to _________ complex, interdisciplinary research.
(a) engage
(b) presume
(c) tackle
(d) wield

힌트	
정답	이유

5.
A: Would Andrea be less angry with me if I apologized to her?
B: No, I think it would only ____________ the situation.
(a) enhance
(b) aggravate
(c) antagonize
(d) exterminate

힌트	
정답	이유

6.
In 1996 the British government warned that so-called mad cow disease could be ____________ to humans through eating beef.
(a) transmuted
(b) translated
(c) transported
(d) transmitted

힌트	
정답	이유

7.

A: Just like you predicted, that risky investment paid off. Sorry we doubted you.

B: Well, I'm glad I've been ___________.

(a) construed
(b) vitiated
(c) vindicated
(d) confounded

힌트	
정답	이유

8.

Ever since Richard Nixon signed it into law in December, 1973, the Endangered Species Act has served as a kind of legal shelter for life forms at risk of ___________.

(a) inclining
(b) vanishing
(c) exacerbating
(d) dissolving

힌트	
정답	이유

9.

A: What's the latest news from our hometown?

B: You wouldn't be interested. It's just ___________ stuff.

(a) evanescent
(b) trivial
(c) flagrant
(d) consequential

힌트	
정답	이유

10.

On a hundred battlefields, I have witnessed the enduring fortitude and ___________ determination that keep our people strong and free.

(a) gratuitous
(b) invincible
(c) sluggish
(d) venal

힌트	
정답	이유

11.

A: I have big news. Joel and Lisa are getting a divorce.

B: I know. Joel couldn't stand Lisa's ___________ nagging any longer.

(a) tactful
(b) incessant
(c) intrinsic
(d) fervent

힌트	
정답	이유

12.

A pessimist, Bert firmly believes that suffering is the inevitable ___________ of mankind.

(a) avarice
(b) cowardice
(c) fulmination
(d) plight

힌트	
정답	이유

13.

A: What a lovely painting, Arthur! I didn't know you painted.

B: Oh, I ____________ in art from time to time.

(a) dabble

(b) hobble

(c) bubble

(d) nibble

힌트	
정답	이유

14.

Notwithstanding recent economic progress, the ____________ between haves and have-nots in India is so great that they might as well be living in two different countries.

(a) chasm

(b) epoch

(c) vacuity

(d) dissection

힌트	
정답	이유

정답

1. (c)	6. (d)	11. (b)
2. (d)	7. (c)	12. (d)
3. (b)	8. (b)	13. (a)
4. (c)	9. (b)	14. (a)
5. (b)	10. (b)	

모범풀이와 비교하여, 이전 단계에서 틀린 점을 모두 수정해보세요.

모범풀이 바로가기

17강 문법 맞는 유형 | 연습문제

1.

A: We hear you've had some trouble since moving to the neighborhood.

B: That's right. And one of the biggest problems we have ____________ the rowdy teenagers.

(a) are
(b) was
(c) is
(d) were

역할	
정답	이유

2.

A: Why does the name Frederick's Corner sound so familiar to me?

B: Because it's the little village ____________ we stayed when we were in boy scouts' camp as kids.

(a) that
(b) which
(c) what
(d) where

역할	
정답	이유

3.

A: So, what time tomorrow morning do you have to operate on my cat?

B: At 8:00 a.m. sharp. And it's imperative that she ____________ anything from now until then.

(a) not eat
(b) didn't eat
(c) hasn't eaten
(d) won't eat

역할	
정답	이유

4.

A: I ran into my boss at a party last night.

B: That ____________ have been a little awkward.

(a) can
(b) will
(c) must
(d) would

역할	
정답	이유

5.

A: Thank you for the words of support, Mr. Mayor.

B: Well, we're very proud of you. ____________ will be cheering for you next week.

(a) Whole city
(b) Whole the city
(c) All whole city
(d) The whole city

역할	
정답	이유

6.

A: Are you going to go to the concert with Jamie and Chris this evening?

B: I was ____________, but I may have to work late tonight.

(a) planning
(b) planning so
(c) planning to
(d) planning to do

역할	
정답	이유

7.

____________ to a speed of over 100 miles per hour, the car skidded out of control and spun off the road into the opposite lane.

(a) To accelerate
(b) Been accelerating
(c) It accelerated
(d) Having accelerated

역할	
정답	이유

8.

____________ they left the military, Bill and his wife have been unable to find civilian jobs.

(a) If
(b) While
(c) Since
(d) As soon as

역할	
정답	이유

9.

It is often difficult to find a newspaper ____________ the news.

(a) with accounts of unbiased
(b) with unbiased accounts of
(c) unbiased of accounts with
(d) of with unbiased accounts

역할	
정답	이유

10.

If the OK signal ____________, everyone at the barbecue party would have thrown themselves right on to the irresistible sweet-seasoned ribs.

(a) was giving
(b) had given
(c) had been given
(d) was being given

역할	
정답	이유

11.

When Allen saw the lamp ____________ the shop window, he went inside to ask about it.

(a) in
(b) into
(c) to
(d) on

역할	
정답	이유

12.

(a) A: I know you heard about the devastating earthquake in Haiti, but did you know there are more problems brewing?
(b) B: Well, I heard about the lawlessness and how are innocent Haitians dealing with looting and vandalism.
(c) A: Yeah, some of the relief aid will have to be spent on restoring order.
(d) B: It's a shame that some people are taking advantage of a crisis to steal from their neighbors.

정답	오류	수정

13.

(a) A: Did you know that a new brand of cola is coming out?
(b) B: I haven't heard anything about it until you just mentioned it.
(c) A: Yeah, it's a high-caffeine drink that will be in stores next month.
(d) B: Sounds interesting. I'll be looking forward to trying it.

정답	오류	수정

14.

(a) Most people have been in a situation where their attention was focused on a difficult issue. (b) In such situations, they became inattentive to other stimuli in the environment. (c) Selective attention theory attempts to address this issue by describing one's psychological processes. (d) In other words, it looks at how one can focus on a single all-consuming issue, ignored other stimuli.

정답	오류	수정

15.

(a) Modern political science is known to have originated during the 19th century. (b) Since then it has taken on both descriptive and prescriptive purpose. (c) While it discusses what government is, its chief interest is in determining what government should be. (d) Occasionally, the literature even tends to digress into utopianism.

정답	오류	수정

정답			
	1. (c)	6. (c)	11. (a)
	2. (d)	7. (d)	12. (b)
	3. (a)	8. (c)	13. (b)
	4. (c)	9. (b)	14. (d)
	5. (d)	10. (c)	15. (b)

모범풀이와 비교하여, 이전 단계에서 틀린 점을 모두 수정해보세요.

모범풀이 바로가기

실전 모의고사

[실전 공부법]

✓ 제대로 학습했는데, 아직 목표점수에 도달하지 못하셨나요?
그렇다면 이제, 실전 훈련이 필요합니다.

✓ 모의고사를 푸는 것 외에 특별한 실전 공부법이 필요할까요?
물론입니다. 실전대비는 단순히 시간 맞춰 문제를 푸는 과정이 아니라, 현재 실력을 목표 점수까지 끌어 올리기 위한 가장 실질적인 과정이니까요

· 실제 시험처럼 문제를 풀어 실전 감각 UP
· 실전 공부법에 따라 내가 틀린 이유 끝까지 교정
· 담임 컨설턴트에게 도움 요청 + 성적 상담까지

* 자동 점수 계산과 기록은 각 SET의 마지막 페이지에서 할 수 있습니다.

실전 공부법 바로가기

SET 1

실전 모의고사

SET 1

TEPS

Test of English Proficiency
developed by
Seoul National University

생년월일 Born	
성명 Name	

응시일자 년 월 일

청 해 Listening Comprehension

No.					No.				
1	a	b	c	d	21	a	b	c	d
2	a	b	c	d	22	a	b	c	d
3	a	b	c	d	23	a	b	c	d
4	a	b	c	d	24	a	b	c	d
5	a	b	c	d	25	a	b	c	d
6	a	b	c	d	26	a	b	c	d
7	a	b	c	d	27	a	b	c	d
8	a	b	c	d	28	a	b	c	d
9	a	b	c	d	29	a	b	c	d
10	a	b	c	d	30	a	b	c	d
11	a	b	c	d	31	a	b	c	d
12	a	b	c	d	32	a	b	c	d
13	a	b	c	d	33	a	b	c	d
14	a	b	c	d	34	a	b	c	d
15	a	b	c	d	35	a	b	c	d
16	a	b	c	d	36	a	b	c	d
17	a	b	c	d	37	a	b	c	d
18	a	b	c	d	38	a	b	c	d
19	a	b	c	d	39	a	b	c	d
20	a	b	c	d	40	a	b	c	d

어 휘 & 문 법 Vocabulary & Grammar

어 휘 Vocabulary

No.					No.				
1	a	b	c	d	21	a	b	c	d
2	a	b	c	d	22	a	b	c	d
3	a	b	c	d	23	a	b	c	d
4	a	b	c	d	24	a	b	c	d
5	a	b	c	d	25	a	b	c	d
6	a	b	c	d	26	a	b	c	d
7	a	b	c	d	27	a	b	c	d
8	a	b	c	d	28	a	b	c	d
9	a	b	c	d	29	a	b	c	d
10	a	b	c	d	30	a	b	c	d
11	a	b	c	d					
12	a	b	c	d					
13	a	b	c	d					
14	a	b	c	d					
15	a	b	c	d					
16	a	b	c	d					
17	a	b	c	d					
18	a	b	c	d					
19	a	b	c	d					
20	a	b	c	d					

문 법 Grammar

No.					No.				
1	a	b	c	d	21	a	b	c	d
2	a	b	c	d	22	a	b	c	d
3	a	b	c	d	23	a	b	c	d
4	a	b	c	d	24	a	b	c	d
5	a	b	c	d	25	a	b	c	d
6	a	b	c	d	26	a	b	c	d
7	a	b	c	d	27	a	b	c	d
8	a	b	c	d	28	a	b	c	d
9	a	b	c	d	29	a	b	c	d
10	a	b	c	d	30	a	b	c	d
11	a	b	c	d					
12	a	b	c	d					
13	a	b	c	d					
14	a	b	c	d					
15	a	b	c	d					
16	a	b	c	d					
17	a	b	c	d					
18	a	b	c	d					
19	a	b	c	d					
20	a	b	c	d					

독 해 Reading Comprehension

No.					No.				
1	a	b	c	d	21	a	b	c	d
2	a	b	c	d	22	a	b	c	d
3	a	b	c	d	23	a	b	c	d
4	a	b	c	d	24	a	b	c	d
5	a	b	c	d	25	a	b	c	d
6	a	b	c	d	26	a	b	c	d
7	a	b	c	d	27	a	b	c	d
8	a	b	c	d	28	a	b	c	d
9	a	b	c	d	29	a	b	c	d
10	a	b	c	d	30	a	b	c	d
11	a	b	c	d	31	a	b	c	d
12	a	b	c	d	32	a	b	c	d
13	a	b	c	d	33	a	b	c	d
14	a	b	c	d	34	a	b	c	d
15	a	b	c	d	35	a	b	c	d
16	a	b	c	d					
17	a	b	c	d					
18	a	b	c	d					
19	a	b	c	d					
20	a	b	c	d					

생년월일 Birth

Y	Y	M	M	D	D
0	0	0	0	0	0
1	1	1	1	1	1
2	2	2	2	2	2
3	3	3	3	3	3
4	4	4	4	4	4
5	5	5	5	5	5
6	6	6	6	6	6
7	7	7	7	7	7
8	8	8	8	8	8
9	9	9	9	9	9

성별 Gender

남 Male	여 Female
0	0

내/외국인 Dom./ For.

내국인 Domestic	외국인 Foreigner
0	0

수 험 번 호 Registration NO.

0	0	0	0	0	0	0
1	1	1	1	1	1	1
2	2	2	2	2	2	2
3	3	3	3	3	3	3
4	4	4	4	4	4	4
5	5	5	5	5	5	5
6	6	6	6	6	6	6
7	7	7	7	7	7	7
8	8	8	8	8	8	8
9	9	9	9	9	9	9

신 분

중학생		0
고등학생	일반고	0
	특목고 (자사고 포함)	0
대학생 (휴학생 포함)	재학생	0
	편입준비생	0
	전문대학원 준비생	0
	대학원생	0
	기타	
일반인	공무원	0
	공무원 외	0
기타		

답안작성시 유 의 사 항

1. 답안 작성은 반드시 컴퓨터용 싸인펜을 사용해야 하며, 아래의 'GOOD'과 같이 올바르게 마킹해야 합니다. Good Bad
2. 답안작성 도중 수정이 필요한 경우 반드시 수정테이프를 사용해야합니다.(수정액 불가)
3. 올바른 필기구와 수정도구를 사용하지 않거나 본인의 부주의로 잘못 마킹한 경우 성적처리가 되지 않을 수 있으며 성적은 TEPS관리위원회 OMR 판독기의 판독결과에 따릅니다.
4. 성별, 생년월일, 수험번호 등의 인적정보는 성적처리를 위해 반드시 필요하므로 정확하게 기재해야 하며, 미기재 또는 기재오류 등으로 인해 인적정보가 올바르지 않는 경우 성적처리가 되지 않으며 그 결과는 응시자가 책임집니다.
5. 시험이 종료된 후 답안 및 인적사항의 수정 또는 정정이 불가능하므로 신중하게 답안을 작성하시기 바랍니다.
6. 답안지 상단의 타이밍마크(III)를 찢거나 낙서 등으로 인해 답안지를 훼손하는 경우 성적처리가 되지 않을 수 있습니다.

TEPS

LISTENING COMPREHENSION

DIRECTIONS

1. In the Listening Comprehension section, all content will be presented orally rather than in written form.

2. This section contains five parts. For each part, you will receive separate instructions. Listen to the instructions carefully, and choose the best answer from the options for each item.

청해 mp3

L

Part I **Questions 1~10**

You will now hear ten individual spoken questions or statements, each followed by four spoken response. Choose the most appropriate response for each item.

Part II **Questions 11~20**

You will now hear ten short conversation fragments, each followed by four spoken responses. Choose the most appropriate response to complete each conversation.

Part III Questions 21~30

L

You will now hear ten complete conversations. For each conversation, you will be asked to answer a question. Before each conversation, you will hear a short description of the situation. After listening to the description and conversation once, you will hear a question and four options. Based on the given information, choose the option that best answers the question.

Part IV Questions 31~36

You will now hear six short talks. After each talk, you will be asked to answer a question. Each talk and its corresponding question will be read twice. Then you will hear four options which will be read only once. Based on the given information, choose the option that best answers the question.

L

Part V Questions 37~40

You will now hear longer talks. After each talk, you will be asked to answer two questions. Each talk and its corresponding questions will be read twice. However, the four options for each question will be read only once. Based on the given information, choose the option that best answers each question.

TEPS

VOCABULARY & GRAMMAR

DIRECTIONS

These two sections test your vocabulary and grammar knowledge. You will have 25 minutes to complete a total of 60 questions: 30 from the Vocabulary section and 30 from the Grammar section. Be sure to follow the directions given by the proctor.

V

Part I Questions 1~10

Choose the option that best completes each dialogue.

1. A: How about this fabric to cover the chair?
B: I like the pattern, but don't you think the color is a little ___________________?

(a) dull
(b) dim
(c) hazy
(d) shady

2. A: Have you called Vick yet today?
B: I've tried, but haven't been able to ___________________ him.

(a) touch
(b) reach
(c) make
(d) connect

3. A: After quickly reviewing this proposal, I think it's not for us.
B: Let's take some time to consider it. We can't afford to make a ___________________ decision.

(a) sheer
(b) rash
(c) brusque
(d) bold

4. A: I don't understand why Tom always ___________________.
B: You're right. He has everything he needs.

(a) grabs
(b) grumbles
(c) giggles
(d) growls

5. A: Have the two co-managers started getting along yet?
B: No, there is still a great deal of ___________________ between them.

(a) amity
(b) friction
(c) disorder
(d) cacophony

6. A: I just found out that my nephew has a speech impediment.
B: Don't worry too much. I had a ___________________ when I was young, and it's gone now.

(a) cyst
(b) prosthesis
(c) stutter
(d) molar

7. A: Let's have sushi tonight.
B: Are you serious? You know my ___________________ to seafood.

(a) disaffection
(b) malice
(c) predilection
(d) aversion

8. A: You seemed rather unimpressed at the University Council Meeting last night.
B: Yes, I felt rather ___________________ at the criticism of my proposal.

(a) aggrieved
(b) obliterated
(c) reassured
(d) obfuscated

9. A: I revoked your instructions to the staff because they were impossible to carry out.
B: But you still have no right to ___________________ my orders.

(a) demand
(b) command
(c) countermand
(d) reprimand

10. A: Why isn't Bob at work today?
B: He ___________________ sick this morning.

(a) called in
(b) put out
(c) called out
(d) put in

V

Part II Questions 11~30

Choose the option that best completes each sentence.

11. Normally, defendants charged with driving under the influence of alcohol or drugs are ________________ in a court of law.

(a) tried
(b) held
(c) decided
(d) pronounced

12. The police report said the officer in charge ______________ a strong smell of alcohol on the driver's breath.

(a) intuited
(b) detected
(c) activated
(d) examined

13. ________________ to the body fat interpretation chart to determine your body fat percentage and what it means.

(a) Refer
(b) Infer
(c) Defer
(d) Prefer

14. While dancing in the musical, Julianne landed awkwardly and ______________ her foot, requiring a trip to the hospital.

(a) fractured
(b) rubbed
(c) cured
(d) operated

15. In Siberia, because of climate change disrupting their food supply and feeding habits, herds of caribou are ______________ rapidly.

(a) desecrating
(b) denigrating
(c) deflating
(d) dwindling

16. Hans Lutz, historical expert, said that if sentences on Nazi war criminals had been too ____________ in the past, it was because of "mistakes of the German judicial system."

(a) delicate
(b) wary
(c) pliable
(d) lenient

17. The operator of the West Virginia mine that exploded on Monday, killing 25 people, had been cited for ______________ of federal regulations in the past.

(a) acquisitions
(b) inspections
(c) violations
(d) eruptions

18. Slavery was quintessentially an institution of ______________: the slave was someone who did not belong to the public order.

(a) alliance
(b) exclusion
(c) surveillance
(d) emancipation

19. Businesses benefit when they replace ______________ computer equipment with the latest technology, but state-of-the-art computers are not cheap.

(a) unfettered
(b) voluminous
(c) superannuated
(d) innocuous

20. The spring season often renders people mentally restless while leaving them physically lethargic, resulting in a mindbody ______________.

(a) infusion
(b) discrepancy
(c) complacency
(d) cohesion

21. Hundreds of people at Dallas-Fort Worth Airport were briefly ________ this morning when a large tornado approached the area.

(a) diffused
(b) suspended
(c) converted
(d) evacuated

22. We will be launching a device with a 10-inch touch-screen display that ________ music, movies, Web pages and other content.

(a) boosts
(b) contains
(c) delivers
(d) imposes

23. Dr. Butler demonstrated that it is possible to ________ DNA evidence, undermining the credibility of what has been considered irrefutable proof in criminal cases.

(a) fabricate
(b) perjure
(c) fluctuate
(d) preclude

24. Insects have a series of ________ stages before they reach maturity.

(a) absentee
(b) intermediate
(c) ephemeral
(d) unsettled

25. The newly released sleep-aid Nosomnia, ________ at bedtime, decreases the time needed to fall asleep and improves total sleep time.

(a) diagnosed
(b) prescribed
(c) administered
(d) admonished

26. Einstein's theory of relativity formed a theoretical basis for the ________ of atomic energy.

(a) contrivance
(b) ingenuity
(c) dissipation
(d) exploitation

27. The ill prisoner's family members are ________ to have her released on humanitarian grounds.

(a) proclaiming
(b) petitioning
(c) adorning
(d) avowing

28. The celebrity's ________ purpose in doing volunteer work was charity, but his real goal was popularity.

(a) bellicose
(b) flagitious
(c) ostensible
(d) pecuniary

29. The meeting was delayed because the members were so ________ that the speaker could not be heard.

(a) eccentric
(b) colloquial
(c) garrulous
(d) despicable

30. The writer self-consciously draws readers' attention to a digression, a form of ________ amplification used to develop a pattern of ideas.

(a) metaphysical
(b) perfunctory
(c) histrionic
(d) rhetorical

You have finished the Vocabulary questions. Please continue on to the Grammar questions.

G

Part I **Questions 1~10**

Choose the option that best completes each dialogue.

1. A: Do you think 50 dollars ______________ too much for this used printer?
B: Sounds reasonable to me. I think you should buy it.

(a) is
(b) are
(c) was
(d) were

2. A: Janice's research paper won first place in the competition.
B: She must be brilliant, ________________ that her English isn't fluent.

(a) considered
(b) considering
(c) being considered
(d) having considered

3. A: Can you give your time or any funds to our Haiti Relief Center?
B: Of course, I ________________.

(a) plan
(b) plan to
(c) plan to be
(d) am planned

4. A: You look meditative. What's on your mind?
B: I'm thinking of my past jobs, all ________ were better than my current one.

(a) of which
(b) in that
(c) in which
(d) that

5. A: Do you know why she didn't get the job?
B: ________________ that she totally blew the job interview.

(a) It says
(b) It has said
(c) It was to be said
(d) It is said

6. A: I don't understand why the judge pronounced her guilty.
B: I know. He should have ___________ on people in her situation.

(a) pity
(b) pities
(c) a pity
(d) the pity

7. A: I can't believe that woman is smoking in a non-smoking restaurant.
B: Yes, it's terrible. I'm going to leave ________________ the manager doesn't make her stop soon.

(a) if
(b) until
(c) before
(d) unless

8. A: I heard the California brushfire problem is getting really serious.
B: I know. They say that ________________ in a lot of danger.

(a) are both rural and urban areas currently
(b) currently are both rural and urban areas
(c) both rural and urban areas are currently
(d) currently both areas rural and urban are

9. A: The bathroom is getting dirty.
B: Yes, it needs ________________.

(a) cleaning
(b) have cleaned
(c) cleaned
(d) clean

10. A: Why are you in such a bad mood today?
B: I'm sorry. I ________enough sleep lately.

(a) haven't been getting
(b) wasn't getting
(c) hadn't gotten
(d) didn't get

G

Part II **Questions 11~25**

Choose the option that best completes each sentence.

11. ________________ forms of begging sometimes found amusing by tourists offend many locals.

(a) Others
(b) Another
(c) Other
(d) The another

12. ________________ the cultural heritage of Cambodia has become the scholar's obsession.

(a) Preserved
(b) Preserving
(c) Preservation
(d) Being preserved

13. Forty percent of the student body _________ currently in favor of changing the policy.

(a) is
(b) are
(c) has been
(d) have been

14. The ________________ candidate warmly congratulated his opponent on her victory.

(a) defeating
(b) defeat
(c) defeatedly
(d) defeated

15. Some lawmakers say that they agree ________________, but that disagreements on details were unavoidable.

(a) on the need to cut spending with the secretary
(b) on the need with the secretary to cut spending
(c) with the secretary to cut spending on the need
(d) with the secretary on the need to cut spending

16. Most of the money Rockefeller donated to organized charities when he was alive ________________ intended for educational institutions and scientific research.

(a) have been
(b) has been
(c) was
(d) were

17. We have to respect these valiant, steadfast people, ________________ history for centuries has been a struggle for life.

(a) that
(b) whose
(c) of which
(d) of whose

18. Humans have dreamed about immortality for as long as there ___________ humans, but the "fountain of youth" is still just a myth.

(a) were
(b) are
(c) had been
(d) have been

19. ________________ to the public for the first time last week, the Annenberg Community Beach House is so popular that you need a reservation.

(a) It opened
(b) To open
(c) Opens
(d) Opened

20. Martin impressed everyone by mentioning that a famous novelist was an old friend of ________________ from high school.

(a) his
(b) him
(c) he
(d) he's

G

21. After having demonstrated ________________, Christopher was promoted to the rank of commander.

(a) outstanding military ability
(b) an outstanding military ability
(c) the outstanding military ability
(d) that outstanding military ability

22. Work ________________ as they may, some people cannot make both ends meet.

(a) hardest
(b) hardly
(c) hard
(d) hardness

23. ________________ the looting which took place over 60 years ago, pottery, stone instruments, and human remains have been found.

(a) As
(b) When
(c) Thanks to
(d) In spite of

24. We ________________ emphasize enough the importance of having a healthy host body for your baby.

(a) mustn't
(b) shouldn't
(c) cannot
(d) ought not

25. The entire U.S. banking industry might not exist today ________________ access to free money from the Federal Reserve.

(a) it had not been given
(b) had it not been given
(c) given it had not been
(d) been given it had not

G

Part III **Questions 26~30**

Read each dialogue or passage carefully and identity the option that contains a grammatical error.

26. (a) A: How long has it been since you last checked your email?
(b) B: Well, it's been quite a while. I had been out of town for the past week.
(c) A: No wonder! I sent an e-mail asking you a favor. Can you check it this morning?
(d) B: I certainly will. I'll do it as soon as I get to my office.

27. (a) A: I just heard that Caroline has moved to Nova Scotia.
(b) B: She's planning to live there for a few months.
(c) A: Really? How does she plan support herself there?
(d) B: I think she's picking up freelance work here and there.

28. (a) In most offices, the boss's biggest pet peeve is employees who are lazy and always complain about everything. (b) They are unable to meet deadlines and that makes the whole division look bad. (c) However, at our company, what really get to our boss is all the employees who take long smoking breaks. (d) Not only does she hate the smell of smoke, she is convinced that the time wasted greatly hurts our office's productivity.

29. (a) These days, many people are concerned about the economy and are looking to cut corners on spending. (b) Research shows that the amount of food purchased per month has been down significantly since last year. (c) Individual food items may not cost much, but Americans realize these can easily start to add up. (d) As a result, more prudent shopping habits are now taking up by people from all walks of life.

30. (a) In accordance with company policy, we make every effort to accommodate employees' vacation plans. (b) A draft schedule will be posted on the company intranet next week for employees to review. (c) This draft is based on preferences individual employees expressed at last month's staff meeting. (d) We request that employees reviewed the draft schedule and inform the office immediately of any conflicts.

You have reached the end of the Vocabulary & Grammar sections. Do NOT move on to the Reading Comprehension section until instructed to do so. You are NOT allowed to turn to any other section of the test.

Reading Comprehension

Directions

This section tests your ability to comprehend reading passages. You will have 40 minutes to complete 35 questions. Be sure to follow the directions given by the proctor.

R

Part I **Questions 1~10**

Read the passage and choose the option that best completes the passage.

1. Thomas Hardy's reputation as a writer of short stories ______________________________ ________________. Generations of readers know Hardy as both a major poet and a major novelist. Critics, however, tend to disagree over the nature and quality of his short stories. Some dismiss the majority of his short works as being devoid of meaningful character development and thematic depth, recognizing in only a few of his stories the imaginative power that characterized his work in other genres.

(a) has been rapidly growing
(b) is less than certain
(c) has been overstated
(d) is long established

2. One of the arguments against capital punishment is that it __________________________ ______________. A former justice compared the inconsistency of the death penalty to the freakishness of being struck by lightning. Usually, it has been seen that poor people have to succumb to the death penalty as they cannot afford competent lawyers to defend their stance. Historically, African-Americans have been more likely to be executed than whites. Furthermore, not all states have capital punishment statutes; 14 states have abolished it.

(a) is unjust and arbitrary
(b) targets the poor and minorities
(c) is sometimes racially biased
(d) does not deter crime

3.

Dear employees,

We are pleased to provide you with ______________________ ______________________. This package provides an overview of the changes to your negotiated benefits and includes some specific examples to help you better understand how the changes may affect you and your family. Your health care benefits plan information includes details of all benefits under the plan, not just those which are featured here as changes. You will also find helpful references such as eligibility rules, plan limitations and exclusions, where to obtain claim forms, and how to file claims and resources for further information.

Sincerely,
Grace Kirk, Human Resources Director

(a) updates and information on your health care benefits
(b) a choice of health care plans for your consideration
(c) helpful tips on properly claiming your health benefits
(d) a guide to the employees' allowance for child care

4. Do you hate junk email? So do we. And we're fighting it with TSN Junk Email Guard with three levels of filtering to choose from. This new service ______________________ ______________ by rating potential messages. The ratings are based on how closely they match known junk email formats. As added protection, TSN mail also offers the bonded sender program, which identifies registered, approved senders of email, and the block senders feature, which lets you block spam from specific senders or domains.

(a) prevents senders from discovering your email address
(b) updates TSN anti-virus software
(c) scans your incoming and outgoing mail
(d) keeps spam from reaching your inbox

R

5. If our economy relies entirely on petroleum supplies it will have an increasingly dangerous influence on our geopolitical alliances. Even if we don't run out of oil tomorrow, the oil that remains will grow more costly to find and produce than the oil we are using today, and this will inevitably intensify the existing competition among countries such as the U.S., China, India, and the EU countries over petroleum supplies. ________________________ ________ are already noticeable in several oil-producing regions, including the Persian Gulf and Caspian Sea.

(a) Efforts to increase oil production
(b) Signs of aggravating tensions
(c) Maneuverings to raise oil prices
(d) Petroleum-induced environmental problems

6. In the past two years, global stock markets have been highly unpredictable. While prices have often fallen to attractive levels, a degree of uncertainty remains. Consequently, many analysts are saying that the safest and wisest path may be to________________________ ________. More secure investments, such as bonds of borrowers with good credit ratings, remain enticing. Investors might thus look into combining these investments with stocks bought in defensive sectors or in companies with good sales prospects in emerging markets. For investors with a long-term horizon, gold or inflation-protected bonds might also be added to the mix.

(a) wait for the world markets to stabilize
(b) put all investment money into bonds
(c) spread risk across several asset classes
(d) invest only in well-known corporation

7. The 2010 World Cup Final ________________________________.
This final was the first time a team from Europe has won the tournament outside of Europe. Also, it was the first final that did not feature one of Argentina, Brazil, Germany, or Italy. It was Spain's first time in the final as well as first victory. Their best performance so far is fourth place in 1950, and this tournament is the first since then in which they have even reached the semifinals. Keep a close eye on this game for several historic firsts.

(a) was Spain's greatest soccer achievement
(b) involved some questionable calls
(c) was groundbreaking in more ways than one
(d) proved highly beneficial to the host country

R

8. The Biennial Outdoor Sculpture Exhibition, landscaped acres surrounding Baltimore's historic Evergreen Museum and Library, is a great way to ________________________________. The ten works on view, by ten contemporary artists and architects from across the country, are an attempt at an "embedded conversation on the intertwining of moment, meanings and place." But forget the artspeak. Think of it as an art-themed scavenger hunt, where around every corner and hedgerow lies a stimulating surprise. Bring sturdy shoes, a picnic lunch, and a sense of wonder.

(a) try your hand at sculpture with experienced librarians
(b) promote bonding between you and your artistic self
(c) exercise both your feet and your mind
(d) introduce a layperson to the art world

9. From its name we can know that psycholinguistics is a combination of the fields of psychology and linguistics. Specifically, the field deals with the way language is represented in the mind: how humans acquire a language, learn it, and produce it. The field often draws upon research in neuroscience and behavioral science to understand the structures of the brain and how it organizes information. ____________, psycholinguistics seeks not only to understand the mechanisms of the mind but also apply this to language teaching and education.

(a) Nevertheless
(b) In this way
(c) By the same token
(d) Conversely

10. In large part, the public has been unaware of the extent of the mutual benefit doctors and pharmaceutical companies enjoy. The public is even less aware of how, as the actual end users of the drugs the companies manufacture and the doctors prescribe, they are footing the bill for this relationship. A report just released by the Consumers' Rights Council claims that almost 50% of the cost of prescription drugs actually goes into marketing the drugs to the doctors. This marketing takes the form of dinners, trips, promotional items, and other material benefits. ____________, doctors are likely to recommend a drug based on their close personal relationship with the drug company.

(a) On the other hand
(b) In the same way
(c) In other words
(d) As a consequence

R

Part II **Questions 11~12**

Read the passage and identify the option that does NOT belong.

11. Perhaps the biggest blunder the proactive environmentalists made was to coin the phrase "Save the Earth." (a) It should be "Save the Human Race." (b) We are egoistical to believe that humans can kill the earth. (c) The organizations that are implementing positive environmental change must have the support of the general public. (d) The earth will survive; it will be mankind that will not endure.

12. The theory of utilitarianism's main proponent was John Stuart Mill, who in his book Utilitarianism advocated the moral need for promoting societal utility. (a) While Mill drew inspiration from Aristotle and Jeremy Bentham, he redefined the role of the individual in contributing to society's utility. (b) An individual's duty is to undertake actions that bring utility to society, and he explored schemes that would induce such behavior from individuals. (c) He thought the ultimate way to do this would be to promote altruism as a value in society that contributes not only to the recipient but also to the acting agent. (d) Conceptual confusion and debate over the meaning of altruism existed in Mill's time and persist to this day.

Part III **Questions 13~25**

Read the passage, question, and options. Then, based on the given information, choose the option that best answers each question.

R

13. Reducing the possibility of collisions on airport runways is a top priority for safety engineers. To help increase pilots' awareness of their location at airports, safety engineers have been working with pilots and airport operators to develop better surface markings and runway lights. Advancements in runway technology continue to provide additional visual indications to aircraft and increase situational awareness of pilots and airfield drivers. As a result of these engineering developments, there are now fewer runway collisions than at any other time in history.

Q: What is the main idea of the passage?

(a) Pilots are very concerned about the possibility of runway collisions.
(b) Advanced technology lighting is the best way to make runways safer.
(c) Modern safety engineering has reduced the number of runway collisions.
(d) The majority of runway collisions are the result of human error.

14.

×

3D-Reading Online Books will be terminating the E-book services, effective October 1st, 3 months from now, due to a precipitous decline in profits lately. Customers who have been using the service will be provided the books they have on their E-book purchase list, in hard copy and with no delivery charge. To register for this arrangement, please log on to our website and then go to the customer service page where a button 'Receive Books' will appear atop the list of E-books you had purchased. You also have the option of receiving the books via a pdf format online instead of in actual copies. However, we are obliged to warn you that should you distribute the materials online, a registration number embedded in each PDF file will put you under surveillance by the District Attorney's office for infringement of copyright laws.

☐ Do not show for 1 day

Q: What is the main topic of the passage?

(a) Precautions about copyright violations stemming from E-book service
(b) Pecuniary compensations for the E-book service shutdown
(c) Notification on the closure of an online service
(d) Points for discretion on acts of free downloading

R

15. Instead of relying solely on the conventional internal combustion engine, a hybrid vehicle uses both a gas engine and one or more electric motors. The energy needed by the electric motors is stored in rechargeable batteries. The computer system on a hybrid determines which energy source to use at different times, based on maximizing efficiency while providing safety and comfort. Most hybrids use advanced technologies to achieve greater fuel economy, which implies reduced petroleum consumption and air pollution emissions, making them environment-friendly vehicles.

Q: What is the passage mainly about?

(a) Why a hybrid vehicle is environment-friendly
(b) Why two energy sources are required in a hybrid vehicle
(c) How a hybrid vehicle operates
(d) How electric motors improve fuel efficiency

16. Our company's Quality Assurance System (QAS) has long aimed to provide services which consistently satisfy the needs and expectations of our customers. High levels of quality are achieved through the adoption of procedures that reflect our commitment to customers. Naturally, achievement of this policy involves all of you, our staff. We therefore urge you to remember the objectives of the QAS: to achieve and maintain a level of quality which enhances the company's reputation with customers, to comply with safety requirements at all times and to endeavor, always, to maximize customer satisfaction.

Q: What is the main purpose of the passage about the QAS?

(a) To introduce it to employees new to the company
(b) To inform employees about recent violations of it
(c) To explain a change to a specific provision of it
(d) To seek employees' support for and participation in it

17.

O

Day of Multicultural Celebration

A multicultural festival will be hosted in Chicago and we would like to ask all the guests to our beloved city from overseas, most notably from Indonesia, Ukraine and Vietnam, to join us in this festive event!

Date: Saturday, May 4th, 9 A.M. to 5 P.M.
Venue: University of Chicago
Contents:
1. Performance of each nation's cultural heritage
2. Multicultural cuisine experience
3. Multicultural traditional clothing experience
4. Lunch and dinner for all participants

We encourage as many families from a wide range of different cultures to join us in the proceedings. Savor the tastes of your home country at a reasonable price to boot, and reminisce on your traditional heritage and roots. We do have to inform you that sales of alcoholic beverages are prohibited and your cooperation on this would be greatly appreciated.

Q: Which of the following is correct about the festival according to the advertisement?

(a) All those attending will get to enjoy traditional foods and liquor of their home country.
(b) The programs organized at the event are intended for the coming together of extended families.
(c) It provides an opportunity for bonding between different racial groups.
(d) There are no limits to the amount of food attendees may enjoy free of charge.

18. Brickwood Puppet Theater is a professional company which creates and presents puppet productions throughout the region. The theater aims to develop a public taste for puppetry, rather than follow a fashion or present shows for purely commercial reasons. Among its goals is breaking down barriers between art forms, particularly through combining puppet theater and live music. The theater also explores the possibilities of puppetry by working with diverse and innovative techniques including rod, shadow, glove, objects, toys and masks, developing and exploring each individually and in combination.

Q: What does Brickwood Puppet Theater focus on?

(a) The replication of popular trends
(b) The presentation of profitable puppetry
(c) The integration of performance styles
(d) The strategy of regional PR

R

19. Scientists working in Central America have discovered ruins of one of the largest and most important palaces built by the ancient Mayan people at Cancun, Guatemala. It was built about 1,300 years ago. Jungle plants have covered the ruins for hundreds of years, and the area looks like a huge hill covered by jungle. The palace has 170 rooms built around 11 open areas. The discovery of the ruins will certainly increase historians' understanding of the political life of the Mayan people, who were at the height of power in Central America and Mexico more than one thousand years ago. Writings on the newly found palace walls say it was built by King Tah ak Chaan, who ruled Cancun for about fifty years beginning in the year 740 A.D.

Q: Which of the following is correct according to the passage?

(a) The palace was the largest and most important of the Mayan ruins.
(b) The discovery will help historians understand the political authority of Maya back then.
(c) The Mayan people lived in Cancun for several hundred years.
(d) The palace's construction was completed in 740 A.D by a Mayan king.

20. In the pedagogic model, teachers assume responsibility for making decisions about what will be learned, how it will be learned, and when it will be learned. However, the great teachers of ancient times, from Confucius to Plato, did not pursue such authoritarian techniques. They all saw learning as a process of active inquiry, not passive reception. John Dewey also believed children learned less from authoritarian instruction than self-motivation. He held that learning is life itself, not just a preparation for it.

Q: Which of the following is correct according to the passage?

(a) Current pedagogy focuses on learners rather than teachers.
(b) Plato considered the teacher-based techniques most effective.
(c) Confucius established a pedagogical model in ancient times.
(d) Self-directed learning underlies Dewey's philosophy of education.

21. As someone with an online presence spanning several blogs, a presence on three online photo galleries, and frequent posts to video-sharing websites, I have placed different facets of my life on the Internet for all to view, download, share and comment on. It would seem to many that I have given up all semblance of privacy. However, to me, this partitioning of my life has afforded me much greater management over what information is public and what is private, and with whom it is shared.

Q: According to the passage, what is the writer's view towards privacy online?

(a) It is unrealistic to expect to keep your online life private.
(b) Personal information should be shared with only a select few.
(c) Maintaining an online presence is worth the sacrifice in privacy.
(d) Multiple online presences actually increase control over one's privacy.

R

22. As more women gain the work experience and education necessary to qualify for leadership positions, the supply of capable women leaders grows. Organizations are subsequently called on to reestablish and expand their notions of what constitutes effective leadership as it relates to gender, stereotype, and role expectations. If traditional perspectives of leadership center on masculine-oriented concepts of authoritarian and task-oriented behavior, then these same perspectives may contribute to a 'glass ceiling' prohibiting relationship-oriented (i.e. feminine) leadership behaviors from being integrated into organization management structures.

Q: Which of the following is correct according to the passage?

(a) Leadership has been traditionally equated with masculinity.
(b) Task-oriented leadership is a growing trend.
(c) Relationship-oriented leadership is an outmoded stereotype.
(d) Feminine behavior is becoming more fashionable in the work place.

23. In the famous painting Guernica, Pablo Picasso portrays the bombing of Guernica during the Spanish Civil War. This large mural depicts the tragedy, destruction, and cruelty of war. It shows a bull, horse, dead soldier, and suffering women and children wrenched by violence, all in navy blue, black and white. In the painting, sudden and wanton killing is presented in flat, clearly outlined shapes that overlap and meet, yet show the three-dimensionality of things. The viewer is typically left with the feeling that war is a senseless, futile endeavor. As expected by Picasso, the artistic interpretations of the painting vary widely.

Q: What can be inferred from the passage?

(a) Guernica's beauty is in its lack of color.
(b) Guernica tends to inspire anti-war sentiments.
(c) The animals in the painting represent violence.
(d) Picasso fought in the Spanish Civil War.

R

24. Australia's only frog hospital and research center is closing down due to lack of money. For the last six and a half years it has treated hundreds of amphibians struck down by illness and injury. The center has provided researchers with valuable information about the condition of the environment. Experts consider frogs to be important environmental barometers. For example, half a dozen were recently diagnosed with skin cancer in Queensland, while others have unidentified tumors. Unfortunately, the center has been funded entirely by public donations, but the money has now run out and so this unique sanctuary for diseased and distressed amphibians is being forced to close.

Q: What can be inferred from the passage?

(a) Frogs are very sensitive to environmental changes.
(b) Scientists will open a new frog research center.
(c) Scientists will seek financial assistance from the government.
(d) The frogs are more costly than other animals.

25. With the number of cell phone users at an all-time high and the trend showing no signs of relenting, certain consumer safety organizations are taking a closer look at the dangers of cell phone use. The primary concern among safety advocates is radiation; although cell phones emit only slightly more radiation than televisions and about one-third that of microwaves, the long-lasting proximity of cell phones to the body has some people worried. Speculations have focused on reproductive health and an increased risk of certain cancers. Since the long-term impact of cell phone radiation will not be known for many years, it would perhaps be wise for users to take simple precautions that reduce exposure time.

Q: Which statement would the writer most likely agree with?

(a) Cell phone radiation has been shown to be linked to certain types of cancer.
(b) Most people receive more radiation exposure from phones than from microwaves.
(c) The dangers of cell phone use may be mitigated by reducing length of exposure.
(d) Speculations that cell phones are hazardous will likely be refuted scientifically.

Part IV Questions 26~35

Read the passage, question, and options. Then, based on the given information, choose the option that best answers each question.

Questions 26-27

 portal.oregonu.com/NOTICE 

Recruiting Members for the "Leadership in the 4th Industrial Revolution" Workshop

We are committed to cultivating future leaders in the unpredictable wave of the 4th Industrial Revolution.

1. Curriculum outline **16 weeks of lectures covering the basics of machine learning**
(1) Week 1~2: Review of basic mathematic concepts including, but not limited to, linear algebra and discrete mathematics (2-c)
(2) Week 3~14: Hands-on coursework with Tenserflow, a rapidly trending system application
(3) Week 1~14: Weekly project assignments
(4) Week 15~16: Submission deadline for final team project assignment

2. Who can apply?
(1) Undergraduates or employed persons deeply interested in machine learning
(2) Undergraduates aspiring to join machine learning research labs in the future

3. Preferences
(1) Majors in mathematics, statistics, computer science, or industrial engineering
(2) Individuals who submit portfolios composed of items pertinent to the projects mentioned above

4. Benefits
(1) Exempt from tuition priced at roughly $1000 for regular applicants
(2) Lab internship opportunities granted to outstanding individuals who complete the coursework with superior marks
(3) Joint research project with Ag@t Telecom for the top ranked team in the final team project

5. Location
Conference Hall, New Millennium Auditorium,
Oregon University - Portland Campus

Take full advantage of this once-in-a-lifetime chance!
We look forward to receiving your applications.

26. Q: What is the main purpose of the notice?

(a) To encourage individuals to apply to a set of courses
(b) To allow for a deeper understanding of machine learning
(c) To recruit undergraduates to apply for lab internships
(d) To notify of details on submitting project assignments

27. Q: What can be inferred from the passage?

(a) It is not possible to enroll in the workshop courses free of charge.
(b) All individuals who complete the coursework will be offered internships.
(c) Proficiency in math is helpful in grasping the concepts in machine learning.
(d) Presentation assignments are not a part of the overall workshop courses.

R

Questions 28-29

Read full article >

sweetnsour373's comments

12 min(s) ago

To my understanding, there are roughly 80 different species of whales worldwide. A form of tourism that allows people to observe whales in their natural state is a trending development in some regions of the world. In this so-called whale tourism industry, there are individuals like yourself claiming that this recent commercial movement is far more profitable than the conventional whaling business, and that the resulting improvement to maritime preservation endeavors cannot be overlooked. This sentiment has also been echoed by environmental activists even, who claim the benefits, both in terms of economy and environmental protection, are significant in the face of declining whale populations.

However, with maritime facilities, oil tankers and climate change all exacerbating the current state marine ecosystems face, we have to reconsider whether the use of whales for tourism purposes constitutes an appropriate means for preserving valuable environmental resources.
It is also imperative to be mindful of reports attributing the recent changes in whales' behavior, migratory direction and reproduction cycle to the practice of whale tourism.

28. Q: What is mainly discussed in this comment?

(a) The conflicting views on the whale tourism business
(b) The detrimental effects incurred by activities involved in the whaling industry
(c) The exacerbated conditions of maritime ecosystems and solutions to them
(d) The diversity of existing whale species in marine ecosystems worldwide

29. Q: Which of the following is correct according to the passage?

(a) Whaling practices have significantly altered whales' reproduction cycle
(b) Environmental activists are calling for the whale tourism businesses to be shut down
(c) The periodicity by which whales breed can be affected by the whale tourism industry
(d) The emergence of whale tourism has allowed people to observe 80 whale species up close

R

Questions 30-31

CITY LIFE MAGAZINE

MARCH 5, 2020

Subscriber Submission

- Steven Wright, Urban Architecture Expert -

Urban regeneration covers large-scale works intended to redesign or restructure an established city exhibiting some decay, often incorporating a new function or living environment. There is however a discrepancy between this concept and a conventional style of redevelopment or reconstruction projects involving complete tear-down of an area. As opposed to other urban projects, regeneration projects typically entail improvements to the living environment while maintaining the original forms of the neighborhoods and roads. Recent endeavors at urban regeneration have been met with favorable rave especially in their capacity to enhance the image of the neighborhood and living conditions for residents, as well as to elevate the value of a local district.

However, there has been a rise in concerns over the recent succession of large-scale urban regeneration projects. Let us take for example an unspecified town embarking on such a regeneration effort based upon a theme of 'mural village'. The town is likely to experience a surge in tourists flooding into it, from which local residents may suffer with regard to potential intrusions to their living spaces and lifestyles. A more forward-looking approach, prioritizing the quality of life, than the formerly prevalent one centered on the goal of 'raising regional value' should be emphasized in order to protect the rights and emotional well-being of incumbent residents.

30. Q: What can be inferred from the passage?

(a) Recently, urban regeneration endeavors have been active in numerous megacities worldwide.
(b) Current urban regeneration attempts are mindful of the issue of inhabitants' comfort.
(c) Urban regeneration projects are superior in terms of efficiency to reconstruction efforts.
(d) A mural village has been created as part of an urban regeneration initiative.

31. Q: Which of the following is correct according to the passage?

(a) Regeneration projects are expected to be costlier than reconstruction or redevelopment.
(b) Roads in a zone marked a regeneration project are typically rebuilt.
(c) Tourists flooding into mural villages should make efforts to protect residents' privacy
(d) One of the reasons residents support urban regeneration is to improve the image of their town.

Questions 32-33

OUR NEWEST PRODUCT "EDGE" OFFERED AT AN UNBELIEVABLE BARGAIN!

In celebration of the 20th anniversary of founding of Good Motors, and in appreciation of our loyal customer base for that long a time, we will be offering a payment promotion spanning a month beginning October 1st.

Our beloved customers may expect to see the following benefits:
1. $30,000 retail price of our product Edge will be discounted to a price of $25,000 over a 24-month lease period
2. Unconditional warranty period extended from 3 to 5 years
3. Interest rate for leasing to be slashed from 8% to 5.5%
4. Lucky draw event – the first pick receives free, round-trip ticket to Hawaii
5. Automated speed control system offered at a 50% discount

We dare say this is a once-in-a-lifetime opportunity you cannot afford to miss out on. The level and scope of the benefits being offered are highly exceptional even at Good Motors. With a slick and sophisticated design, and a sturdy 3000cc engine model, Edge is offered at such ridiculous prices and benefits if you make the purchase soon! Take full advantage of this event!

32. Q: Which of the following is correct according to the passage?

(a) The automated speed control system is a default installation of the Edge.
(b) The company Good Motors has been in business for two decades.
(c) Customers can receive a 10% discount in price from the promotion.
(d) A round-trip ticket to Hawaii will be given to the first purchaser of "Edge" during the promotion.

33. Q: Which one of these benefits is provided to consumers through the 20th anniversary promotion?

(a) A new upgrade in design
(b) Warranty lengthened by 2 years
(c) Elevation to 3000cc engine displacement
(d) Interest rate for leasing set at 2.5%

R

Questions 34-35

http://www.dailydaily.com

THE ACTIVATION AND PROBLEMS OF ALLIANCE MARKETING

MALCOLM MITCHELL, STAFF REPORTER

MARCH 2, 2020

The practice of "alliance marketing," where corporations engage in partnerships with other companies from a diverse spectrum of industries for the goal of value creation, has given way to a new boom in the telecommunications industry. Alliance marketing allows corporations to better secure a loyal customer base and to raise brand awareness. On the opposite end, consumers can receive various subsidiary services and discounts on their phone bills. This type of mutually profitable dynamic has led to the spread of alliance marketing across a wide spectrum of industries.

Through partnerships with credit card companies, telecommunications corporations offer customers discounted rates for certain products and services based on records of their card usage. Similar cooperative relationships with airlines and gasoline companies allow customers to enjoy airline mileage or fuel discount when they opt for certain phone payment plans.

Nevertheless, alliance marketing is not without flaws in its potential to be of disservice to customers in some cases. There have been instances where finance corporations gave away an exorbitant amount of customer information, even of those that had discontinued the use of cards in the companies' portfolios for quite some time. Customers thus fall victim to this type of indiscriminate disclosure of private information to telecommunications companies. Similarly, companies in the food-and-beverage industry have also attempted to offset their expected loss in profits as a result of a deluge of discounts and promotions, with an increase in the price of foods they serve, the costs from which are expected to be passed down to customers.

34. Q: Which is correct according to the passage?

(a) Alliance marketing of telecommunications providers inflicts disservice to customers without added perks.
(b) As a collaborative measure with card companies, bonus data are handed out to customers based on their card usage.
(c) Discounts on items such as gasoline are benefits that can be received regardless of phone usage.
(d) Restaurants hike menu prices to compensate for discounts from alliance with phone companies

35. Q: What is the main idea of the 3rd paragraph?

(a) While alliance marketing is generally in the interest of companies, it does pose substantial risks
(b) Compensatory measures for damage incurred from alliance marketing need to be drawn up
(c) Customers may be exposed to some harmful fallout from alliance marketing practices
(d) Alliance marketing is expanding to a wide spectrum of industries

ANSWER

Answer Keys

Listening Comprehension

1 (b)	**2** (c)	**3** (d)	**4** (d)	**5** (b)	**6** (c)	**7** (c)	**8** (c)	**9** (c)	**10** (b)
11 (c)	**12** (c)	**13** (d)	**14** (a)	**15** (b)	**16** (b)	**17** (c)	**18** (a)	**19** (a)	**20** (d)
21 (c)	**22** (d)	**23** (b)	**24** (d)	**25** (b)	**26** (d)	**27** (b)	**28** (a)	**29** (c)	**30** (b)
31 (b)	**32** (d)	**33** (d)	**34** (a)	**35** (c)	**36** (b)	**37** (b)	**38** (a)	**39** (b)	**40** (a)

Vocabulary

1 (a)	**2** (b)	**3** (b)	**4** (b)	**5** (b)	**6** (c)	**7** (d)	**8** (a)	**9** (c)	**10** (a)
11 (a)	**12** (b)	**13** (a)	**14** (a)	**15** (d)	**16** (d)	**17** (c)	**18** (b)	**19** (c)	**20** (b)
21 (d)	**22** (c)	**23** (a)	**24** (b)	**25** (c)	**26** (d)	**27** (b)	**28** (c)	**29** (c)	**30** (d)

Grammar

1 (a)	**2** (b)	**3** (b)	**4** (a)	**5** (d)	**6** (a)	**7** (a)	**8** (c)	**9** (a)	**10** (a)
11 (c)	**12** (b)	**13** (a)	**14** (d)	**15** (d)	**16** (c)	**17** (b)	**18** (d)	**19** (d)	**20** (a)
21 (a)	**22** (c)	**23** (d)	**24** (c)	**25** (b)	**26** (b)	**27** (c)	**28** (c)	**29** (d)	**30** (d)

Reading Comprehension

1 (b)	**2** (a)	**3** (a)	**4** (d)	**5** (b)	**6** (c)	**7** (c)	**8** (c)	**9** (b)	**10** (d)
11 (c)	**12** (d)	**13** (c)	**14** (c)	**15** (c)	**16** (d)	**17** (c)	**18** (c)	**19** (b)	**20** (d)
21 (d)	**22** (a)	**23** (b)	**24** (a)	**25** (c)	**26** (a)	**27** (c)	**28** (a)	**29** (c)	**30** (c)
31 (d)	**32** (b)	**33** (b)	**34** (d)	**35** (c)					

스크립트 & 풀이 바로가기 →

수고하셨습니다. 채점 후, 테스트 결과를 기록하세요.

실전 1회	청해	문법	어휘	독해	총
점수					
소요 시간					

점수 계산기 바로 가기

↓

SET 2
실전 모의고사

SET 2

TEPS

Test of English Proficiency
developed by
Seoul National University

생년월일 Born	
성명 Name	

응시일자 년 월 일

청 해 Listening Comprehension

1–40 (a) (b) (c) (d)

어휘 & 문법 Vocabulary & Grammar

어휘 Vocabulary

1–30 (a) (b) (c) (d)

문법 Grammar

1–30 (a) (b) (c) (d)

독 해 Reading Comprehension

1–35 (a) (b) (c) (d)

생년월일 Birth

Y	Y	M	M	D	D
0–9	0–9	0–9	0–9	0–9	0–9

성별 Gender

남 Male	여 Female
⓪	⓪

내/외국인 Dom./ For.

내국인 Domestic	외국인 Foreigner
⓪	⓪

수험번호 Registration NO.

0–9 (7 columns)

신 분

중학생		⓪
고등학생	일반고	⓪
	특목고 (자사고 포함)	⓪
대학생 (휴학생 포함)	재학생	⓪
	편입준비생	⓪
	전문대학원 준비생	⓪
	대학원생	⓪
	기타	
일반인	공무원	⓪
	공무원 외	⓪
기타		

답안작성시 유의사항

1. 답안 작성은 반드시 컴퓨터용 싸인펜을 사용해야 하며, 아래의 'GOOD'과 같이 올바르게 마킹해야 합니다. Good Bad
2. 답안작성 도중 수정이 필요한 경우 반드시 수정테이프를 사용해야합니다.(수정액 불가)
3. 올바른 필기구와 수정도구를 사용하지 않거나 본인의 부주의로 잘못 마킹한 경우 성적처리가 되지 않을 수 있으며 성적은 TEPS관리위원회 OMR 판독기의 판독결과에 따릅니다.
4. 성별, 생년월일, 수험번호 등의 인적정보는 성적처리를 위해 반드시 필요하므로 정확하게 기재해야 하며, 미기재 또는 기재오류 등으로 인해 인적정보가 올바르지 않는 경우 성적처리가 되지 않으며 그 결과는 응시자가 책임집니다.
5. 시험이 종료된 후 답안 및 인적사항의 수정 또는 정정이 불가능하므로 신중하게 답안을 작성하시기 바랍니다.
6. 답안지 상단의 타이밍마크(III)를 찢거나 낙서 등으로 인해 답안지를 훼손하는 경우 성적처리가 되지 않을 수 있습니다.

TEPS

LISTENING COMPREHENSION

DIRECTIONS

1. In the Listening Comprehension section, all content will be presented orally rather than in written form.

2. This section contains five parts. For each part, you will receive separate instructions. Listen to the instructions carefully, and choose the best answer from the options for each item.

청해 mp3

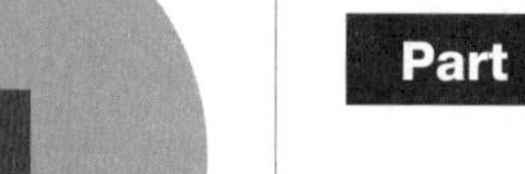

Part I Questions 1~10

You will now hear ten individual spoken questions or statements, each followed by four spoken response. Choose the most appropriate response for each item.

Part II Questions 11~20

You will now hear ten short conversation fragments, each followed by four spoken responses. Choose the most appropriate response to complete each conversation.

L

Part III **Questions 21~30**

You will now hear ten complete conversations. For each conversation, you will be asked to answer a question. Before each conversation, you will hear a short description of the situation. After listening to the description and conversation once, you will hear a question and four options. Based on the given information, choose the option that best answers the question.

Part IV Questions 31~36

You will now hear six short talks. After each talk, you will be asked to answer a question. Each talk and its corresponding question will be read twice. Then you will hear four options which will be read only once. Based on the given information, choose the option that best answers the question.

L

Part V **Questions 37~40**

You will now hear longer talks. After each talk, you will be asked to answer two questions. Each talk and its corresponding questions will be read twice. However, the four options for each question will be read only once. Based on the given information, choose the option that best answers each question.

TEPS

VOCABULARY & GRAMMAR

DIRECTIONS

These two sections test your vocabulary and grammar knowledge. You will have 25 minutes to complete a total of 60 questions: 30 from the Vocabulary section and 30 from the Grammar section. Be sure to follow the directions given by the proctor.

V

Part I **Questions 1~10**

Choose the option that best completes each dialogue.

1. A: Excuse me. Do you know where the bookstore is?
B: Sure. It's about a five-minute ______________ past the movie theater.

(a) walk
(b) distance
(c) travel
(d) trip

2. A: Your son has another ear infection? That's the third one this year.
B: Yes, he's very ______________ to them.

(a) susceptible
(b) delicate
(c) definite
(d) inherent

3. A: Why don't you go to the summer job fair on campus?
B: I didn't even know such a thing ______________.

(a) departed
(b) existed
(c) presented
(d) transpired

4. A: Mitch hardly ever seems to make a mistake.
B: I know. His work is usually ______________.

(a) implacable
(b) emphatic
(c) prodigal
(d) impeccable

5. A: Welcome to ABC Bank. How can I help you today?
B: I need some cash, so I'll be making a(n) ______________.

(a) withdrawal
(b) deposit
(c) exchange
(d) inquiry

6. A: I think we invited too many people to this conference.
B: I agree. This room is so tiny that it feels a bit ______________ in here.

(a) deterred
(b) hampered
(c) confined
(d) shackled

7. A: I think this plan will cut down on our operating expenses.
B: That's true, but it doesn't ______________ our concerns about quality.

(a) alleviate
(b) augment
(c) synthesize
(d) calibrate

8. A: I keep trying, but she just doesn't seem to understand!
B: Stop trying. No matter how simply you explain it, it will be ______________.

(a) on her mind
(b) over her head
(c) out of her hands
(d) under her nose

9. A: That article about the sick little girl made me cry.
B: Yeah, it was such a(n) __________ story.

(a) vindictive
(b) fallacious
(c) poignant
(d) askew

10. A: Do you know how to get to the nearest subway station?
B: I'm afraid there is no station in the ______________.

(a) proximity
(b) vicinity
(c) intersection
(d) junction

V

Part II **Questions 11~30**

Choose the option that best completes each sentence.

11. Asia, Europe, and North America are all witnessing ______________ in firefly populations due to the development of artificial lights that make it difficult for them to mate.

(a) decelerations
(b) downfalls
(c) debits
(d) declines

12. The governor proclaimed a zero-tolerance policy on drugs, but ______________ flunked his own test.

(a) vaguely
(b) surly
(c) ironically
(d) inevitably

13. The heavy cloud cover is expected to ______________ by Saturday afternoon, which will be dry and sunny.

(a) dissipate
(b) radiate
(c) circulate
(d) isolate

14. These separate lists need to be ______________ into one document.

(a) specified
(b) maneuvered
(c) merged
(d) mixed

15. To ______________ plagiarism, publishers need to have a clear understanding of what constitutes plagiarism and of how to detect it.

(a) retain
(b) expire
(c) combat
(d) approve

16. Putting a fresh ______________ of paint on walls, repairing any flaws, and updating plumbing fixtures can brighten up your bathroom.

(a) skin
(b) peel
(c) coat
(d) face

17. The company was found guilty of patent ______________ for selling a product patented by VIM, its main rival.

(a) embattlement
(b) injunction
(c) infringement
(d) suspicion

18. When it is mixed with water and allowed to harden, cement can ______________ sand into a hard, solid mass.

(a) compound
(b) bind
(c) resolve
(d) unite

19. One of the common reasons that women talk is to create ______________ through sharing their inner feelings with their friends.

(a) betrayal
(b) intimacy
(c) antipathy
(d) intimidation

20. We hope that the scholarships awarded to talented students may ______________ to make a critical difference in their lives.

(a) assume
(b) present
(c) serve
(d) devote

V

21. Pleasure is only ever ____________ and not something you can enjoy forever.

(a) contagious
(b) transient
(c) auspicious
(d) transparent

22. There have been claims that local authorities in China covered up an ____________ of an intestinal virus.

(a) outcome
(b) outbreak
(c) outlook
(d) outburst

23. The Food and Drug Administration decided to make an official announcement in order to ____________ fears of acquiring the swine flu virus by eating pork.

(a) ingratiate
(b) allay
(c) aver
(d) litigate

24. Located adjacent to the national park, the Arbor Inn is a delightful ____________ to the stressful atmosphere of a downtown hotel.

(a) utility
(b) promotion
(c) alternative
(d) commodity

25. ____________ paintings on ancient Japanese tomb walls suggest that the Imperial House lineage may have had a Korean origin.

(a) Mural
(b) Decimal
(c) Fractious
(d) Conscriptive

26. The use of the filibuster has undergone a radical ____________, from protecting the party out of power to creating a tyranny of the minority.

(a) shift
(b) mutant
(c) convert
(d) exchange

27. In our insatiable use of the world's resources, we are ____________ lifesupport systems and driving species to extinction.

(a) thriving
(b) fathoming
(c) decimating
(d) neutralizing

28. The success of workplace wellness programs depends upon whether they can be ____________ to the needs of the individual employees.

(a) elated
(b) constricted
(c) pointed
(d) tailored

29. Individuals with ____________ need special programs to learn to read, write, and spell.

(a) anemia
(b) dyslexia
(c) leukemia
(d) meningitis

30. The government agents raided the market and ____________ hundreds of items which they say are counterfeit.

(a) confiscated
(b) dejected
(c) stifled
(d) tantalized

You have finished the Vocabulary questions. Please continue on to the Grammar questions.

G

Part I Questions 1~10

Choose the option that best completes each dialogue.

1. A: Do you know if your research paper is going to be published?
B: Actually, the committee will meet ______________ it next month.

(a) review
(b) to review
(c) reviewing
(d) be reviewing

2. A: Do you really think I should go to Ireland for vacation?
B: ______________ there myself, I know you'd love it.

(a) Being
(b) To have been
(c) Having being
(d) Having been

3. A: Are you coming out with us after school?
B: No, I have to have my homework done ______________ my parents get home from work.

(a) until
(b) before
(c) unless
(d) as soon as

4. A: That clerk at the front desk was pretty rude to me just now.
B: I know. If you ask me, the staff at this library could all use some lessons in ______________.

(a) a manners
(b) a manner
(c) manners
(d) manner

5. A: What do you think about John suddenly leaving college?
B: It's crazy. He is ______________ guy to be wasting his talents.

(a) a too smart
(b) too a smart
(c) too smart a
(d) too smart

6. A: Uncle James wanted to see you when you were in LA.
B: I ______________ happy to see him, but I didn't have time.

(a) will have been
(b) would be
(c) will be
(d) would have been

7. A: What do you think of Mary's accounting skills?
B: They are highly advanced, I ______________ say.

(a) shall
(b) had
(c) would
(d) may

8. A: How come you didn't come to Mark's birthday party?
B: I ______________, but something came up at the last minute.

(a) planning to do
(b) was planning to
(c) was planning
(d) was

9. A: Oh, no! You're soaking wet!
B: ______________ than it started to rain.

(a) No sooner I had left the house
(b) Had I left the house no sooner
(c) No sooner had I left the house
(d) I had left no sooner the house

10. A: I think we should set our sights on getting down to a 10 percent turnover rate next year.
B: Unfortunately, I think that's a bit ______________ our reach at the moment.

(a) within
(b) over
(c) off
(d) beyond

G

Part II **Questions 11~25**

Choose the option that best completes each sentence.

11. Some people ignore the messages in their dreams, but others look to ______________ for guidance.

(a) it
(b) them
(c) that
(d) ones

12. The number of people claiming jobless benefits ______________ predicted to fall by 5.8 percent for the first time in 18 months.

(a) has
(b) are
(c) is
(d) have

13. The most expensive hamburger in Korea, made from Australian tenderloin and topped with Canadian lobster, ______________ at W Seoul for 181,500 won.

(a) serving
(b) served
(c) is served
(d) being served

14. Inside a house floating on a lake in one of Thailand's national parks ______________ a 53-year-old man.

(a) sit
(b) has sat
(c) have sat
(d) sits

15. Linda was shocked to find out how much she had to pay to have her favorite sweater ______________.

(a) dry-cleaning
(b) dry-clean
(c) dry-cleaned
(d) to dry-clean

16. Until the beginning of this year, James only ______________ his PC for the Internet, and his phone only for calls, not for web browsing.

(a) uses
(b) used
(c) has used
(d) is using

17. Rachel Carson brought us back to a fundamental idea lost to ______________ in modern civilization: the interconnection of human beings and the natural environment.

(a) an amazing degree
(b) the amazing degree
(c) amazing degree
(d) any amazing degree

18. The rescue team yesterday discontinued its efforts to find 14 British tourists missing on a remote Japanese island, as they ______________ everywhere.

(a) will look
(b) had looked
(c) were looking
(d) have been looking

19. The closer a person gets to a reward, ______________

(a) the reward seems the valuable more
(b) the more seems the reward valuable
(c) the more valuable the reward seems
(d) valuable the more seems the reward

20. ______________, technological upgrades could be the key to environmental conservation efforts.

(a) Properly channeling
(b) Properly channeled
(c) Having properly channeled
(d) Having properly channeling

G

21. Even when_____________ unexpected dilemmas, high performers never lose sight of their ultimate goals.

(a) faced
(b) being faced
(c) facing
(d) being to face

22. Nick's maturity appears in the detached clear-sightedness _____________ he observes his own character.

(a) which
(b) that
(c) with that
(d) with which

23. Scientists have warned that half of all human languages _____________ by the end of the century, as smaller societies are assimilated into global cultures.

(a) disappear
(b) have disappeared
(c) are disappearing
(d) will have disappeared

24. Candidates who complete their degree by Spring 2022 will be deemed _____________ the educational qualifications.

(a) met
(b) have met
(c) having met
(d) to have met

25. If the ozone layer had not filtered out the ultraviolet rays of the sun, life _____________ on earth.

(a) will not evolve
(b) would not evolve
(c) would not have evolved
(d) would not have had evolved

G

Part III **Questions 26~30**

Read each dialogue or passage carefully and identity the option that contains a grammatical error.

26. (a) A: How's your new couch? It looks comfortably.
(b) B: Not really. It is not as relaxing as it looks.
(c) A: Didn't you try sitting on it in the showroom?
(d) B: No, I didn't, but I should have.

27. (a) A: Who's that pitcher in this inning?
(b) B: I don't know who that is.
(c) A: Why not? Aren't you a fan of that team?
(d) B: I am, but that doesn't mean I know every players.

28. (a) The Peterborough Pumpkin Festival wrapped up last night with a fireworks display at the lake. (b) According to unofficial statistics, attendance this year was thirty percent higher than last year. (c) To have prepared for weeks, the festival's organizers say they were pleased with the high turnout. (d) Barring any unforeseen problems, they say, next year's festival promises to be a greater success.

29. (a) This project is 3 months behind schedule largely because of poor planning. (b) If we had applied a little foresight we could have prevented these delays from happening. (c) I suggest that you each reexamined your team's progress and determine the causes for any delays. (d) I expect a report by Friday on how you will address these delays and make up for lost time.

30. (a) The Prince of Wales joined other leaders in attending the funeral of Pope John Paul II in Rome this spring. (b) His Royal Highness was among the many dignitaries who viewed the Pope's body before it carried out of St. Peter's Basilica. (c) Many world leaders filed into St.Peter's Square that spring day to pay tribute to the late pontiff. (d) Also attending were President George Bush, former President Bill Clinton and French President Jacques Chirac.

You have reached the end of the Vocabulary & Grammar sections. Do NOT move on to the Reading Comprehension section until instructed to do so. You are NOT allowed to turn to any other section of the test.

TEPS

Reading Comprehension

Directions

This section tests your ability to comprehend reading passages. You will have 40 minutes to complete 35 questions. Be sure to follow the directions given by the proctor.

R

Part I **Questions 1~10**

Read the passage and choose the option that best completes the passage.

1. The Gouda Cheesemakers' Festival is a one-day event ______________________________. Guests are expected from around the world and will have the chance to sample Belgium's famous beer and chocolate as well as local wine, cured meat, and of course, the world's best cheese. There will also be opportunities to meet cheese artisans, learn how their products are made, sample and buy their wares and participate in seminars about cheese. In this way, the festival gives Gouda's cheese producers a forum to educate the public about their top-quality product.

(a) created primarily to attract more tourists to Gouda
(b) designed to promote a variety of foods from Belgium
(c) aimed at bringing international cheese makers together
(d) intended to raise awareness about local cheese

2. The Great Train Robbery (1903), a milestone in film history, not only was the first narrative film but also ______________________________. The film is a classic Western, about twelve minutes long, with fourteen scenes shot in various locales. It features the first parallel development of separate scenes and the first close-up of an outlaw firing off a shot at the audience. Other unprecedented methods were minor camera movement, location shooting, and less stage-bound camera placement. These elements of the movie were copied repeatedly afterwards by other Westerns.

(a) employed on-location shooting
(b) introduced several innovative techniques
(c) had multiple plot lines
(d) utilized special effects in some scenes

3. Personal space, which is studied in a branch of nonverbal communication called proxemics, ______________________________. It is difficult to unravel the interwoven facets of what affects personal space because individual definitions of space are variable. Furthermore, the degree of intimacy, the social context, the gender relationship, culture, and the like can have an impact. For example, in Latin American cultures, the space between two people engaged in everyday conversation is relatively close compared to in Asian cultures.

(a) can vary both culturally and ethnically
(b) can result in cultural differences
(c) is defined by body language
(d) is influenced by many factors

R

4. Anchoring is a term used in psychology to describe the common tendency of people to ___ ________________________________ when making decisions. Individuals tend to focus on a specific value and then adjust that value to account for other circumstances. Take, for example, a person looking to buy a used car. He or she may anchor on the year of a particular car, and then use that criterion as the basis for evaluating the value of the car, rather than considering how well the engine or the transmission has been maintained.

(a) rely overly on one trait or variable
(b) let their emotions override rational thought
(c) prioritize time over other values
(d) be guided by their most cherished values

5. Education Office ________________________________. The preparations for a mild outbreak of the H1N1 flu call for ill students to isolate themselves in their dorm rooms or apartments until 24 hours after their fever is gone. But a task force that met over the summer decided that in a worst-case scenario, with widespread cases of a virulent form of the virus on campus and in the surrounding region, students who require medical care would be isolated in the medical center on campus. Students checking in to their dorms this month were thus given guidelines to follow if they develop flulike symptoms.

(a) has not yet created guidelines for students who develop flu symptoms
(b) is extending medical service to flu students for 24 hours a day
(c) is offering students free checkups to prevent the spread of H1N1
(d) has modified its plans for a severe H1N1 flu scenario

6. Older adults with low levels of vitamin D appear more likely to ____________________ ________________. In some parts of the U.S. and Europe, up to 100 percent of older adults are deficient in vitamin D, which can easily lead to fractures, chronic disease and even death. Recent research, however, shows that vitamin D may help prevent the degeneration of brain tissue. By the same token, those who are deficient in this vitamin may experience a number of cognitive problems and be particularly susceptible to brain diseases like Alzheimer's.

(a) be lacking in the level of sun exposure
(b) experience declines in thinking and memory
(c) withstand certain types of cognitive disorders
(d) die young if they are from the US or Europe

R

7. Although there have been numerous departmental reviews recommending that Gilchrist University ___ ____, there is no plan to do so, university officials report. Over the protests of its remaining faculty members, the department has had to drop the course Introduction to Physical Anthropology, one of the department's core classes, because there are no experts in that sub-discipline available to teach it. Instead of hiring more professors, the university has simply stopped admitting students into the anthropology program. Members of the department complain that the shrinking of the faculty has seriously reduced the department's reputation.

(a) end its anthropology program
(b) expand its anthropology faculty
(c) curtail its anthropology courses
(d) invest more in anthropology research

8. An important tool used to ________________________________ is a computer model created by the National Weather Service. This model can estimate the storm surge heights resulting from historical, hypothetical, or predicted hurricanes. Graphical output from the model displays color-coded storm surge heights for a particular area. The calculations are applied to a specific locale's shoreline, incorporating the slope of the coastline, unique bay and river configurations, bridges, roads, and other physical features. Emergency managers use the data to determine which areas must be evacuated to avoid the potentially deadly impacts of storm surge associated with a hurricane.

(a) analyze the effects of past storm surges
(b) predict where a hurricane will make landfall
(c) illustrate the development and impact of hurricanes
(d) assess the threat posed by an impending storm surge

9. Evolutionary zoologist Richard Dawkins proposed the concept of a meme, a reproducible idea that is passed from generation to generation and person to person, as the most basic unit of our culture. Simply put, memes are to culture as what genes are to biology — a method of passing on information. ____________, the concept of a meme accounts for how ideas, such as a particular religion, how to make an ax, musical tunes, stories, and even language itself, are transmitted and evolve over time and across generations.

(a) In short
(b) However
(c) Furthermore
(d) More specifically

10. Memories about one's past have a crucial influence on one's present. Often, the most painful and crippling memories are those from a person's childhood, since that is the time when a person's identity is being formed. Some people may still be haunted by an embarrassing incident that occurred during their school years. ____________, a memory of being made fun of as a child can do permanent damage to one's self-image.

(a) In sum
(b) Besides
(c) Indeed
(d) Notwithstanding

R

Part II **Questions 11~12**

Read the passage and identify the option that does NOT belong.

11. If you or a loved one has taken Anectdol and has subsequently suffered back pain, you may be entitled to compensation. (a) Last year, over three thousand Americans reported having a severe back pain across the country. (b) Anectdol has been proven to lower cholesterol levels in over 60 percent of those who take it regularly. (c) However, many of its consumers have continued suffering even after they stopped taking it. (d) If you are one of them, you should call 1-409-555-2929 to learn about your legal rights.

12. Materialism, a major theoretical perspective in philosophy and anthropology, maintains that the main reality of humankind revolves around daily economic needs. (a) Unlike idealism, materialist thought holds that reality and society become intertwined through a series of everyday acts. (b) Attaining and providing such material necessities as clothing, shelter and food are foremost among these deeds. (c) With the economy currently in the doldrums, providing shelter has become the most demanding of the three. (d) As such, it might be said that materialists prioritize the material world when they analyze human societies.

R

Part III **Questions 13~25**

Read the passage, question, and options. Then, based on the given information, choose the option that best answers each question.

13.

The Astronomy Department of Brixton University has invited over 250 students, family, and friends to this year's reunion. This year's theme was inspired by the International Year of Astronomy, celebrating the 400th anniversary of the Galileo telescope. Invitees are encouraged to attend the Welcome Reception on Friday evening. A local school orchestra will provide incredible celestial music at dinner in the evening, and the event will conclude with spectacular fireworks. You won't want to miss this year's reunion.

Q: What is the main topic of the announcement?

(a) A summer astronomy and physics camp for students
(b) A gathering for college students and their acquaintance
(c) A community's ceremony celebrating the anniversary of the Galileo telescope
(d) A fundraising event held by local astronomy students for a new telescope

14. Famed author Toni Morrison, the first black woman to receive the Nobel Prize in Literature, did not begin life with that name. Born Chloe Wofford, she converted to Catholicism and took the Catholic name Anthony, which was then shortened to "Toni." Later, she was briefly married to Jamaican architect Harold Morrison, and after her divorce, she began writing her first novel, The Bluest Eye. Eventually, she found a publisher who preferred "Toni Morrison" to "Chloe Wofford," and the pen name quickly became known throughout the literary world.

Q: What is the main point about Toni Morrison in the passage?

(a) She was the first black woman to receive a Nobel Prize in Literature.
(b) She is known by a pen name that reflects her religion and marriage.
(c) She continued to use her husband's surname after getting divorced.
(d) She is currently considered one of the top novelists in the world.

15. Decades after the first reported AIDS cases, outreach efforts have helped many understand that being HIV positive is no longer a death sentence. Of course, the disease hasn't gone away. About a million Americans are HIV positive and 14,000 die from AIDS annually. Scientists temper predictions that a vaccine could be a few years away, saying it could take much longer. Nevertheless, outreach efforts should continue to help those suffering from the disease and to inform the public how to prevent its spread.

R

Q: What is the main idea of the passage?

(a) AIDS affects everyone in the community.
(b) AIDS awareness remains the best prevention of the disease.
(c) Medical progress has reduced the fear about AIDS.
(d) AIDS is no longer considered a worldwide threat.

16.

As principal of Northtown High School, I am concerned about the safety of all students, and a new policy banning texting while driving on campus will be enforced as of September 1. For your safety and the safety of everyone on campus, I ask that you turn off your mobile phones when driving. Texting and driving can lead to automobile accidents, serious personal injuries, and wrongful death. Waiting to view or send out a text message will not change a life, but distracted driving can.

Q: What is the main idea of the announcement?

(a) All mobile phones must be turned off while driving.
(b) A new policy on texting will take effect next year.
(c) Texting while driving will be prohibited on campus as safeguards.
(d) Distracted driving on campus is rampant these days.

R

17. The term "soap opera" was coined to denote the extraordinarily popular genre of daytime serial dramas started in the 1930s. The "soap" in soap opera alludes to their early sponsorship by major soap powder companies, which is now a thing of the past. Set in domestic interiors, recurring themes in soap operas include family life, relationships, and emotional conflicts. They are marked by moral polarization, coincidences, and last-minute rescues. Although derided by critics and scorned by social commentators in the past, the soap opera is nevertheless the most popular genre of television drama in the world today.

Q. What is NOT typical of soap operas?

(a) Household interior
(b) Dramatic scenes
(c) Family conflicts
(d) Social criticism

18. The historical whodunit is a sub-genre of historical fiction that displays elements of the classical mystery novel, in which the central plot involves a crime, almost always a murder, and in which the setting has historical significance. The "detective," often an amateur, may be a real-life historical figure like Socrates, Jane Austen, or Mozart, or an imaginary character. A popular series in the genre is Elizabeth Peter's Amelia Peabody novels, in which the main character is not only a Victorian lady but an early feminist and an archeologist working in early twentieth-century Egypt.

Q: Which of the following is correct according to the passage?

(a) Amelia Peabody is a popular historical fiction author.
(b) The main characters in historical whodunits are professional detectives.
(c) Jane Austen was a real-life historical fiction writer.
(d) Murder is a common theme in historical whodunits.

R

19.

In celebration of the 'Science Month', April, the National Science Center will be hosting an extensive package of multiple events. Throughout the entire month, all visitors, from 9 A.M. to 5 P.M., may enjoy a hands-on experience of making and launching water rockets with their family members and take classes on the basics of computer coding free of charge. A lecture session to introduce the lifetime accomplishments of Dr. Steven Hawking, a world renowned astrophysicist who passed away a few years ago, will follow. As part of a ceremony to celebrate the 40th anniversary of the United States' first astronauts in space, the center also has a space exchange program in store. On April 7th and 8th, Dr. Lee, who has spearheaded numerous experiments and research on the International Space Station in April 2008, will be invited as the guest speaker. From the 7th to the 22nd, models of a lunar module and a space probe will be open for visitors to enjoy in the 'Special Space Exhibit.'

We look forward to seeing you!

Q: Which activity can participants enjoy in the last week of April?

(a) Firing a water rocket at a relatively low cost
(b) Seeing a real lunar module and a space probe
(c) Learning how to code computer programs for free
(d) Attending a guest lecture by Dr. Lee on Steven Hawking's accomplishments

20. A team of anthropologists has been uncovering new clues about the foundation of urban life in the Middle East before the invention of the wheel. The location for the research, called Tell Zeidan, is perfect for research because nothing has been built there for six thousand years. Researchers are interested in Tell Zeidan because it was at the center of major trade routes in ancient times. Thirty-one acres in size, Tell Zeidan is located where the Balikh River joins the Euphrates River in modern-day Syria.

Q: Why is Tell Zeidan a good research location for anthropologists?

(a) Because it used to be a major city in ancient times.
(b) Because it is the place where the wheel was invented.
(c) Because it was a major trade route for six thousand years.
(d) Because it has remained undeveloped for a long time.

R

21. In the United Kingdom, all state schools — primary, secondary, and university — are free, and the first nine years all students learn the same material. At age eleven, students take an important national exam. After this, they attend one of three possible secondary schools: college preparatory, vocational, or comprehensive. Although all universities are free, only 1 percent of the lower class goes on to university. However, 6 percent of British students attend expensive private schools. These are students from upper-class families. Half of the students at Oxford and Cambridge universities come from such expensive secondary schools.

Q: Which of the following is correct about UK education according to the passage?

(a) Students from the upper class attend state schools.
(b) The national exam is a major criterion for grouping students.
(c) The lower class does not enjoy the freedom to go to university.
(d) All students attending state schools learn the same thing.

22. Even though energy-efficient lamps have been around for about two decades, they were not well received until recently. The earliest fluorescent types were excessively costly and crudely made, and thus of little appeal to consumers. Now, the industry around these models has undergone significant growth thanks to the emergence of the digital light-emitting diode (LED) technology. The overall price of these products has dropped to the point where it is not at all far-fetched to state that a high-tech lamp does not necessarily have to be more expensive than conventional ones. Perhaps most significantly, the government is increasingly engaging in campaigns to popularize energy-efficient lamps among the public.

Q: Before LED, why were energy-efficient lamps less popular than conventional lamps?

(a) Government funding for the lamps was non-existent at the time.
(b) The price for the lamps was uncompetitive in the market.
(c) Traditional lamps exhibited an acceptable level of energy efficiency.
(d) The popularization of the lamps in the market was crude in nature.

R

23. Asylum psychiatry in the nineteenth century followed two tracks – one well-intentioned and generally benign, the other horrific. The initial intention was to provide retreats, often in rural settings, where, in the absence of any actual evidence-based treatments, patients could at least be left alone in a tranquil environment. On the other hand, there was an equally long tradition in the asylums of imposing the most wretched treatments imaginable. These so-called treatments were so barbaric, not to mention unscientific, that later generations compared nineteenth-century state mental hospitals with Nazi concentration camps.

Q: What can be inferred from the passage about the two models of asylum psychiatry?

(a) Both models derived from inhumane intentions.
(b) The second model inspired Nazi concentration camps.
(c) The second model was introduced in the eighteenth century.
(d) Neither model was based on sound medical evidence.

24. In this culture of ready access to information which can be easily cut, pasted, and reformatted, educators are facing an influx of plagiarized work by students. Changing attitudes towards authorship and ownership of content are often cited as the main reason. Most pronounced among the younger generation, this mindset sees the mixing and mashing of content as an act of original creation rather than copying. Educators are now looking at ways to design plagiarism out of the system such as more personalized assignments, the keeping of a work diary, or the submission of work in progress.

Q: What can be inferred from the passage?

(a) Plagiarism is no more common today than it has been at any other time.
(b) Requiring personalized assignments has proven ineffective against copying.
(c) Educators and young people disagree about the criteria for plagiarism.
(d) Many teachers have recently acquired new attitudes about authorship.

25. Did you know that a moderate level of alcohol consumption is one of the most effective ways to protect yourself from heart disease? Numerous studies have confirmed that consuming one or two glasses of red wine on a regular basis can reduce the risk of a heart attack by up to 50 percent. Other health benefits include improving cholesterol levels and preventing blood clots. However, over-consumption of alcohol is a far bigger threat to health than total abstinence, as well as a contributing factor to obesity. In addition, certain groups, such as youth, pregnant or nursing women, and those with family histories of alcohol dependency should avoid consuming alcohol in general.

Q: Which statement would the author most likely agree with?

(a) Moderate drinking is an effective means of preventing cancer.
(b) Alcohol's benefits include reducing the spread of malignant tumors.
(c) Non-drinkers are more apt than drinkers to develop weight problems.
(d) People who cannot drink moderately should not drink at all.

R

Part IV **Questions 26~35**

Read the passage, question, and options. Then, based on the given information, choose the option that best answers each question.

Questions 26-27

Chicago Newspaper

'External Affairs'

At present, the consumers of university research are severely limited to the corporate sector, the federal government, and the academia, while pressing social and regional matters are rarely incorporated into the major themes for research. As a response to this overemphasis on partnerships with corporations, as well as research for purely academic purposes, a program named 'Science Shop' has gained traction. This program is designed to provide, upon request, research for and advice to regional social groups, state governments and the public on various technical and societal issues.

Because the professors and students engaged in this program take on projects directly in line with areas of study they are already involved in, budgetary requirements are not as demanding. Likewise, a separate funding on the part of the university is unnecessary due to existing arrangements for subsidiaries from federal and state governments. Overall, the positive upside of this new program will be mainly twofold: it will instill a sense of fulfillment for professors and students in contributing to resolving some dire social issues, and also allow for an intimate tie between universities and the regional society to form in a mutually beneficial manner.

26. Q: What is the main idea of the passage?

(a) The "Science Shop" can address regional issues without a noticeable increase in expenditure.
(b) Both community members and professors have endorsed the "Science Shop"
(c) The "Science Shop" is a university research program based on partnerships with relevant businesses.
(d) The biggest consumer of university research has shifted from corporates and academia to the regional society.

27. Q: What can be inferred from the passage?

(a) Researches undertaken as strictly academic initiatives have not succeeded in solving local issues.
(b) Budgetary requirements on the part of students and professors in the "Science Shop" are relatively large.
(c) With its subject matter only in regional problems, the entire budget of "Science Shop" is from state governments.
(d) The most critical concern for currently prevalent university research is its overemphasis on corporate interests.

Questions 28-29

Under a 'salary peak system', workers that reach a peak age are ensured a fixed wage, after which they are typically subject to a cutback structure. This mechanism is intended to guarantee a set period in their respective positions in that age set. Meanwhile, agreed-upon cuts in wages of experienced workers allow the employers to secure financial room to recruit more of younger generations, thus creating new openings. They get to be in a comfortable position to slash overall payroll and able to contribute to improving the youth employment rate, currently a dire social issue in our society, by allocating appropriate funds for new recruitments. On the other hand, there are some concerns that a downgraded wage level for senior members could lead to exploitation of experienced labor with insufficient pay. Also, a delay in retirement age, an expected side-effect of this peak system, could induce an inflation of the number of employees on corporate payroll. This naturally raises the question of whether a sufficient number of positions will actually open up to new hires. Due to these conflicting views, the issue of how best to implement the 'salary peak system' has yet to be resolved on a conclusive level.

28. Q: What is the main reasoning behind the argument against the 'salary peak system'?

(a) Reduction in new hires and job openings
(b) Taking advantage of manpower at low cost
(c) Lowering of the mandatory retirement age
(d) Trimming of overall cost and payroll

29. Q: Which of the following is correct about the 'salary peak system' according to the passage?

(a) Companies argue that it will culminate in a hike in the size of new hires.
(b) Before implementing the system, even experienced workers were not guaranteed compensated retirement.
(c) Prior to the system taking off, employee wages tended to exhibit a drop-off with age.
(d) Without the system, employee pay was primarily a function of performance more so than age.

R

Questions 30-31

Hi Jane! It's been a while since we last saw each other. What have you been up to? I've been meaning to get in touch with you to grab a bite to eat sometime, but I just wasn't able to get around to it. I finally got a job at a company called 'Gold Sterns,' which was actually one of the top choices for me and I was just informed I should be starting at the New York office from next month. So I'll be moving to New York just before then. It seems like yesterday when you, me and Matthew hung out like every day, but time flies huh? I've decided to throw a farewell party next Friday evening and I really hope you can make it. No need to bring any cash, it's all my treat! See you next week!

John Jay

Hey John! Congratulations! All that hard work seems to have paid off and Gold Stern, that's a big deal, right? I hope I can get a job soon too. This is great news and all, but it's a bummer that you'll be off to New York. I still remember the times we spent in grade school and middle school, and it just amazes me you're entering corporate life now! Anyhow, I don't think I can make it to your farewell party next Friday. Unfortunately, my grandmother will be coming by our place on Friday. Could you possibly make time for lunch on Tuesday? I think it'd be great if we could at least grab a quick bite together for old times' sake.

Jane Jones

30. Q: What is the main purpose of Jane's reply to John??

(a) To invite some friends to John's farewell party
(b) To make it seem like she is not jealous of John's good news
(c) To suggest an alternative date to meet up with John
(d) To congratulate John's move to Gold Sterns

31. Q: Why can't Jane and John meet on next Friday?

(a) Because Jane can make time only on Tuesday
(b) Because John will be moving to New York soon
(c) Because Jane's family member is visiting her
(d) Because Jane failed to find a job

Questions 32-33

PSYCHOLOGY JOURNAL

Professor Amanda Griffin, Psychology

Malicious comments being sprayed around on the Internet not only pose a serious threat to the well-being of the society but also impose serious dents on personal human rights. A surge in internet usage these days has meant that virtually nobody is free from the ever-widening forces of social malice on the web. It does not necessarily take a knife or a gun to inflict pains to people in our society. In this day and age, words we utter and type can be as menacing as actual physical harm.

A recent research on this topic has unveiled an interesting finding that those most actively engaged in this type of behavior on the internet tend to be socially isolated individuals shying away from interpersonal relationships. Instead of making efforts to improve their impaired social lives, these people resort to hurting others in a vicious and irrevocable manner. In a way, these degrading comments made on the web can be said to be severely distorted expressions of their sentiments. A fundamental solution to this problem may lie in educating people more effectively on how best to convey their emotions and demands, especially at the home or school levels.

32. Q: What is the main topic of the second paragraph?

(a) The social repercussions of malicious comments on the Internet
(b) Punishment for making degrading comments in the cyberspace
(c) Trends in Internet usage in our society and ill-spirited comments within
(d) The psychological state behind posting spiteful comments and ways to alleviate the issue

33. Q: Which statement would the author most likely agree with?

(a) Some people have committed suicide after being the target of malicious comments.
(b) Controlling one's emotions is strictly an individual issue that must be resolved internally.
(c) There is already a widespread social call for punitive measures against nasty remarks online.
(d) The frequency of posting malicious remarks on the web is negatively correlated with one's sociability.

R

Questions 34-35

≡ THE DAILY ECONOMIST SEARCH

International | Politics | Business | Technology | Culture | Sports

Heated Debate over Class Action Law

By Martin James

Multiple airlines have recently colluded in an industry-wide price-fixing scheme for freight charges. The victims to this move are preparing for a class action suit against said airlines, and fierce debate has ensued on the potential expansion in the scope of this type of lawsuit versus corporations. Class action law stipulates that should one party representing multiple victims, subjected to the same kind of injury or damage, win in a lawsuit, the rest are also eligible for identical compensation.

An advantage of class action lies in the fact that other participants not directly involved in litigation may save time and costs while being the recipient of potential benefits. However, the emergence of these lawsuits has been met by opposition from the corporate sector claiming that, if expanded, abuse of this form of lawsuit may likely arise, which can be detrimental to many firms' competitiveness. During its inception around 2005, class action lawsuit had been mostly restricted to the finance industry and its extension to other fields has been put on hold for too long. Siding with the corporate stance alluding to negative repercussions to businesses would again cripple our goal to protect the rights of consumers.

34. Q: Which of the following is correct about Class action law according to the article?

(a) The finance industry has not been one of the sectors to which class action law applied
(b) Firms have cited debilitation in corporate performance as rationale for opposing class action.
(c) The latest case of airline collusion has led to the sharp rise in plane ticket prices.
(d) Class action lawsuit is a measure that is generally disadvantageous to consumers.

35. Q: What is the general benefit of class action law on the consumer side?

(a) Less frequent price-fixing schemes
(b) Reduced freight charges
(c) Cutback in legal expenses
(d) Improved financial security

TEPS

ANSWER

Answer Keys

Listening Comprehension

1 (c)	**2** (b)	**3** (c)	**4** (b)	**5** (c)	**6** (d)	**7** (b)	**8** (b)	**9** (c)	**10** (d)
11 (a)	**12** (c)	**13** (d)	**14** (a)	**15** (d)	**16** (b)	**17** (c)	**18** (c)	**19** (a)	**20** (d)
21 (b)	**22** (c)	**23** (a)	**24** (c)	**25** (c)	**26** (c)	**27** (a)	**28** (b)	**29** (a)	**30** (d)
31 (a)	**32** (d)	**33** (c)	**34** (b)	**35** (a)	**36** (b)	**37** (a)	**38** (b)	**39** (b)	**40** (c)

Vocabulary

1 (a)	**2** (a)	**3** (b)	**4** (d)	**5** (a)	**6** (c)	**7** (a)	**8** (b)	**9** (c)	**10** (b)
11 (d)	**12** (c)	**13** (a)	**14** (c)	**15** (c)	**16** (c)	**17** (c)	**18** (b)	**19** (b)	**20** (c)
21 (b)	**22** (b)	**23** (b)	**24** (c)	**25** (a)	**26** (a)	**27** (c)	**28** (d)	**29** (b)	**30** (a)

Grammar

1 (b)	**2** (d)	**3** (b)	**4** (c)	**5** (c)	**6** (d)	**7** (c)	**8** (b)	**9** (c)	**10** (d)
11 (b)	**12** (c)	**13** (c)	**14** (d)	**15** (c)	**16** (b)	**17** (a)	**18** (b)	**19** (c)	**20** (b)
21 (c)	**22** (d)	**23** (d)	**24** (d)	**25** (c)	**26** (a)	**27** (d)	**28** (c)	**29** (c)	**30** (b)

Reading Comprehension

1 (d)	**2** (b)	**3** (d)	**4** (a)	**5** (d)	**6** (b)	**7** (b)	**8** (d)	**9** (d)	**10** (c)
11 (a)	**12** (c)	**13** (b)	**14** (b)	**15** (b)	**16** (c)	**17** (d)	**18** (d)	**19** (c)	**20** (d)
21 (b)	**22** (b)	**23** (d)	**24** (c)	**25** (d)	**26** (a)	**27** (a)	**28** (b)	**29** (a)	**30** (c)
31 (c)	**32** (d)	**33** (d)	**34** (b)	**35** (c)					

스크립트 & 풀이 바로가기 →

수고하셨습니다. 채점 후, 테스트 결과를 기록하세요.

<table>
<tr><th>실전 2회</th><th>청해</th><th>문법</th><th>어휘</th><th>독해</th><th>총</th></tr>
<tr><td>점수</td><td></td><td></td><td></td><td></td><td></td></tr>
<tr><td>소요 시간</td><td></td><td colspan="2"></td><td></td><td></td></tr>
</table>

점수 계산기 바로 가기

↓

SET 3
실전 모의고사

SET 3

TEPS

Test of English Proficiency
developed by
Seoul National University

생년월일 Born	
성명 Name	

응시일자 년 월 일

청 해 Listening Comprehension

No.					No.				
1	a	b	c	d	21	a	b	c	d
2	a	b	c	d	22	a	b	c	d
3	a	b	c	d	23	a	b	c	d
4	a	b	c	d	24	a	b	c	d
5	a	b	c	d	25	a	b	c	d
6	a	b	c	d	26	a	b	c	d
7	a	b	c	d	27	a	b	c	d
8	a	b	c	d	28	a	b	c	d
9	a	b	c	d	29	a	b	c	d
10	a	b	c	d	30	a	b	c	d
11	a	b	c	d	31	a	b	c	d
12	a	b	c	d	32	a	b	c	d
13	a	b	c	d	33	a	b	c	d
14	a	b	c	d	34	a	b	c	d
15	a	b	c	d	35	a	b	c	d
16	a	b	c	d	36	a	b	c	d
17	a	b	c	d	37	a	b	c	d
18	a	b	c	d	38	a	b	c	d
19	a	b	c	d	39	a	b	c	d
20	a	b	c	d	40	a	b	c	d

어 휘 & 문 법 Vocabulary & Grammar

어 휘 Vocabulary

No.					No.				
1	a	b	c	d	21	a	b	c	d
2	a	b	c	d	22	a	b	c	d
3	a	b	c	d	23	a	b	c	d
4	a	b	c	d	24	a	b	c	d
5	a	b	c	d	25	a	b	c	d
6	a	b	c	d	26	a	b	c	d
7	a	b	c	d	27	a	b	c	d
8	a	b	c	d	28	a	b	c	d
9	a	b	c	d	29	a	b	c	d
10	a	b	c	d	30	a	b	c	d
11	a	b	c	d					
12	a	b	c	d					
13	a	b	c	d					
14	a	b	c	d					
15	a	b	c	d					
16	a	b	c	d					
17	a	b	c	d					
18	a	b	c	d					
19	a	b	c	d					
20	a	b	c	d					

문 법 Grammar

No.					No.				
1	a	b	c	d	21	a	b	c	d
2	a	b	c	d	22	a	b	c	d
3	a	b	c	d	23	a	b	c	d
4	a	b	c	d	24	a	b	c	d
5	a	b	c	d	25	a	b	c	d
6	a	b	c	d	26	a	b	c	d
7	a	b	c	d	27	a	b	c	d
8	a	b	c	d	28	a	b	c	d
9	a	b	c	d	29	a	b	c	d
10	a	b	c	d	30	a	b	c	d
11	a	b	c	d					
12	a	b	c	d					
13	a	b	c	d					
14	a	b	c	d					
15	a	b	c	d					
16	a	b	c	d					
17	a	b	c	d					
18	a	b	c	d					
19	a	b	c	d					
20	a	b	c	d					

독 해 Reading Comprehension

No.					No.				
1	a	b	c	d	21	a	b	c	d
2	a	b	c	d	22	a	b	c	d
3	a	b	c	d	23	a	b	c	d
4	a	b	c	d	24	a	b	c	d
5	a	b	c	d	25	a	b	c	d
6	a	b	c	d	26	a	b	c	d
7	a	b	c	d	27	a	b	c	d
8	a	b	c	d	28	a	b	c	d
9	a	b	c	d	29	a	b	c	d
10	a	b	c	d	30	a	b	c	d
11	a	b	c	d	31	a	b	c	d
12	a	b	c	d	32	a	b	c	d
13	a	b	c	d	33	a	b	c	d
14	a	b	c	d	34	a	b	c	d
15	a	b	c	d	35	a	b	c	d
16	a	b	c	d					
17	a	b	c	d					
18	a	b	c	d					
19	a	b	c	d					
20	a	b	c	d					

생년월일 Birth

Y	Y	M	M	D	D
0	0	0	0	0	0
1	1	1	1	1	1
2	2	2	2	2	2
3	3	3	3	3	3
4	4	4	4	4	4
5	5	5	5	5	5
6	6	6	6	6	6
7	7	7	7	7	7
8	8	8	8	8	8
9	9	9	9	9	9

성별 Gender

남 Male	여 Female

내/외국인 Dom./ For.

내국인 Domestic	외국인 Foreigner

수 험 번 호 Registration NO.

0	0	0	0	0	0	0
1	1	1	1	1	1	1
2	2	2	2	2	2	2
3	3	3	3	3	3	3
4	4	4	4	4	4	4
5	5	5	5	5	5	5
6	6	6	6	6	6	6
7	7	7	7	7	7	7
8	8	8	8	8	8	8
9	9	9	9	9	9	9

신 분

중학생		
고등학생	일반고	
	특목고 (자사고 포함)	
대학생 (휴학생 포함)	재학생	
	편입준비생	
	전문대학원 준비생	
	대학원생	
	기타	
일반인	공무원	
	공무원 외	
기타		

답안작성시 유 의 사 항

1. 답안 작성은 반드시 컴퓨터용 싸인펜을 사용해야 하며, 아래의 'GOOD'과 같이 올바르게 마킹해야 합니다. Good Bad
2. 답안작성 도중 수정이 필요한 경우 반드시 수정테이프를 사용해야합니다.(수정액 불가)
3. 올바른 필기구와 수정도구를 사용하지 않거나 본인의 부주의로 잘못 마킹한 경우 성적처리가 되지 않을 수 있으며 성적은 TEPS관리위원회 OMR 판독기의 판독결과에 따릅니다.
4. 성별, 생년월일, 수험번호 등의 인적정보는 성적처리를 위해 반드시 필요하므로 정확하게 기재해야 하며, 미기재 또는 기재오류 등으로 인해 인적정보가 올바르지 않는 경우 성적처리가 되지 않으며 그 결과는 응시자가 책임집니다.
5. 시험이 종료된 후 답안 및 인적사항의 수정 또는 정정이 불가능하므로 신중하게 답안을 작성하시기 바랍니다.
6. 답안지 상단의 타이밍마크(III)를 찢거나 낙서 등으로 인해 답안지를 훼손하는 경우 성적처리가 되지 않을 수 있습니다.

TEPS

LISTENING COMPREHENSION

청해 mp3

DIRECTIONS

1. In the Listening Comprehension section, all content will be presented orally rather than in written form.

2. This section contains five parts. For each part, you will receive separate instructions. Listen to the instructions carefully, and choose the best answer from the options for each item.

L

Part I **Questions 1~10**

You will now hear ten individual spoken questions or statements, each followed by four spoken response. Choose the most appropriate response for each item.

Part II **Questions 11~20**

You will now hear ten short conversation fragments, each followed by four spoken responses. Choose the most appropriate response to complete each conversation.

L

Part III Questions 21~30

You will now hear ten complete conversations. For each conversation, you will be asked to answer a question. Before each conversation, you will hear a short description of the situation. After listening to the description and conversation once, you will hear a question and four options. Based on the given information, choose the option that best answers the question.

Part IV Questions 31~36

You will now hear six short talks. After each talk, you will be asked to answer a question. Each talk and its corresponding question will be read twice. Then you will hear four options which will be read only once. Based on the given information, choose the option that best answers the question.

L

Part V **Questions 37~40**

You will now hear longer talks. After each talk, you will be asked to answer two questions. Each talk and its corresponding questions will be read twice. However, the four options for each question will be read only once. Based on the given information, choose the option that best answers each question.

TEPS

VOCABULARY & GRAMMAR

DIRECTIONS

These two sections test your vocabulary and grammar knowledge. You will have 25 minutes to complete a total of 60 questions: 30 from the Vocabulary section and 30 from the Grammar section. Be sure to follow the directions given by the proctor.

V

Part I Questions 1~10

Choose the option that best completes each dialogue.

1. A: Did you find a replacement for the lecturer who cancelled the lecture?
B: Yes, we found someone to ______ for him.

(a) step out
(b) tip off
(c) take after
(d) stand in

2. A: What do you think of this drawer?
B: It looks gorgeous, but the price is a bit too ______.

(a) acute
(b) extraordinary
(c) abrupt
(d) steep

3. A: The broker deliberately hid those extra fees!
B: That's right, and that's not the only ______ thing he did.

(a) devious
(b) ominous
(c) resounding
(d) captivating

4. A: Don't you find that Bill acts superior?
B: Yeah, he's usually ______ of anyone younger than him.

(a) contemptuous
(b) contentious
(c) contaminated
(d) contagious

5. A: We should improve our quality control procedures.
B: I agree, but we also need to ______ the underlying problem.

(a) refine
(b) exert
(c) address
(d) deliberate

6. A: Where have you been? Kelly has already given her speech!
B: Sorry. The police pulled me over and ______ me because I didn't have my license.

(a) detained
(b) objectified
(c) revoked
(d) unhinged

7. A: I have every reason to be angry at her.
B: True, but that doesn't ______ you the right to yell.

(a) confirm
(b) legalize
(c) grant
(d) ignite

8. A: Have you chosen a graduate school yet?
B: No, I'm still ______ between two schools.

(a) choosing
(b) holding
(c) wavering
(d) shifting

9. A: These new instructions should simplify the budget process.
B: On the contrary, I think they've made the process even more ______.

(a) convoluted
(b) orthodox
(c) redundant
(d) facile

10. A: Our delivery system is already the most efficient in the industry.
B: Maybe so, but I still think we could ______ it further.

(a) rejuvenate
(b) fluctuate
(c) streamline
(d) collaborate

V

Part II Questions 11~30

Choose the option that best completes each sentence.

11. When someone offers you a compliment, be it "Wow, you look fabulous today" or "Those jeans look amazing on you," the emotional ____________ you get is hard to beat.

(a) raise
(b) hint
(c) wince
(d) lift

12. To celebrate our new "TickTock" products we are ____________ a special discount to thank our regular customers.

(a) limiting
(b) bargaining
(c) offering
(d) leaving

13. Last year, the median income for women in this country was just over $32,000 a year, which was 31% less than that of their male ____________.

(a) companies
(b) counterparts
(c) coagent
(d) fellows

14. Healthy people aged 55 or over who are physically active are less likely to lose cognitive function than are ____________ people in similar health.

(a) dormant
(b) stationary
(c) sedentary
(d) latent

15. After a month of feeling weak as a result of surgery, James has finally regained his former ____________.

(a) clout
(b) vigor
(c) aptitude
(d) solidity

16. VIP guests will enjoy ____________ access to all performances as well as exclusive guest receptions.

(a) capital
(b) priority
(c) majority
(d) dominance

17. The ivy growing on the side of our house was so ____________ that we had to dig up the whole garden to get rid of it.

(a) tenable
(b) sporadic
(c) tenacious
(d) sable

18. The ambassador expected his attaché to ____________ discretion when talking to the members of the press.

(a) communicate
(b) hold
(c) entreat
(d) exercise

19. Advances in technology will allow cable systems to offer more channels and thus ____________ existing cable channels to greater competition.

(a) enact
(b) impair
(c) subject
(d) supplant

20. Fortunately, the diagnosis did not find cancer, only a ____________ tumor.

(a) benign
(b) beneficial
(c) malignant
(d) miscellaneous

21. It often takes time for new immigrants to become ______________ to the new culture.

(a) alienated
(b) transcendent
(c) acclimated
(d) truncated

22. In its over one-hundred-year history, the Thomas Art Institute has ______________ closely to its original statement of purpose.

(a) acquitted
(b) adhered
(c) attached
(d) attested

23. Patriarchal societies ______________ the ideology of motherhood, which burdens women with the responsibilities to nurture and rear children.

(a) dilapidate
(b) propagate
(c) exonerate
(d) elucidate

24. A TV commercial for Airy Footwear has been banned for ______________ a rival company's products with false and misleading information.

(a) denigrating
(b) misusing
(c) scrutinizing
(d) revering

25. Most artists are familiar with the axiom that states there is art created for commerce's sake and art created for art's sake, but few are able to find a happy ______________ between the two.

(a) fortune-teller
(b) transaction
(c) purchaser
(d) medium

26. Prices for oil and most energy commodities have become more______________ over the last 18 months, experiencing wild fluctuations.

(a) volatile
(b) diabolic
(c) succinct
(d) impermeable

27. A troubled economy and the ______________ of the real estate market have thrown thousands of architects and designers out of work in the last year or so.

(a) reclusion
(b) explosion
(c) seclusion
(d) implosion

28. Mayor Harry Schwartz's administration has proposed an ______________ requiring developers to reduce the size of a planned high-rise building.

(a) accolade
(b) ordinance
(c) ideology
(d) epitome

29. Our drug rehabilitation system will enable people with drug addictions to learn how to ______________ from drug use and live a happy life.

(a) forage
(b) defray
(c) abstain
(d) sterilize

30. Unlike ______________ regimes, where a limited set of ideas are imposed as absolute truths, democratic societies depend upon the free and open exchange of ideas.

(a) totalitarian
(b) anarchical
(c) obsolescent
(d) nepotistic

You have finished the Vocabulary questions. Please continue on to the Grammar questions.

G

Part I **Questions 1~10**

Choose the option that best completes each dialogue.

1. A: How long did it take you to get into the store?
B: We stood ______________ at the door for two hours.

(a) to wait
(b) waited
(c) for waiting
(d) waiting

2. A: My brother has a new girlfriend.
B: Really? ______________?

(a) What does she like
(b) What is she like
(c) How does she like
(d) How is she like

3. A: You should take your family to that seafood restaurant.
B: Actually, neither my kids nor my wife ______________ seafood.

(a) enjoy
(b) enjoys
(c) is enjoying
(d) are enjoying

4. A: Why are you so worried about the predictions in the report?
B: Because it says this new disease ________ ____a million lives a year soon.

(a) will have claimed
(b) has claimed
(c) is claiming
(d) will claim

5. A: When do you plan to have your exhibition?
B: As soon as possible, I'll keep you ______________.

(a) post
(b) be posted
(c) posted
(d) posting

6. A: Check out this shirt! It's exactly what you've been looking for!
B: I know, but I don't have enough money. _______you got much money with you?

(a) Do
(b) Are
(c) Have
(d) Can

7. A: Sorry, but I have no idea where Brian is right now.
B: Well, it's very important that he __________John Goldblum before 3 p.m.

(a) contact
(b) contacts
(c) will contact
(d) is contacting

8. A: This is a lovely drink. I've never tasted anything quite like this.
B: The people native ______________ this region have been making it for centuries.

(a) in
(b) at
(c) on
(d) to

9. A: Did you go with Mark and Susan to the movies yesterday?
B: Mark and I went to the theater, but Susan _____ _________.

(a) wasn't
(b) didn't
(c) didn't go to
(d) wasn't going

10. A: I heard that you spent hours trying to find the hotel.
B: ______________, I wouldn't have gotten lost.

(a) If the tour guide gives better directions.
(b) If the tour guide has given better directions.
(c) Were the tour guide to give better directions.
(d) Had the tour guide given better directions.

G

Part II **Questions 11~25**

Choose the option that best completes each sentence.

11. _____________ become a tradition, we cook a large turkey and bake homemade pies.

(a) In what has over the years
(b) What has over the years
(c) Over the years has
(d) Over the years

12. On the night Hurricane Ike struck Houston with 177 kilometer-per-hour winds, Mary's bedroom window _________, showering her and her husband with glass.

(a) had exploded
(b) exploded
(c) has exploded
(d) explodes

13. Carmen's meddlesome brother always insists on meeting every boy that _____________ his sister.

(a) date
(b) dates
(c) was dating
(d) were dating

14. The newly released sleep aid Lunesta is __________ proven to provide up to 7 to 8 hours of sleep.

(a) clinics
(b) clinically
(c) clinical
(d) clinician

15. Mr. Treffinger takes _____________ inordinate number of showers, sometimes four a day.

(a) an
(b) the
(c) any
(d) some

16. _____________ many ancient cultures used dreams as guideposts, the practice has not been common in modern times.

(a) Since
(b) While
(c) Unless
(d) Because

17. The priest was proud to participate in __________ he believed to be the greatest demonstration for freedom in the nation's history.

(a) that
(b) which
(c) what
(d) who

18. Paul Potts' online video clip _____________ worldwide over 100 million times, making him a global star.

(a) is viewed
(b) has viewed
(c) was viewing
(d) has been viewed

19. Easter Island _____________ because it was discovered on Easter Sunday, April 5, 1722.

(a) named
(b) named so
(c) was named
(d) was so named

20. _____________ at tennis several times in a row, Nick became discouraged.

(a) Defeating
(b) To be defeated
(c) Having been defeated
(d) Had been defeated

G

21. After all the trouble of job-hunting, Jane was thankful that she ____________ at such a good company.

(a) ends up
(b) had ended up
(c) has ended up
(d) had been ending up

22. ____________ over the news that a police officer had been suspended for shooting an innocent man, citizens demanded he be fired.

(a) Shock
(b) Shocking
(c) Shocked
(d) Having shocked

23. ____________ contains 10 billion nerve cells, making thousands of billions of connections with each other.

(a) The brain
(b) Some brain
(c) Brain
(d) All brain

24. My grandpa kept a small bell near his hand, and when he wanted to practice ____________ around, he would gently shake the bell for the care worker to come in.

(a) to walk
(b) to have walked
(c) walking
(d) walked

25. ____________ that the children can hardly believe school is starting again.

(a) So quickly the summer has gone by
(b) So quickly has the summer gone by
(c) Has gone by the summer so quickly
(d) Has the summer gone by so quickly

G

Part III Questions 26~30

Read each dialogue or passage carefully and identity the option that contains a grammatical error.

26. (a) A: Do you know how many people have applied for the new opening?
(b) B: About twenty or thirty. I'm not sure, but it's quite high this time.
(c) A: How is your boss going to interview that many? That's a lot!
(d) B: He'll probably schedule as little interviews as possible for the position.

27. (a) A: Say, Henry, the last time we talked, you're going to start your own business.
(b) B: That's right, Phil. As a matter of fact, the doors open a week from this Friday.
(c) A: Wow, you're opening next week? You really got things together quickly, didn't you?
(d) B: Well, it wasn't easy. I was lucky to have a good crew working around the clock for me.

28. (a) As a child, I spent most of my free time messing around with computers. (b) I suppose it wouldn't have been too hard to foresee my career as a computer programmer. (c) It has afforded me a stable job that pays well and lets me enjoy my work. (d) However, I do wish I had spent more of my time hanging out between other people.

29. (a) Not believing it at first, I was amazing when my mother told me I had been accepted to Oxford. (b) Considering how strong the competition had been, I was really happily surprised. (c) My mother began crying her eyes out, telling me how proud she was of me. (d) It was kind of embarrassing, and of course my brother started teasing me about it.

30. (a) The company's response to the bad publicity it has been receiving has been woefully inadequate. (b) We should have acted swiftly to prevent our advertisers from dropping their ads. (c) We have lost over 100,000 dollars in ad revenue in the last two weeks alone. (d) If we deal with the problem sooner, these significant losses might not have occurred.

You have reached the end of the Vocabulary & Grammar sections. Do NOT move on to the Reading Comprehension section until instructed to do so. You are NOT allowed to turn to any other section of the test.

Reading Comprehension

Directions

This section tests your ability to comprehend reading passages. You will have 40 minutes to complete 35 questions. Be sure to follow the directions given by the proctor.

R

Part I Questions 1~10

Read the passage and choose the option that best completes the passage.

1. In contrast to what is typically thought, ________________________. Thanks to television programs like "Flipper" and places like Sea World, the natural caution most of us use around wild animals is lost when it comes to dolphins. Yet humans who enter dolphins' territory may provoke them by interrupting their normal routine. There have been numerous cases of aggression in several swim-with-the-dolphin programs, with the victims being mostly females and young children.

(a) dolphins are not dangerous to human beings
(b) dolphins can display hostility toward humans
(c) many people have a fear of dolphins
(d) people should not swim with wild dolphins

2. Researchers have found that retirees who continue to work part-time in a field similar to the one before their retirement have higher levels of mental health. Stepping into a radically new field, the study noted, can actually be worse for a person's mental health. The stress associated with retraining and new work routines can lead to a higher risk of heart disease, high blood pressure, as well as other health issues. The study could help ________________________.

(a) prevent seniors from losing their new jobs
(b) advise seniors about good job choices
(c) find ways to lower the national unemployment rate
(d) argue for a lower mandatory retirement age

3. Since the appointment of the current director of the Board of Education, there has been nothing but a steady decline in morale and in the quality of the programs in this district. The turnover rate of instructors has reached an all-time high during his tenure in the last session. Programs including athletics, foreign languages, and arts have been cut. Reading retention rates and test scores for students have also fallen. The bottom line is that we need to ________________________.

(a) beef up the foreign language department
(b) make some personnel changes
(c) hire new instructors for the new session
(d) revamp exams for students

4. Contrary to popular belief, sweatshops are actually quite mobile. For example, in the 1990s many North American companies moved much of their production to Asian countries where the labor costs were much lower and the rules for humane working conditions looser. More recently, since the US concluded a free trade agreement with Jordan, clothing exports from the Jordan to the US have soared by over 2000 percent. In many cases, workers from Asia followed these jobs to Jordan. In short, the same people are being exploited ________________________.

(a) just in a different place
(b) for less and less money
(c) just in a less harmful manner
(d) despite new trade agreements

5. The 1854 Cholera Map of London, produced by Dr.John Snow, chronicled a week-long cholera outbreak. At that time, cholera was believed to be transmitted by gas or vapor. Snow's map, however, showed that the cases were centered on a particular water pump used by all residents. Based on this observation, Snow concluded that water was the carrier of cholera, not gas. He was able to convince city officials to shut off the pump and thus bring an end to the outbreak. This was perhaps the prime example of ________________________.

(a) cholera to break out in the city of London in 1854
(b) science being applied to the search for a cholera cure
(c) a water pump being shut off by order of city officials
(d) geography expanding understanding of disease transmission

6. A word is ________________________. "What's in a name? That which we call a rose by any other word would smell as sweet," said Juliet. What's in a name is a particular idea conveyed by a particular sound that everyone in a particular language community has agreed to use. The word "rose" does not smell sweet, but we can use it to convey the idea of a rose because we have agreed to use that specific sound combination, and have learned and taught the same link between the sound and the thought throughout generations.

(a) a novel idea people wish to convey
(b) a memorized pairing of sound and meaning
(c) a sound that often imitates the thing it stands for
(d) a signal with many different interpretations

R

7. American glass artist Dale Chihuly is perhaps best known for his use of color and shape to create fantastical sculptures which challenge people's perception of glass. His signature pieces are huge hanging glass chandeliers composed of thousands of individually blown spirals. Assembled together into large upside-down cones, these chandeliers instill a sense of awe and wonder which is augmented by the beauty and frailty of the medium. Because of this, many who pass under them are forced to reconsider ________________________.

(a) the role of glass as a material for sculpture
(b) where Chihuly found his inspiration for the forms
(c) how such beautiful chandeliers could be mass–produced
(d) whether the pieces fall into the category of art

8. ________________________ between 2019 and 2020. Approximately 85 percent of the housing units in the United States in 2020 were occupied; whereas, 15 percent were vacant. Also, 60 percent of the occupied units were owner-occupied housing and 40 percent were renter-occupied units. As for the vacant units, 12 percent of vacant units were vacant throughout the year, while 3 percent were to use seasonally. However, in 2019, 77 percent of the housing units were occupied. Although the occupancy changed, the rate of the owner-occupied housing and renter-occupied was similar, and the ratio of the year-round vacancy and seasonal vacancy did not change either.

(a) No thorough studies have been done on changes in housing
(b) There were no significant changes in housing occupancy
(c) Housing occupancy changed in several dramatic ways
(d) Statistics on housing occupancy show differences and similarities

9. Archaeological excavations in southern Turkey recently brought to the surface a magnificent marble statue depicting Emperor Marcus Aurelius. Renowned as a popular leader of the empire during the second century, the discovery has prompted many to ask: what was Marcus Aurelius really like? Hollywood famously fictionalized the emperor in 2000 for Ridley Scott's Oscar-winning epic Gladiator; ______________, the true life of Marcus Aurelius elicits far more interest than the character portrayed by the late Richard Harris.

(a) nevertheless
(b) thus
(c) likewise
(d) moreover

10. Storing green garlic is a challenge for amateur gourmets. Because it is so moist, green garlic is much more perishable than dried bulb garlic. Experts recommend treating it like a flower: leave the roots on, stand the shoots up in a glass of water in the refrigerator, and cover them with a plastic bag. ______________, keep them in a plastic bag in a vegetable bin with a damp paper towel in a bag. They should last at least a week.

(a) Instead
(b) In contrast
(c) Alternatively
(d) In other words

R

Part II **Questions 11~12**

Read the passage and identify the option that does NOT belong.

11. This is a reminder to all residents about the city's snow parking regulations, which are in effect from December 1 through March 31. (a) You should clear your sidewalks and parking lots of snow and ice. (b) Do not park on the Snow Routes at night if there is a parking ban. (c) After a Snow Emergency is declared, park on the proper side of residential streets. (d) When a street is fully plowed, you may park there even if the emergency rules are still in effect.

12. Recent evidence suggests that deflation, which refers to annual falls in consumer prices, is almost a certainty this fiscal year. (a) Since the summer, the commodity boom has turned to bust, with oil prices now at one-third of last spring's peak. (b) Congress has pledged to inject billions into the economy to foster job creation and avert a national crisis. (c) Raw material prices have remained low for months, driving down the retail prices of food and household items. (d) Families have also reduced their spending, forcing firms to compete harder for sales by lowering retail prices.

R

Part III **Questions 13~25**

Read the passage, question, and options. Then, based on the given information, choose the option that best answers each question.

13. The idea of signing a financial contract with your future spouse - known as a prenuptial agreement - is often associated with Hollywood celebrity marriages. Yet, a new poll shows that a growing number of young Korean people are warming up to the idea. According to a recent survey of 730 young men and women, 53 percent said they would sign a prenuptial agreement with their would-be spouses, with women in particular stating the need to clarify property ownership in advance. However, many of those who were against these agreements felt that if a marriage requires a contract beforehand, it is doomed to end in divorce.

Q: What is the passage mainly about?

(a) The spread of Hollywood customs into Korean culture
(b) How prenuptial agreements may cause marriages to fail
(c) How women value property ownership more than men
(d) The recent popularity of prenuptial agreements in Korea

14. Are you tired of the isolated and callous life in the big city? Are you sick of driving from mall to mall through sprawling suburbs? Are you longing to participate in civic life and be an active part of a vibrant community? If your answers are yes, Celebration might be the best place for you. Celebration is an example of New Urbanism, the town-planning movement dedicated to community and convenience. Our peaceful neighborhoods convey old-fashioned friendliness, yet they are engineered to meet every need of the modern American family. Please visit www.celebration.org for more information.

Q: What is the main purpose of the passage?

(a) To announce a town meeting
(b) To explain New Urbanism
(c) To seek members for volunteer work
(d) To advertise a community

15. According to the cosmology of Taoism, all beings are related to each other through careful systems of correspondence. The creative and destructive processes are thus considered to be natural and not linked to any god's will or destiny. This was a universe that was created and evolved naturally through the interplay of cosmic forces according to the universal principle of the Tao. Taoism has always been a religion without a supreme being. Moreover, Taoism lifts humans up to a level above particular gods and ancestors, to a heaven above heaven, to the one universal principle that allows the world to find unity in its endless diversity.

Q: What is the main topic of the passage?

(a) Taoism's view of the afterlife and the supreme being
(b) Differences between Taoism and other religions
(c) The status of human beings in Taoism
(d) Some of the basic tenets of Taoism

16. Louis Pasteur is rightly celebrated for his scientific achievements. Most important among them, this Frenchman created vaccines that have saved millions of human and animal lives. The vaccines grew out of his discovery that weakened forms of a disease could help the person or animal build up antibodies that would prevent contracting the disease later in life. Almost as important was his brilliant idea that tiny living organisms, not chemical reactions, spoiled beverages. Thus, he developed a process called pasteurization that keeps milk, wine, vinegar, and beer from spoiling. Finally, Pasteur also found ways to stop a silkworm disease that threatened to ruin France's profitable silk industry. With such monumental achievements in science, it's easy to see why many medical researchers today regard him as "the father of modern medicine."

Q: What is the main idea of the passage?

(a) The most important discovery of Pasteur was vaccines.
(b) Pasteur is revered as a great scientist for his three major discoveries.
(c) The knowledge of pasteurization is due to Pasteur.
(d) Pasteur had a great influence on the concept of disease.

R

17. Located near scenic Manila Bay, Hotel Jewel is only minutes away from the international and domestic airports, the Makati business district, and Manila's most famous historical landmarks and shopping malls. The hotel has a variety of restaurants and bars onsite, with function rooms available for weddings, conferences, and corporate events. Swimming pools, outdoor whirlpools and tennis courts are all available in the hotel, and our guests can also enjoy free fitness and spa facilities in the health center next door. Hotel Jewel: a gem waiting to be discovered!

Q: Which of the following is NOT available inside the hotel?

(a) Rooms for business seminar
(b) Restaurants and bars
(c) Gyms and spa services
(d) Pools and courts for ball games

18. Wholesale prices fell by the largest amount in more than two years in May, helping to ease concerns that a big spike in energy costs earlier in the year might spell inflation troubles. Energy prices have also fallen, and the Labor Department reported Tuesday that wholesale prices also fell by 0.6 percent last month, with three-fourths of the drop attributed to lower energy prices. Food costs also fell during the month, thanks to a big drop in the price of vegetables.

Q: Which of the following is correct according to the passage?

(a) Prices fell despite earlier predictions.
(b) Wholesale prices fell for the first time in two years.
(c) Inflation has declined due to lower prices.
(d) The Labor Department attributed lower energy costs to falling food costs.

R

19.

> We would like to thank all the students registered for the 'Sharing Traditional Asian Culture' program. This program is mainly composed of three different sets of activities: Taekwondo, traditional tea brewing, and calligraphy. The program is scheduled for Thursday, March 10th from 10 A.M. to 1 P.M. All those registered should arrive at room 107 of the Student Council Building by 9:40 A.M., where they will receive instructions. The fees for the program are $10, $13, and $11 for Taekwondo, traditional tea brewing, and calligraphy, respectively and we ask of all students to prepare the payment in cash, which is to be made at the aforementioned venue. We hope this program serves as a productive opportunity for students to enhance their appreciation of other foreign cultures.

Q: What time should the registered students be gathered?

(a) At the opening hour of the program
(b) Twenty minutes before the event starts
(c) After receiving further guidelines on the program
(d) Forty minutes prior to the event's closing time

20. The scientific theory alluding to planet Earth's uniqueness in its ability to support and sustain carbon-based life forms is dubbed the 'Rare Earth' hypothesis. It is premised on a set of factors ranging from the Earth's location in the galaxy, the presence of the moon, to the geologic make-up of the planet that combine in a highly unique and improbable manner to shape the conditions necessary for life. This hypothesis is cited by some scientists to account for the inability to detect recognizable signs of life on other planets up to date.

Q: According to the hypothesis, why are there no life forms on other planets?

(a) Because of an absence of carbon in the planets' make-up
(b) Because occurrence of life is a rarity requiring multiple factors to coincide
(c) Because of their faraway distance from the Earth
(d) Because of the technological shortfall in detecting recognizable signs of life

R

21. Throughout Europe, various policy targets have recently been proposed to encourage cycling as a "greener" form of transport. However, increases in the population of cyclists may generate increases in the number of opportunities for cycle theft. Although there is little research into bicycle theft compared with other property crimes, some analyses indicate that cyclists are around three times more likely to have their bike stolen than car owners their car or motorcyclists their motorbike. In relation to the described policy aims, theft and the fear of bicycle theft are found to discourage cycle use.

Q: Which of the following is correct according to the passage?

(a) Cyclists are more likely to commit property theft than car or motorbike users.
(b) Car owners and motorcyclists have their belongings stolen less often than cyclists do.
(c) Europeans are encouraged to ride bikes because they are environmentally friendly.
(d) The threat of bicycle theft has no discernible effect on choice of transport.

22. Charles de Gualle, who led the French Free Forces during World War II and later founded the French Fifth Republic, had what may be described as a pre-totalitarian view of the state. He identified the state with legitimacy, considering the monarch its embodiment. The logical consequence of this view was for him to establish a French monarchy, which he almost certainly would have done one hundred years earlier. However, in 1958 de Gaulle set up a plebiscitary democracy, using referenda and direct universal election of a president with an impressive amount of both symbolic and actual power.

Q: Which of the following is correct about de Gaulle according to the passage?

(a) He rejected referenda as an illegitimate method of making law.
(b) He made an ill-fated attempt to re-establish the monarchy in France.
(c) He viewed the monarch as the incarnation of the state.
(d) He created a system under which the president was a figurehead.

R

23. The Chilean desert of Salar de Atacama is the driest place on earth, but it is also extremely valuable real estate, as it is believed to contain the best-quality lithium deposits in the world. Snow melts off the Andes Mountains and is trapped in underground pools of salt water, or brine. The brine is pumped out into a series of ponds. The desert sun then evaporates out other salts, leaving lithium brine, which is processed into lithium carbonate powder nearby and shipped to battery-makers worldwide to power the batteries in cell phones, laptops, and plug-in hybrid cars.

Q: What can be inferred from the article?

(a) Chile produces high quality lithium-ion batteries.
(b) Brine flows into ponds naturally.
(c) Quality lithium deposits are found only in desert areas.
(d) Lithium carbonate production is a lucrative business.

24. AutoCorp, the largest automobile maker in the nation, has instituted a recall of millions of its products. Defects in a certain model came to the attention of the general public after a horrific accident killed a family of four. Hundreds of AutoCorp car owners have complained about the faulty brakes, and a recall of four million cars is expected. Car owners should follow recall instructions and safety warnings, even if they have not experienced any problems with their brakes.

Q: What can be inferred from the article?

(a) Most automobiles have unknown defects.
(b) AutoCorp will soon be filing for bankruptcy.
(c) AutoCorp will be issuing a formal apology.
(d) An AutoCorp product's brakes were blamed for a deadly accident.

25. The International Committee of the Red Cross (ICRC) is a humanitarian relief organization. The ICRC is well-known for peacetime activities. However, their activities are somewhat controversial during wartime. ICRC relief workers are dedicated to neutrality, but some humanitarian relief organizations dissent from the Red Cross's position. If people's human rights are violated, these organizations do not remain neutral. Instead, they condemn the abusers and help the victims.

Q: What can be inferred about the ICRC from the passage?

(a) Impartiality is the most important creed it follows.
(b) It is the world's oldest humanitarian relief organization.
(c) It helps the wounded on both sides of any armed conflict.
(d) It frequently refuses help abusers of human rights.

R

Part IV **Questions 26~35**

Read the passage, question, and options. Then, based on the given information, choose the option that best answers each question.

Questions 26-27

TAIWAN Newspaper 5.20.2020

MICHALE TAIWAN,

Broadcasting Station Manager

Export of drama contents has been prominent in Taiwan for successfully spreading domestic products and culture abroad. However, a growing budget deficit for studios and production companies has led to a crisis for the drama export business. While having previously recorded a 75% growth rate during the year 2005 on a per annum basis, export of media contents centered on drama has seen only a 5% growth in 2012, representing a striking decline. The size of the Taiwanese media content industry, as well as that of the TV advertising market which fuels the finances for the former, is miniscule relative to the rest of the world.

To enhance its standing in global competition, the Taiwanese broadcasting industry needs to take measures to beef up its size, but regulatory policies stand as a major hurdle in that front. An overloaded competition dynamic made up of different media outlets has led to the size and profit level of subscription-based television services far outpacing those of broadcast television. The latter's success is contingent on a steady flow of advertisements, but the current market is so tightly wound up in such needless regulations that advertisers are increasingly withdrawing from the broadcast industry. Meanwhile, a new Free Trade Agreement between Taiwan and the U.S. is in our sights and it will likely lead to the opening of the broadcasting market to foreign competition. If we remain shackled to these outdated ordinances, our prospects for survival against foreign media will be bleak.

26. Q: What is the best title of the editorial?

(a) A passive marketing strategy wielded by the domestic broadcast industry
(b) Status of the media market's expansion and the restrictions within
(c) Expected impact of the upcoming Taiwan-U.S. FTA on the drama industry
(d) Problems of competition among multiple media outlets

27. Q: What can be inferred from the passage?

(a) A lax regulation on advertisements would ensure a successful spread of Taiwanese dramas worldwide.
(b) An FTA would facilitate advertisers' pursuit of the right platform to promote their products.
(c) The opening of the Taiwanese broadcasting market would be beneficial to its broadcast exports.
(d) Limited funds in the hands of studios and production companies are a direct result of the reduction in content exports.

R

Questions 28-29

Humans' ability to view objects clearly can be attributed to the presence of lenses in the eye. Eye muscles 'pushing' the lens in thicken it so that objects can be viewed more discernibly, and 'pulling' thins the lens thereby making objects seem smaller and blurrier. Droplets of water, that bear resemblance to human eyes in principle, cluster together in a round shape due to their innate tendency to lump together when making contact with the surface of an object. Upon looking into the ball-shaped portion, we can observe a magnified surface underneath. Just as the eye muscles push and pull the lens for adjusting the focus of vision, water droplets regulate the amount of water for similar effects.

This mechanism of water droplets has been applied to modern cameras in what has come to be termed the 'automatic push and pull' system. In the past, calibrating the focus of cameras required an overlapping structuring of lenses where distances between the lenses were subject to alteration within the device. Past cameras were thus rather bulky and heavy due to these pieces of apparatus within. Nowadays, the application of the mechanism of water droplets has allowed miniaturized cellular phones to photograph objects at both short- and long- distances.

28. Q: Which of the following is correct according to the passage?

(a) If eye muscles push the lens, it becomes concave.
(b) An automatic function of pushing and pulling was non-existent in cameras of the past.
(c) Biological lenses can autonomously alter their own thickness to adjust the visual focus.
(d) Past cameras were large in size even though they were as light as water droplets.

29. Q: In the past, which method was used to adjust the focus of cameras?

(a) Using drops of water
(b) Positioning eye lenses in a layered manner
(c) Employing large and heavy cameras
(d) Adjusting the intervals between lenses

R

Questions 30-31

Mark

Hi, Sean.
I've finally unpacked all my stuff and settled in to my apartment in downtown Los Angeles. It's been a really hectic week, what with flying here from Sydney, checking in at the new office, and apartment hunting. But I think I'm about done now. I was wondering if you're up for hanging out this weekend, say Saturday lunch? I could use some advice before I begin work on Monday.

Hi, Mark.
Glad to hear everything's good down there with the moving and all. You always fit right in wherever you relocate to, all the years I've known you. I don't know if I've mentioned it, but my parents are having their wedding anniversary this weekend so I'm flying to Oklahoma tonight. But I've got a friend in LA who knows everything there is about retail. I already told him I'll be introducing you. Tell you what, why don't I give him your number and ask him to get in touch? I think it would be great if you can get a drink with him. And I'll touch base with you as soon as I get back.

30. Q: Why did Mark send the message?

(a) He wanted to chat with Sean before starting a new job in a new city.
(b) He wished to be invited to Sean's parents' wedding anniversary event
(c) He needed an introduction to a friend of Sean who is in the retail business.
(d) He wanted to get Sean's advice on how best to decorate his apartment.

31. Q: What can be inferred from the passage?

(a) Sean is looking for a job in Los Angeles.
(b) Mark met Sean in Sydney recently.
(c) Mark will be working in the retail industry.
(d) Sean is currently working in Oklahoma.

R

Questions 32-33

≡ U. S. A NEWS SEARCH

International | Politics | Business | Technology | Culture | Sports

Steve Pearce, Director of Regional Culture Policy Center, Federal Government

The spirit of festivities is something to cherish and celebrate in itself, but scrutiny into how they are being carried out in our nation raises significant issues that warrant answers. Local governments are quick to take advantage of community events for promoting their agenda and for generating actual monetary profits, prompting residents and tourists to turn away in disdain. Moreover, a popular form of festival in one area is often hastily imitated in another leaving little room for originality, and this has drawn the ire of community members that feel uniqueness should be an endearing quality of these festivals.

It is not uncommon to come across local festivals with performance events irrelevant to the specific motif or theme for the festival, to which travelers come a long way to enjoy but instead trudge back in disappointment. These common occurrences have even raised questions as to whether the funding for these festivals can be seen as 'worth it' or excessive. The government is already deep in progress with budgetary downsizing for these types of festivals. It need be noted that a festival absent a regional identity, and without having undergone a sufficient creative process into what discernible message to convey, will not be sustainable.

32. Q: What is the main purpose of the passage?

(a) To reduce the government budget for local fairs
(b) To analyze the problems exhibited by current regional festivals
(c) To complain about the unoriginal quality of today's festivals
(d) To instigate government actions to downsize budgets for festivals

33. Q: What is the reason behind the writer's criticism at local festivals?

(a) The current trend of regional festivities is counterproductive for local economies.
(b) Festivals do not offer a viable option for local governments to raise profits.
(c) Governmental intervention aimed to vitalize local fairs is not yet underway.
(d) Some derivative forms of festivals may end up producing an adverse effect in net terms.

Questions 34-35

The "Flipped Class" method takes on a drastically different direction from conventional teaching styles. Based upon a preview of course materials via video provided by the teachers, students engage in debates and hands-on group projects during actual class sessions. This type of learning environment is centered on activities in the class and thus is amenable to teachers' experimenting with various forms of teaching they desire.
The subject of much hype and attention, "Flipped Class" can even result in noticeably less students dozing off in the classroom.

Nevertheless, "Flipped Class" entails a significant investment of time on the part of teachers with regard to videotaping and composition of class materials, and for the students even, having to go through the recorded contents before class can be a sizeable burden. In this light, "Flipped Class" still is a long way from perfection in terms of maximizing student participation.
If the primary emphasis is on inducing interest and participation in the coursework, student-led group activities accompanied by an abbreviated form of conventional lectures in a single class session could be a worthy compromise with promising potential.

34. Q: What is the main idea of the passage?

(a) The role of teachers is imperative for the success of "Flipped Classes."
(b) A new form of classes differentiated from the conventional teaching format is needed.
(c) "Flipped Class" is the only form of teaching that can induce student interest in course materials
(d) "Flipped Class" is an up-and-coming style but is not flawless in generating student engagement.

35. Q: Which of the following is correct according to the passage?

(a) Since "Flipped Class" entails active student activity, its method is cost-effective and conducive to time-saving.
(b) "Flipped Class" is divergent from the currently typical class type in its interaction-focused nature.
(c) "Flipped Class" still retains the method of delivery commonly found in conventional courses.
(d) Even in a "Flipped Class," some students would fail to complete their course assignments.

TEPS

ANSWER

Answer Keys

Listening Comprehension

1 (a)	**2** (c)	**3** (c)	**4** (c)	**5** (c)	**6** (d)	**7** (b)	**8** (a)	**9** (d)	**10** (c)
11 (c)	**12** (b)	**13** (a)	**14** (b)	**15** (d)	**16** (c)	**17** (d)	**18** (d)	**19** (a)	**20** (b)
21 (b)	**22** (b)	**23** (b)	**24** (c)	**25** (d)	**26** (c)	**27** (a)	**28** (c)	**29** (b)	**30** (d)
31 (c)	**32** (b)	**33** (d)	**34** (c)	**35** (d)	**36** (c)	**37** (c)	**38** (c)	**39** (a)	**40** (c)

Vocabulary

1 (d)	**2** (d)	**3** (a)	**4** (a)	**5** (c)	**6** (a)	**7** (c)	**8** (c)	**9** (a)	**10** (c)
11 (d)	**12** (c)	**13** (b)	**14** (c)	**15** (b)	**16** (b)	**17** (c)	**18** (d)	**19** (c)	**20** (a)
21 (c)	**22** (b)	**23** (b)	**24** (a)	**25** (d)	**26** (a)	**27** (d)	**28** (b)	**29** (c)	**30** (a)

Grammar

1 (d)	**2** (b)	**3** (b)	**4** (d)	**5** (c)	**6** (c)	**7** (a)	**8** (d)	**9** (b)	**10** (d)
11 (a)	**12** (b)	**13** (b)	**14** (b)	**15** (a)	**16** (b)	**17** (c)	**18** (d)	**19** (d)	**20** (c)
21 (b)	**22** (c)	**23** (a)	**24** (c)	**25** (b)	**26** (d)	**27** (a)	**28** (d)	**29** (a)	**30** (d)

Reading Comprehension

1 (b)	**2** (b)	**3** (b)	**4** (a)	**5** (d)	**6** (b)	**7** (a)	**8** (d)	**9** (a)	**10** (c)
11 (a)	**12** (b)	**13** (d)	**14** (d)	**15** (d)	**16** (b)	**17** (c)	**18** (a)	**19** (b)	**20** (b)
21 (c)	**22** (c)	**23** (d)	**24** (d)	**25** (c)	**26** (b)	**27** (b)	**28** (b)	**29** (d)	**30** (a)
31 (c)	**32** (b)	**33** (d)	**34** (d)	**35** (b)					

스크립트 & 풀이 바로가기 →

수고하셨습니다. 채점 후, 테스트 결과를 기록하세요.

실전 3회	청해	문법	어휘	독해	총
점수					
소요 시간					

점수 계산기 바로 가기
↓

실제 시험 꿀*TIP*

더 자세한 TIP은
실제시험 TIP 강의에 있습니다. →

강의 수강

시험장에서 평소 실력을 100% 발휘하기 위한 팁을 알려드립니다.
최종 목표 시험 직전에 적용해보세요.

시험 전 일주일

MON TUE WED THU FRI SAT

✓ **시험 시간에 맞춰** 매일 1세트 실전 훈련 – **실전공부법을 꼭 적용하세요!**

✓ 시험 바로 전 날: 약간 **쉬운 모의고사 활용** → 자신감 UP, 플라시보 효과

시험 당일 오전

MON TUE WED THU FRI SAT

✓ 옷은 편하게 - 거추장스러운 옷은 집중에 **방해가 될 확률이 아주 높습니다**.

✓ 식사는 가볍게, 탄수화물 섭취, 과한 수분 섭취 X
시험 도중 화장실이 필요한 상황은 **사전에 방지**하세요!

✓ 최소 2시간 전 기상 - **뇌가 활성화**될 때까지 걸리는 시간을 확보해주세요.

✓ 화장실은 마지막에 - 시험 직전 **마지막 쉬는 시간**을 활용하는 게 좋습니다.

✓ 가장 효율적인 학습으로 마무리
시험 당일에 공부한 단어나 문법이 시험에 나올 확률이 없진 않지만, 올릴 수 있는 점수가 적어서 비효율적입니다. 당일엔 **독해, 청해 새로운 문제를 2-3개씩 풀어보면서**, 시험에 적응하는 것이 가장 효율적입니다. 새로운 문제는 TEPS 홈페이지의 **Weekly TEPS**를 활용하면 좋습니다.

시험 도중

MON TUE WED THU FRI TEPS

✓ **ONLY 컴퓨터용 사인펜** - 문제를 다 풀고 한 번에 마킹하거나, 펜으로 풀고 따로 마킹할 시간이 없습니다. 평소 학습할 때도 문제 하나 푼 뒤, 바로 마킹하는 연습을 하는 것이 좋습니다.

✓ **풀고 있는 문제에만 100% 집중** – 지나갔거나 모르는 문제에 미련을 버리세요.
모르는 문제를 고민해서 맞을 확률보다, 고민하느라 다른 문제를 또 틀릴 확률이 높습니다.

✓ **다른 영역에 미련 X**
※ 누구나 부정행위로 적발될 수 있습니다. 한 두 문제로 risk taking하지 마세요!

✓ 학습 금지
이제까지 학습한 풀이법들을 적용하려고 노력하지 마세요. 실제 시험에서 풀이법은 적용하는 것이 아니라, **적용되는 것** 입니다. 이제까지 열심히 학습하고 노력했던 과정을 믿고, 문제를 맞히기 위해 집중하세요! 컨설텝스는 모든 수험생의 목표 달성을 응원합니다.

시험 후

TEPS ⟶ 성적발표

수강생은 목표점수 달성 뒤 컨설텝스 홈페이지에 성적표를 인증하고,
솔직한 수강 후기를 남겨주세요. **응시료 전액을 환급**해드립니다.

100% 성적표로 인증된 수강생들의 후기 모음! 나도 후기 남기러 가기 →